Das bayerische

Landeswahlgesetz

für

Landtagswahlen, Volksbegehren und Volksentscheidungen

in der Fassung vom 30. März 1928

mit der

Landeswahlordnung

vom 30. März 1928.

Herausgegeben von

Heinrich von Jan

Ministerialrat im bayer. Staatsministerium des Innern.

2. neubearbeitete Auflage.

1928

München, Berlin und Leipzig

J. Schweitzer Verlag (Arthur Sellier).

Druck von Dr. F. P. Datterer & Cie., Freising-München

Inhaltsverzeichnis.

Abkürzungen.

Anm.	=	Anmerkung.
Art. (ohne Gesetzesbezeichnung)	=	Art. d. Landeswahlgesetzes.
LWG.	=	Landeswahlgesetz.
LWO.	=	Landeswahlordnung.
RStO.	=	Reichsstimmordnung.
RV.	=	Reichsverfassung.
RWG.	=	Reichswahlgesetz.
VU.	=	Verfassungsurkunde.
§ (ohne Gesetzesbezeichnung)	=	§ der Landeswahlordnung.

I. Einleitung.

Der Vorgänger des heutigen Landtages im Mittelalter waren die **Landstände**. Im Gebiet des heutigen Bayern gab es solche im eigentlichen Bayern und in Neuburg. Ihr Ursprung fällt ins 14. Jahrhundert. Bei der Vereinigung der getrennten bayerischen Lande vereinigten sich auch die verschiedenen Landstände zu einer „Landschaft", bestehend aus drei Ständen, den Prälaten, den Rittern und den Vertretern der Städte und gebannten Märkte. Den Gipfelpunkt ihrer Macht erreichten sie im Anfang des 16. Jahrhunderts. Darauf folgte ihr Niedergang. Zum letzten Male wurden sie von Ferdinand Maria am 1. Januar 1669 berufen. Seitdem wurde nur noch ihr Ausschuß, „die Verordneten", zur formellen Teilnahme an den Angelegenheiten des Landes berufen.

Am 1. Mai 1808 verfügte eine kgl. Verordnung die Auflösung der „dermaligen landschaftlichen Korporation", um statt derselben eine allgemeine Repräsentation einzuführen. In der Konstitution vom gleichen Tage war eine **Nationalrepräsentation** vorgesehen. Ihre Mitglieder sollten von den in jedem Kreis bestehenden Kreisversammlungen, deren Mitglieder vom König ernannt werden sollten, aus den 200 Landeigentümern, Kaufleuten und Fabrikanten mit den höchsten Grundsteuern, gewählt werden. Beide Versammlungen traten indes nicht ins Leben.

Erst die Verfassung vom 26. Mai 1818 legte den Grund, auf dem das Staatsrecht Bayerns bis zum 8. November 1918 beruhte. Darin war eine **Ständeversammlung, später Landtag genannt**, vorgesehen, bestehend aus 2 Kammern, der Kammer der Reichsräte und der Kammer der Abgeordneten. Im Gegensatz zu den früheren Landständen, die ständische Interessen vertraten, sollten sie den staatlichen Interessen dienen. Der Landtag war nicht gleichberechtigt mit dem König, sondern stand unter ihm. Er hatte keine Herrscher- oder Amtsgewalt, sondern trat nur in bestimmten Beziehungen beratend und beschränkend neben den König, soweit die Verfassung ihn ausdrücklich für zuständig erklärte. Beide Kammern waren zwar selbständig in ihrer Beschlußfassung, aber nur übereinstimmend konnten sie eine gültige Willenserklärung abgeben. Die Kammer der Abgeordneten war zunächst noch rein ständisch zusammengesetzt, zu $^1/_8$ aus Grundbesitzern mit gutsherrlicher Gerichtsbarkeit, zu $^1/_8$ aus Geistlichen, zu $^1/_4$ aus Abgeordneten der Städte und Märkte, zu $^2/_4$ aus Landeigentümern ohne gutsherrliche Gerichtsbarkeit. Auf je 7000 Familien traf 1 Abgeordneter. Die Wählbarkeit war an das 30. Lebensjahr, den Besitz eines gewissen Vermögens und an die Zugehörigkeit zu einer der 3 christlichen Konfessionen geknüpft. Alle 6 Jahre erfolgte eine Neuwahl. Erst das Gesetz vom 4. Juni 1848 brachte eine Änderung gegenüber dieser noch ganz im Geiste der alten Zeit steckenden Zusammensetzung. Auf je 31500 Einwohner sollte ein Abgeordneter gewählt werden. Die Wahl erfolgte in 2 Wahlgängen (Urwahl und Abgeordnetenwahl), war also indirekt. Wahlberechtigt war jeder volljährige Staatsbürger und jeder volljährige Staatsangehörige, der direkte Steuern entrichtete und nicht wegen bestimmter Straftaten verurteilt war. Die Wahlmänner mußten 25, die Abgeordneten 30 Jahre alt sein. Auf je 500 Seelen traf ein Wahlmann. Die Gewählten mußten die absolute Mehrheit für sich haben. Die Stimmabgabe erfolgte öffentlich durch vom Wähler unterzeichnete Stimmzettel.

Entsprechend dem Art. 20 der Verfassung des Norddeutschen Bundes führte das Gesetz vom 16. November 1867 für die Wahl der bayrischen Abgeordneten zum deutschen Zollparlament die direkte Wahl ein. Deshalb ging auch für die Landtagswahlen mehr und mehr das Streben nach der Einführung der direkten Wahl. Die Thronrede vom 17. Januar 1870 verhieß denn auch die

Vorlage eines entsprechenden Entwurfes. Mehrfache Vorlagen dieses Inhaltes führten aber nicht zum Ziel. Auch nach dem Gesetz vom 21. März 1881 blieb es noch bei der indirekten Wahl. Dafür wurden sonstige Mängel, z. B. die öffentliche Stimmabgabe, beseitigt. Das Gesetz brachte auch die permanente Wählerliste.

Das Streben nach Einführung der direkten Wahl ruhte indes nicht. Am 1. Juli 1902 kam es zu einem Gesamtbeschluß der beiden Kammern, worin die Vorlage eines entsprechenden Entwurfes verlangt wurde. Die Staatsregierung legte darauf im Herbst 1903 einen derartigen Entwurf vor, ohne daß es jedoch auch diesmal zu einer Einigung des Landtages kam. Auch ein Initiativantrag des Abg. Dr. Hammerschmidt, der im Jahre 1904 die Einführung der Verhältniswahl verlangte, wurde abgelehnt.

Die Wünsche nach Einführung der Verhältniswahl waren übrigens damit nicht zum erstenmal im bayr. Landtag zu Wort gekommen. Schon am 12. Februar 1869 hatte der Abg. Freih. v. Stauffenberg den Gedanken ausgesprochen; 1893 sprach der Abg. Wagner dafür; 1895 stellte ein Antrag Grillenberger die gleiche Forderung. Aus Anlaß dieses Antrages kam es über diese Frage sogar zu eingehenden Beratungen im Plenum. 1897 verfolgte ein Antrag Seyboth, 1899 ein Antrag Segitz den gleichen Zweck.

Im Herbst 1905 legten die Abg. Dr. Daller und Genossen den Entwurf eines Wahlgesetzes vor, der auch in beiden Kammern einstimmige Annahme fand. (Gesetz v. 9. April 1906). Damit war die direkte, unmittelbare Wahl errungen. Die Zahl der Abgeordneten wurde auf 163 festgesetzt (je 1 auf 38000 Einwohner nach der Volkszählung von 1900). Die Wahlkreiseinteilung wurde gesetzlich festgelegt (133, davon 30 zweimännige Wahlkreise für je 2 Abgeordnete). Das wahlberechtigte Alter wurde von 21 auf 25 Jahre hinaufgesetzt. Der Wähler mußte seit 1 Jahr (früher seit ½ Jahr) die bayr. Staatsangehörigkeit besitzen und eine direkte Staatssteuer entrichten. Wählbar war, wer im Augenblick der Wahl 25 (bisher 30) Jahre alt war und seit mindestens

1 Jahr (bisher im Zeitpunkt der Wahl) direkte Staatssteuern entrichtete. Die permanenten Wählerlisten wurden beseitigt. Die Wahlbezirke sollten möglichst mit den Gemeindebezirken zusammenfallen u. nicht über 8500 Einwohner zählen. Die Wahldauer war von 10 bis 7 Uhr (bisher 4 Stunden). Gewählt war bisher, wer die absolute Mehrheit erhalten hatte. Jetzt genügte auch die relative Mehrheit, wenn der Gewählte mindestens $^1/_3$ der abgegebenen Stimmen erhalten hatte. War dies nicht der Fall, so hatte eine Neuwahl stattzufinden, bei der ohne Rücksicht auf die Zahl der Stimmen relative Mehrheit entschied. Stichwahlen waren also ausgeschlossen. Anträge auf Einführung der Verhältniswahl der Abg. Dr. Andreae und Segitz hatten keine Annahme gefunden. Aber das Streben nach Einführung dieser Wahlart ruhte nicht mehr. In den Jahren 1908, 1909, 1911 wurden Anträge der Abg. Dr. Casselmann und Dr. Müller-Hof gestellt, die diesen Zweck verfolgten, aber noch ohne Erfolg blieben.

Das Wahlrecht zum bayr. Landtag war auch nach seiner Neuregelung im Jahre 1906 immer noch eingeschränkter, als das Reichstagswahlrecht schon seit dem Jahre 1869. Im Herbst 1918 wurde daher im Zusammenhang mit der in Aussicht genommenen Parlamentarisierung der Regierung auch ein Ausbau des Landtagswahlrechtes geplant. Ende Oktober und Anfang November hatten sich die Staatsregierung und die Parteien des alten Landtages über die Grundzüge einer Erweiterung des Wahlrechtes und die Einführung der Verhältniswahl im allgemeinen schon geeinigt, so daß ein großer Fortschritt in der Demokratisierung des Wahlrechtes in Aussicht stand. Die Ereignisse der Nacht vom 7. auf 8. November 1918 kamen indes der Ausführung des Planes zuvor.

Die neue Regierung des Volksstaates Bayern bezeichnete von vornherein, schon am Morgen des 8. November die Einberufung einer verfassunggebenden Nationalversammlung als einen ihrer Programmpunkte. Am 5. Dezember 1918 teilte sie in der Wahlproklamation „an das bayrische Volk" die Grundzüge des neuen Wahlrechtes mit und gab am 7. Dezember 1918 in der Wahlordnung die Ausführungsbestimmungen für diese Wahl bekannt. Die Wahl wurde auf 12. Jan. 1919 festgesetzt. Der Termin war kurz und erforderte die äußerste Abkürzung aller Fristen. Politische Gründe ließen aber die möglichst baldige Abhaltung der Wahl als Notwendigkeit erscheinen.

Die Wahlordnung beruhte, im Gegensatz zu den Wahlgesetzen und Wahlordnungen des Reiches und aller anderen deutschen Länder, die das System der gebundenen Liste einführten, auf dem Grundsatze der freien Liste und der einnamigen Wahl. Staatsminister Auer ließ sich von dem Wunsche leiten, den Wählern die größtmögliche Freiheit bei der Stimmabgabe zu gewähren. Das ganze Land bildete einen Wahlkreis, in dem 163 Abgeordnete in den bisherigen Wahlkreisen als Stimmkreisen auf Grund von Wahlvorschlägen zu wählen waren, während 17 Abgeordnete als Landesabgeordnete den einzelnen Wahlvorschlägen nach dem Verhältnis ihrer Stimmenzahlen im ganzen Land zur Benennung zugeteilt werden sollten. Jeder Wähler hatte seine Stimme nur für einen Wahlbewerber, in den aus dem früheren Wahlgesetz der Einfachheit halber übernommenen zweimännigen Stimmkreisen für zwei Wahlbewerber abzugeben, deren Namen in den vom Landeswahlkommissär öffentlich bekannt gegebenen Wahlvorschlägen enthalten waren. Dabei war der Wähler nicht an die für seinen Stimmkreis aufgestellten Bewerber gebunden. Die für die Bewerber der einzelnen Wahlvorschläge abgegebenen Stimmen wurden dann nach Wahlvorschlägen zusammengestellt und hiernach berechnet, wie viele Sitze auf jeden Wahlvorschlag zu entfallen hatten. Innerhalb der Wahlvorschläge entschied die Höhe der Stimmenzahl des einzelnen Bewerbers über die Reihenfolge, in der die Bewerber zum Zug kamen. Beim Wegfall eines Bewerbers sollte der Bewerber mit der nächsthöheren Stimmenzahl auf dem gleichen Wahlvorschlag nachrücken.

Eine Verordnung vom 31. Dezember 1918 sollte die vollständige Wahlfreiheit sichern. Am 3. Januar 1919 wurde die Wahlberechtigung auf alle Reichsdeutschen ausgedehnt. Anfangs Januar ergab sich auch noch, daß die Wahlvorbereitungen in der von den Franzosen besetzten Pfalz außerordentlich erschwert waren, so daß die Durchführung der Wahl am 12. Januar nicht möglich sein würde. Die Pfalz wurde daher am 4. Januar 1919 als eigener Wahlkreis bestimmt und die Wahl daselbst auf 2. Februar verschoben. Dabei sollten 22 Abgeordnete gewählt und 2 Sitze für Landesabgeordnete vergeben werden. Im rechtsrheinischen Bayern wurden daher am 12. Januar nur 141 Abgeordnete gewählt und 15 Sitze für Landesabgeordnete vergeben.

Als der Landtag am 21. Februar 1919 zusammentrat, fand er bereits den Entwurf eines neuen Landtagswahlgesetzes vor, der genau nach den gleichen Grundsätzen, wie die Wahlordnung vom 7. Dezember 1918 aufgebaut war. Infolge der politischen Ereignisse kam er jedoch zunächst nicht zur Beratung und wurde nach der Umbildung des Ministeriums am 18. März zurückgezogen. Da es zunächst galt, die längst fälligen Wahlen der Gemeinde-, Bezirks- und Kreisvertretungen durchzuführen, um auch diese den Verhältnissen anzupassen, und da sodann die Ausarbeitung und Beratung der Verfassung Zeit und Kraft von Regierung und Landtag während des Aufenthaltes in Bamberg voll in Anspruch nahm, wurde die Bearbeitung des Wahlgesetzentwurfes zunächst zurückgestellt. Sie war um so weniger dringlich, als im Anschluß an die Vollendung des Verfassungswerkes das Gesetz vom 14. August 1919 die Dauer des Landtages bis zum 30. Juni 1922 bestimmte. Die Staatsregierung hielt es auch zunächst für veranlaßt, die Bestimmungen des Reichswahlgesetzes abzuwarten, um sich diesen anzupassen. Als jedoch beim Bekanntwerden der Grundzüge dieses Gesetzes sich ergab, daß darin ein Verfahren eingeschlagen werden sollte, das mit den Bestimmungen der bayrischen Verfassung über die Berechnung der Zahl der Abgeordnetensitze nicht vereinbar war, entschied sich die bayr. Regierung, nicht mehr länger zuzuwarten, sondern dem Landtag auf der Grundlage des bisherigen Wahlrechtes einen Gesetzentwurf vorzulegen, der außer den Bestimmungen über die Landtagswahlen, auch die über Volksbegehren und Volksentscheidungen enthielt. Am 17. Dezember 1919 ging der Entwurf dem Landtage zu. Am 28. Januar 1920 wurde er dem Wahlgesetzausschuß zur Behandlung überwiesen. Dieser begann am 12. Februar 1920 seine Beratung über den Entwurf.

Die Beratungen ergaben zunächst weitgehende Meinungsverschiedenheiten über die Grundsätze, auf denen das Gesetz aufgebaut werden sollte, namentlich in der wichtigen Frage der Wahlkreiseinteilung und in der weiteren Frage, inwieweit die Wähler an die Wahlvorschläge gebunden sein sollten. Während der Regierungsentwurf das ganze Land als einen Wahlkreis erklärte, und dem Wähler freie Auswahl unter allen für das ganze Land aufgestellten Bewerbern gab, verlangte der Referent, Graf Pestalozza, 10 Wahlkreise und Bindung des Wählers an den im Stimmkreis aufgestellten Bewerber, der Korreferent Dr. Piloty aber 8 Wahlkreise und Bindung nur an die Wahlkreisbewerber. Der Referent schlug auf 60000 Einwohner, der Korreferent aber auf eine bestimmte Anzahl von Stimmen einen Abgeordneten vor. Einigkeit bestand nur hinsichtlich der einnamigen Stimmabgabe.

Im Laufe der Beratungen ergaben sich folgende Vorschläge I. des Berichterstatters Grafen von Pestalozza:

„1. Die Zahl der Abgeordneten beträgt 130, wovon 115 gewählt, der Rest den einzelnen Wahlvorschlägen nach Art. 45 Abs. II zur Benennung zugeteilt wird (Landesabgeordnete). Die Zahl 115 ergibt sich dadurch, daß auf 60000 Einwohner ein Abgeordneter treffen soll.

2. Das ganze Land bildet ein Verteilungsgebiet. Es wird unter Ausscheidung zweier großstädtischer Wahlkreise (München und Nürnberg-Fürth) in weitere 8 mit den Regierungsbezirken zusammenfallende Wahlkreise oder in weitere 14 (ungefähr 6 Abgeordnete umfassende) Wahlkreise geteilt (Wahlkreiseinteilung).

3. Jeder Wahlkreis wird in so viele annähernd gleichgroße Stimmkreise geteilt, als Abgeordnete in ihm zu wählen sind. Stimmzettel, die in einem Stimmkreise nicht auf einen in einem Wahlvorschlage für die-

sen Stimmkreis benannten Bewerber lauten, sind ungültig (Stimmkreisbindung). Jeder Bewerber kann in mehreren Stimmkreisen desselben Wahlkreises aufgestellt werden.

4. Wahlkreis- und Stimmkreiseinteilung werden gesetzlich festgelegt.

5. Die Verteilung der Sitze erfolgt derart, daß zuerst die Mandate an die Parteien auf Grund der Gesamtstimmenzahlen, welche sie in allen Wahlkreisen erhalten und darnach die einer jeden Partei zugefallenen Mandate auf die einzelnen Wahlkreise verteilt werden. Restmandate werden nach Hagenbach-Bischoff verteilt. Innerhalb der Wahlkreise sind die Bewerber mit den höchsten Stimmenzahlen gewählt (Methode Schneider).

Oder: Die Verteilung der Sitze erfolgt in der Art, daß zunächst die Parteien innerhalb der Wahlkreise für jede dem Quotienten entsprechende Stimmenzahl je einen Vertreter erhalten. Bleiben hierbei Restmandate übrig, werden die Stimmreste der Listen aller Wahlkreise zusammengeworfen, ein neuer Quotient festgestellt und die Sitze hiernach auf die Listen verteilt. Innerhalb der Listen werden die Sitze denjenigen Wahlkreisen zugewiesen, in welchen die Liste die meisten verlorenen Stimmen aufweist (System Perucchi). Mehrere Wahlkreisvorschläge gelten auf diesbezügliche Erklärung der Parteien für die Zusammenzählung und Verteilung als ein Vorschlag (Listenverbindung)."

II. des Mitberichterstatters Dr. Piloty:

„1. Das ganze Land bildet einen einzigen Verteilungsbezirk. Die Abgeordnetensitze werden auf die Wahlkreise nach dem Verhältnis der Zahlen der in den einzelnen Wahlkreisen abgegebenen Wählerstimmen verteilt.

2. Das Land zerfällt in 8 Wahlkreise. Jeder Regierungsbezirk bildet einen Wahlkreis. Die Anordnung ist in das Gesetz aufzunehmen. Die Wahlvorschläge werden je gesondert für jeden Kreis aufgestellt. Kein Wähler darf seine Stimme einem Kandidaten geben, der nicht auf einer Vorschlagsliste seines Kreises steht. Es findet Anwendung das System der einnamigen Stimmgebung mit Listenkonkurrenz.

3. Auf je 60000 Einwohner ist ein Abgeordneter zu wählen. § 26 Abs. II Satz 3 und 4 der VU. ist dementsprechend abzuändern. Zum Zwecke der Vornahme der Wahl sind Stimmbezirke nach verwaltungstechnischen Gesichtspunkten zu bilden. Dieselben sind weder Wahlkreise noch Stimmkreise im Sinne des Entwurfes.

4. Die Listenverbindungen sind zu gestatten.

5. Für die Verteilung der Sitze auf die Parteien und Gruppen der Wählerschaft ist entsprechend dem Entwurfe nach dem Hagenbach-Bischoffschen System zu verfahren.

6. Der Wähler benennt 1—2 Ersatzmänner für den Fall des Ausscheidens seines Kandidaten aus der Zahl der auf der Liste seines Kandidaten stehenden sonstigen Kandidaten."

Dem Regierungsentwurf wurde insbesondere vorgeworfen, daß er die Zusammenhänge zwischen Wählern und Abgeordneten zu stark löse, das Land gegenüber der Stadt benachteilige, vor allem aber das Emporkommen der Berufsgruppen und Interessentenorganisationen begünstige und dadurch den Bestand der politischen Parteien gefährde. Dem wollten die Vorschläge, mehrere Wahlkreise mit einer festen Abgeordnetenzahl zu bilden, vorbeugen. Dadurch wird allerdings eine etwaige geringere Wahlbeteiligung auf dem Lande ausgeglichen. Die hierdurch erreichten kleineren Listen fördern auch den Zusammenhang zwischen Wählern und Gewählten. Die Bindung des Wählers an die im Stimmkreis aufgestellten Bewerber endlich sollte die Wahlbeteiligung der Berufsgruppen erschweren.

Im weiteren Lauf der Beratungen wurde noch eine Anzahl Vorschläge gemacht. Darunter ist namentlich ein Vorschlag des Berichterstatters hervorzuheben, der die Stimmkreisbindung etwas abschwächte, indem er Stimmen, die nicht auf den Stimmkreiskandidaten entfallen, nicht mehr als ungültig, aber auch nicht für die darauf benannten Bewerber, sondern nur für die Partei im Ganzen als gültig behandeln wollte. Schließlich wurden dann im Ausschuß folgende Grundsätze für das Gesetz mit Stimmenmehrheit, teilweise mit Stimmeneinheit festgelegt. Wahlberechtigung vom 20. Lebensjahre an; Wählbarkeit vom 25. Lebensjahre an unter der Voraussetzung einjähriger Reichsangehörigkeit und einjährigen Aufenthaltes in Bayern; 8 Wahlkreise mit bestimmter Abgeordnetenzahl (auf je 50000 Einwohner ein Abgeordneter); 142 Abgeordnete, dazu 15 Landesabgeordnete; für jeden Abgeordneten ein Stimmkreis; Bindung des Wählers an die im Stimmkreis aufgestellten Bewerber; Gültigkeit der nicht auf die Stimmkreisbewerber entfallenen Stimmen nur für die Wahlvorschläge im Ganzen; Benennung der Landesabgeordneten aus den nicht gewählten Stimmkreisbewerbern; Verteilung der Sitze zunächst im Wahlkreis, Zusammenzählung der Stimmreste durchs ganze Land, Verteilung der Restsitze nach dem Verhältnis der Stimmreste an die Wahlvorschläge mit den größten Stimmresten; Unzulässigkeit der Listenverbindung.

Auf Grund dieser Grundsätze wurde der Regierungsentwurf umgearbeitet und der neue Entwurf dann vom Ausschuß in einer Reihe von Sitzungen in 1. Lesung beraten und gegen die Stimmen der demokratischen Fraktion bei Stimmenthaltung des Bauernbundes angenommen. Die demokratische Fraktion kündigte weitere Anträge für die 2. Lesung an, indem sie sich gegen den Grundsatz der Stimmkreisbindung, als mit der Wählerfreiheit nicht im Einklang stehend, wandte.

In 2. Lesung wurde der Entwurf nicht mehr wesentlich geändert. Die Anträge der Demokraten, die zunächst die Wiederherstellung der ursprünglichen Regierungsvorlage, und sodann die Wahlkreisbindung an Stelle der Stimmkreisbindung bezweckten, wurden abgelehnt, nachdem Vermittlungsverhandlungen, die auf die Zusammenfassung einer Anzahl von Stimmkreisen zu Stimmkreisverbänden mit wechselseitiger Wählbarkeit der Bewerber hinausliefen, ergebnislos geblieben waren. Schließlich wurde das ganze Gesetz vom Ausschuß in der Schlußabstimmung der 2. Lesung mit 18 gegen 3 Stimmen (der Demokraten) angenommen. Die Stimmkreiseinteilung, die als Anlage zum Gesetz einen Bestandteil desselben bildet, war inzwischen in einer Unterkommission unter hauptsächlicher Mitwirkung der Abg. Rauch (Bayr. Volkspartei) und Walther (Sozialdem.) eingehend behandelt worden, nachdem der Ausschuß als Grundsätze hiefür die möglichste Gleichmäßigkeit der Stimmkreise nach der Einwohnerzahl mit einem Spielraum von 3000 Einwohnern nach aufwärts und abwärts über den Wahlkreisdurchschnitt und die möglichste Einhaltung der Amtsgerichts- und Bezirksamtsgrenzen festgelegt hatte. Auch die Stimmkreiseinteilung wurde schließlich mit der gleichen Mehrheit wie das Gesetz angenommen.

Im Landtag selbst kam das Gesetz am 11. Mai zur Beratung und wurde daselbst mit allen Stimmen gegen die Stimmen der Demokraten angenommen und am 12. Mai 1920 im GVBl. S. 195 bekannt gemacht.

Das Staatsministerium des Innern erließ hiezu am 12. Mai 1920 eine Wahlordnung (GVBl. S. 24).

Die erste Wahl auf Grund des neuen Gesetzes fand am 6. Juni 1920 statt, gleichzeitig mit der Wahl zum Deutschen Reichstag. Sie erstreckte sich noch nicht auf Coburg, da dessen Anschluß erst am 1. Juli 1920 erfolgte. Die durch Staatsvertrag dem früheren Freistaat Coburg zugestandenen 3 Abgeordneten wurden erst am 7. November 1920 gewählt auf Grund eines noch vom coburgischen Landtage beschlossenen, auf den gleichen Grundsätzen wie das bayr. Landeswahlgesetz beruhenden coburgischen Landesgesetzes

Das Gesetz vom 12. Mai 1920 wurde in der Folgezeit mehrfach geändert. Die erste Änderung erfolgte durch das Gesetz vom 21. Juli 1921 (GVBl. S. 393). Sie war veranlaßt durch die Einführung des bayr. Rechtes in dem nach Erlaß des Landeswahlgesetzes mit Bayern vereinigten Gebiet des früheren Freistaates Coburg und die durch den Anschluß Coburgs an Bayern bewirkte Gebietsveränderung, die auch eine Änderung der Stimmkreiseinteilung erforderlich machte. Das Gesetz berücksichtigte zugleich auch noch die seit dem Erlaß des Landeswahlgesetzes vor sich gegangene Weiterbildung des Reichswahlrechtes. Vor allem wurde dadurch die Anfertigung der Wählerlisten in doppelter Ausfertigung beseitigt. Die Landeswahlordnung vom 12. Mai 1920 wurde im Verfolg dieser Gesetzesänderungen nicht geändert. Die Änderung, die ja jederzeit erfolgen konnte, wurde aufgeschoben, bis die Vornahme einer Wahl oder Abstimmung sie notwendig machen würde.

Die zweite Änderung erfolgte durch das Gesetz vom 6. Februar 1924. Im Anschluß an die Ablehnung des sog. Ermächtigungsgesetzes, das der Staatsregierung mit Rücksicht auf die schwierigen Verhältnisse am Ende des Jahres 1923 gewisse außerordentliche Vollmachten geben sollte, kam die Frage der Auflösung des Landtages, dessen Wahlzeit an sich noch bis zum Juni 1924 zu laufen hätte, ins Rollen. Die Notwendigkeit einer Vereinfachung und Verbilligung der Staatsverwaltung führte dabei zu dem Ergebnis, daß diese Maßnahmen auch für den Landtag angeregt wurden. In der Sitzung des Landtages am 20. Dezember 1923 wurde der Beschluß gefaßt, die Staatsregierung sei zu beauftragen, unverzüglich einen Abänderungsentwurf zum Landeswahlgesetz vorzulegen, der die Zahl der Abgeordneten um mindestens ein Drittel vermindern sollte.

Diesem Beschlusse kam der Entwurf nach, den die Staatsregierung dem Landtag am 30. Dezember 1923 vorlegte. Der Entwurf ließ die Zahl der „Landesabgeordneten" (15 gemäß Art. 42) unverändert, schlug im übrigen vor, die 8 Wahlkreise in 4, entsprechend den Reichstagswahlkreisen, zusammenzulegen, um hiedurch Einsparungen beim Wahlverfahren und eine Vereinfachung zu erzielen und zu ermöglichen, daß die Parteiorganisationen für Reichstags- und Landtagswahlen einheitlich gestaltet werden könnten. Im übrigen behielt er hinsichtlich der Stimmkreiseinteilung den Grundsatz bei, daß für jeden zu wählenden Abgeordneten ein Stimmkreis zu bilden ist (Art. 43), und trachtete danach, die im Jahre 1920 in nicht wenig Fällen notwendig gewordene Zerreißung von Amtsgerichtsbezirken aufzuheben und diese Bezirke geschlossen als Unterlage für die Stimmkreise zu verwenden. Der Entwurf kam bei Zugrundelegung von rund 70000 Einwohnern auf einen Stimmkreis (gegen 50000 bisher) auf 99 zu wählende Abgeordnete (Oberbayern-Schwaben 34, Niederbayern-Oberpfalz 20, Pfalz 12, Franken 33). Der Entwurf schlug außerdem noch einige Änderungen vor, die durch Erfahrungen seit dem Erlasse des Landeswahlgesetzes, auch durch die Weiterentwicklung des Reichswahlgesetzes und durch das Reichsgesetz über den Volksentscheid vom 27. Juni 1921 veranlaßt sind.

Der Landtag einigte sich nach längeren Verhandlungen hinsichtlich des Abbaues der Abgeordnetenzahl auf einen Antrag des Berichterstatters Graf Pestalozza, der, ausgehend von 62000 Einwohnern auf einen Stimmkreis, 113 Abgeordnete vorschlug, aber die 8 Wahlkreise wie bisher beibehielt. Die hiezu erforderliche neue Stimmkreiseinteilung wurde — im Hinblick auf die verschiedene Behandlung Coburgs, gesondert für die Wahl 1924 und für die folgenden Wahlen — am 31. Januar 1924 vom Landtag angenommen.

Während der Regierungsentwurf die im Jahre 1921 für Coburg getroffene Sonderregelung im Hinblick auf die Verringerung der Abgeordnetenzahl zu beseitigen vorschlug, beließ es das Gesetz schließlich bei dieser Bevorzugung von Coburg für die Wahl 1924.

Für den Fall, daß in der Pfalz im Jahre 1924 keine Wahl stattfinden könnte, wurde eine Sonderbestimmung auch für diesen Landesteil getroffen.

Gleichzeitig mit dem Gesetz vom 6. Februar 1924 wurde auch eine Abänderung der Landeswahlordnung bekannt gegeben, die vor allem in einer Ergänzung der Bestimmungen über den Vollzug von Volksbegehren bestand.

Auf Grund dieses Standes der Gesetzgebung fand dann die Landtagswahl im Frühjahr 1924 statt, nachdem der Landtag auf Antrag der Bayerischen Volkspartei am 21. Februar 1924 gemäß § 21 der Verfassungsurkunde seine Auflösung mit Wirkung vom 5. April an beschlossen und die Staatsregierung um Anberaumung der Neuwahl auf 6. April ersucht hatte. Die Verhältnisse in der Pfalz machten die Verschiebung der Wahl daselbst bis zum 4. Mai 1924 notwendig, an welchem Tage sie dort gemeinsam mit der Reichstagswahl stattfand.

Die Landtagswahl war, in der Pfalz wie im rechtsrheinischen Bayern, mit einer Volksentscheidung über ein von der Bayr. Volkspartei veranlaßtes Volksbegehren verbunden, das die Umgestaltung der bayerischen Verfassung bezweckte. Die Bayr. Volkspartei hatte im Januar 1924 beim Staatsministerium des Innern zwei Vorschläge zu Volksbegehren mit folgendem Inhalt eingereicht:

1. „Der bayr. Landtag wird aufgelöst."
2. „Der im ersten Halbjahr 1924 neugewählte Landtag ist ermächtigt, ein Gesetz zur Umgestaltung der bayr. Verfassung mit einfacher Mehrheit seiner Mitglieder zu beschließen."

Beide Volksbegehren fanden in der vom 28. Januar bis 17. Februar 1924 laufenden Unterstützungsfrist die erforderliche Zahl von Unterschriften. Eine Volksentscheidung fand jedoch nur über das zweite Volksbegehren statt, da der Landtag inzwischen selbst seine Auflösung beschlossen hatte, während für das weiter begehrte Gesetz zur Umgestaltung der Verfassung sich im Landtage nicht die nötige Mehrheit fand, so daß es hier abgelehnt wurde. An der Volksentscheidung nahm zwar die erforderliche Zahl von Staatsbürgern teil, doch fand sich nicht die nötige Anzahl von Zustimmungserklärungen zu dem Volksbegehren, so daß der Gesetzentwurf als abgelehnt zu gelten hatte.

Eine Unklarheit in Art. 55 des LWG., die sich bei der Wahlprüfung 1924 ergab, führte dazu, daß diese Bestimmung sowie einige andere Vorschriften durch ein (3.) Ges. zur Abänderung des LWG. vom 18. Juli 1925 (GVBl. S. 209) geändert wurde. Hiedurch wurden einzelne Bestimmungen den inzwischen geänderten Vorschriften des Reichswahlrechts (so über die Wahlscheine) angepaßt und eine Bestimmung eingefügt, die das Überhandnehmen von Splitterparteien möglichst einschränken sollte (Art. 55 Abs. IV). Im übrigen wurden, im Gegensatz zu den Bestrebungen im Reich und in den andern Ländern, in Bayern keine Stimmen laut, die namentlich mit den Grundgedanken des Wahlgesetzes unzufrieden gewesen wären. Das ist begreiflich, weil das bayr.

Landeswahlgesetz gerade die Vorzüge aufzuweisen hat, die man an den Wahlgesetzen sonst vielfach vermißte, nämlich die verhältnismäßig kleinen Wahlgebiete und die einnamige Wahl an Stelle der Listenwahl.

Am 13. Januar 1928 stellte der Abg. Eisenbeis mit Unterstützung seiner Fraktion den Antrag, die Verbindung von zwei oder drei Wahlvorschlägen zuzulassen. Bei der Behandlung dieses Antrages im Landtage wurde die gleichzeitig auch im Reichstage brennend gewordene Frage, ob und wie den Splitterparteien beizukommen sei, nochmals erörtert. Der Antrag Eisenbeis wurde jedoch am 30. März 1928 abgelehnt.

Von der in Art. 4 des Gesetzes vom 18. Juli 1925 erteilten Befugnis, den Wortlaut des LWG. in seiner aus den Abänderungsgesetzen sich ergebenden Fassung bekannt zu geben, hat die Staatsregierung am 30. März 1928 Gebrauch gemacht (GVBl. S. 85).

Am gleichen Tag erging auch eine Neufassung der Landeswahlordnung (GVBl. S. 95), durch welche diese den seit 1924 erfolgten Änderungen des LWG. und der neugefaßten Reichsstimmordnung angeglichen wurde.

II. Aus der Wahlstatistik.

Über die letzten Landtagswahlen vor dem Umsturz enthielt die Zeitschrift des Bayr. Statistischen Landesamtes 1912 S. 220 nähere Angaben. Über die Wahlen zum neuen bayr. Landtag vom 12. Januar und 2. Februar 1919 sind solche in der gleichen Zeitschrift 1919 S. 601 ff., über die Wahl vom 6. Juni 1920 in der Zeitschrift 1921 S. 294 ff., über die Wahlen vom 6. April und 4. Mai 1924 in der Zeitschrift 1924 S. 221 ff. enthalten. Über einige wichtigere, die Allgemeinheit interessierende Punkte sei nachstehend kurz berichtet.

1. Die Zahl der Wahlberechtigten bei der bayr. Landtagswahl hat sich durch die Ausdehnung des Wahlrechtes bis zum 20. Lebensjahr und auf die Frauen, ferner durch den Verzicht auf jede sonstige Forderung als Voraussetzung (z. B. Steuerentrichtung) sehr bedeutend erhöht. Sie betrug

1912:	1 187 207	= 17,2%	der Gesamtbevölkerung,
1919:	3 936 712	= 56,3%	„ „ (ohne die Saarpfalz)
1920:	4 021 399	= 57,5%	„ „
1924:	4 279 507	= 60,7%	„ „

hievon waren

1919:	46,2% Männer,	53,8% Frauen,
1920:	46,6% „ ,	53,4% „
1924:	46,8% „ ,	53,2% „

In der Stadt München betrugen die Wahlberechtigten 1920: 63,4%, 1924: 64,7% der Gesamtbevölkerung. In der Stadt Nürnberg betrugen die entsprechenden Ziffern 1920: 61,2%, 1924: 68,0%, in den kreisunmittelbaren Städten überhaupt 1920: 60,9%, 1924: 63,8%, in den Bezirksämtern, also auf dem Lande 1920: 55,9%, 1924: 58,8%.

2. Die Wahlbeteiligung betrug:

1905: 52,0% der Wahlberechtigten,
1907: 72,9% „ „
1912: 81,9% „ „
1919: 86,3% „ „
(86,9% bei Männern, 85,7% bei Frauen)
1920: 75,7% der Wahlberechtigten
(81,0% bei Männern, 71,1% bei Frauen)
1924: 71,8% der Wahlberechtigten
(77,5% bei Männern, 66,6% bei Frauen).

Die Wahlbeteiligung war 1924 in den kreisunmittelbaren Städten 77,3%, in den Bezirksämtern (auf dem Lande) 68,8%, in München 74,4% (1920: 85,8%), in Nürnberg 85,1% (1920: 81,3%).

Ungültige Stimmen wurden abgegeben:

1912: 0,83% der Stimmen,
1919: 0,62% „ „
1920: 2,5 % „ „
1924: 2,6 % „ „

3. Die Verschiedenheit der Wahlvorschriften bei den Wahlen 1919, 1920 und 1924 äußerte sich vor allem bei der Sitzeverteilung.

a) 1919 war ganz Bayern, mit Ausnahme der Pfalz, ein Wahlkreis. Als endgültige Verteilungszahl, auf welche ein Abgeordnetensitz zu entfallen hatte, ergab sich die Zahl von 20602 Stimmen. Für die Sitze der Landesabgeordneten ergab sich die Verteilungszahl 186504. In der Pfalz, wo die Wahl infolge der Besetzung erst später stattfinden konnte, ergeben sich die entsprechenden Zahlen von 18249 und 141745 Stimmen.

b) 1920 war das Land in 8 Wahlkreise eingeteilt, auf welche die Abgeordnetensitze zunächst nach der Einwohnerzahl verteilt waren. Doch ist dieser Gedanke nicht völlig rein durchgeführt, die Abgeordnetensitze sind nicht völlig starr an die Wahlkreise gebunden; vielmehr ist die Abwanderung von Sitzen eines Wahlkreises in einen andern möglich, vor allem bei der Verteilung der Restsitze. Da das Wahlgesetz die Sitze auf die Wahlkreise zunächst nach ihrer Einwohnerzahl verteilt hat, die Verteilung der Sitze aber von der Wahlbeteiligung beeinflußt wird, ergeben sich in den verschiedenen Wahlkreisen ganz verschiedene Verteilungszahlen, die 1920 zwischen 23 889 in Mittelfranken und 17 768 in Niederbayern schwankten. Bei der Verteilung der Restsitze, die auf den Stimmresten aus dem ganzen Lande beruht, ergab sich eine Verteilungszahl von 28 443, für die Landesabgeordneten eine solche von 162 176 Stimmen. Die Möglichkeit der Abweichung von der starren Bindung der Sitze an die Wahlkreise führte dazu, daß Oberbayern 2 Sitze und Schwaben 1 Sitz mehr, Niederbayern, Oberpfalz und Mittelfranken je 1 Sitz weniger erhielten, als ihnen nach ihrer Einwohnerzahl vom Gesetz zugewiesen war.

c) Bei der Wahl 1924 war die Zahl der Abgeordnetensitze in den Wahlkreisen gegen 1920 erheblich, nämlich von 140 auf 113 eingeschränkt. Nur die Zahl der Landesabgeordneten (15) war unverändert. Die Verteilungszahlen bewegten sich in den Wahlkreisen zwischen 29 926 in Mittelfranken und 19 478 in Niederbayern. (Coburg mit einer Verteilungszahl von 12 577 Stimmen muß als wegen der besonderen Verhältnisse nicht vergleichbar außer Betracht bleiben). Bei der Restsitzeverteilung ergab sich eine Restverteilungszahl von 31 769, für die Sitze der Landesabgeordneten eine Verteilungszahl von 163 724. Die Möglichkeit von Abweichungen von der Bindung der Sitze an die Wahlkreise führte dazu, daß Oberbayern 1 Sitz und Mittelfranken 3 Sitze mehr, Niederbayern, Oberpfalz, Oberfranken und Schwaben je 1 Sitz weniger erhielten, als ihnen durch das Gesetz zugewiesen war.

Vor allem das Ergebnis der Wahl von 1924 bewies, daß auch das jetzige Landeswahlgesetz die Beteiligung von Splitterparteien an der Wahl ermöglichte, da die Teilnahme an der Restsitzeverteilung von keiner weiteren Voraussetzung abhängig war, als von dem Vorhandensein von nicht verwerteten Stimmen. Dies zeigte das Beispiel einer Beamtengruppe, aber auch der Christlich-

Sozialen Partei, der Nationalliberalen Landespartei und des Deutschen Blocks, welch letzterer auf diese Weise seine 3 Mandate erhielt.

4. Die im Abschnitt I S. 18 erwähnten zwei Volksbegehren der Bayr. Volkspartei wurden das erste von 1 212 465, das zweite von 1 158 340 Staatsbürgern unterzeichnet. An der Volksentscheidung beteiligten sich 3 034 574 Wähler = 70,9% der Wahlberechtigten (die BU. verlangt die Mindestteilnahme von $^2/_5$ = 40%). Ungültig waren 161 254 Stimmen = 5,3% der Stimmen. Zur Abänderung der Verfassung ist eine Mehrheit von $^2/_3$ der abgegebenen gültigen Stimmen nötig. Da von 2 873 320 gültigen Stimmen nur 1 377 839 Stimmen für die Verfassungsänderung abgegeben wurden (= 47,9% der Stimmen), war der Gesetzentwurf als abgelehnt zu betrachten.

III. Landeswahlgesetz

für Landtagswahlen, Volksbegehren und Volksentscheidungen.

Vom 12. Mai 1920 (GVBl. S. 195), abgeändert durch Gesetz vom 21. Juli 1921 (GVBl. S. 393), 6. Februar 1924 (GVBl. S. 29), 18. Juli 1925 (GVBl. S. 209), neugefaßt am 30. März 1928 (GVBl. S. 85).

Der Landtag des Freistaates Bayern hat folgendes Gesetz beschlossen und zwar hinsichtlich der Artikel 1, 2, 22, 23, 29, 41, 42, 44, 45, 72 und 73 [1]) mit der im § 92 der Verfassung vorgeschriebenen Mehrheit.[2])

1. Das LWG. weicht in den in der Präambel aufgeführten Bestimmungen von Vorschriften der bayr. Verfassung ab oder ergänzt diese. Vgl. zu Art. 1 LWG. §§ 6, 8 VU. und Art. 110 II RV.; Art. 2 LWG. § 9 VU.; Art. 22, 23 LWG. §§ 10, 76 VU.; Art. 29 LWG. § 30 I VU.; Art. 41, 42 LWG. § 26 II S. 3 u. 4 VU. in der Fassung vom 14. Aug. 1919, geändert durch G. vom 18. Sept. 1925 (GVBl. S. 245); Art. 44, 45 LWG. § 26 II S. 1 VU. in der Fassung vom 14. Aug. 1919, jetzt geändert durch G. vom 18. Sept. 1925 (GVBl. S. 245); Art. 72, 73 LWG. § 77 VU.

2. d. h. zwei Drittel der gesetzlichen Mitgliederzahl. In Art. 79, der auf Antrag Giermann und Genossen durch Beschluß der Vollversammlung in erster Lesung vom 11. Mai 1920 eingefügt wurde, ist das ganze Gesetz „als Verfassungsgesetz" erklärt. Das bedeutet, daß das ganze Gesetz, nicht nur die in der Einleitung aufgeführten Bestimmungen unter den Schutz des § 92 VU.

gestellt werden soll. Nawiasky führt in seinem bayr. Verfassungsrecht, 1. Aufl. S. 149, aus, dieser Beschluß sei rechtlich unwirksam, weil Art. 79 unter den im Eingang des Gesetzes als mit der erhöhten Mehrheit beschlossenen Artikeln nicht aufgeführt sei. Wie dies gekommen ist, ist oben mitgeteilt. Der entsprechende Antrag wurde erst am Schlusse der Beratung im Plenum des Landtags gestellt. Nach dem sten. Ber. über die Sitzung vom 11. Mai 1920 hat der Präsident bei der Abstimmung über den Antrag in der ersten Lesung nur festgestellt, daß der Antrag angenommen sei. Die Art der Mehrheit wurde dabei nicht festgestellt. Wohl aber wurde bei der 2. Lesung über den Gesetzentwurf festgestellt, daß der Gesetzentwurf im ganzen in der nunmehr vorliegenden Fassung mit der Mehrheit angenommen wurde, „wie sie bei den wiederholten Abstimmungen über die Verfassungsparagraphen vorlag"; hienach steht also fest, daß auch für Art. 79 LWG. die Mehrheit nach § 92 VU. vorlag, so daß der Charakter des ganzen Gesetzes als Verfassungsgesetz nicht beanstandet werden kann. Die Feststellung dieser Tatsache in der Präambel der Gesetze ist zwar Brauch, aber nicht unerläßliche Voraussetzung für die Gültigkeit, wenn die Tatsache anderweitig festgestellt werden kann.

I. Allgemeines.

1. Stimmrecht.

Art. 1.

Stimmberechtigt[1] bei den Wahlen zum Landtage[2], bei Volksbegehren[3] und bei Volksentscheidungen[4] sind — vorbehaltlich des Art. 9[5] — am Orte ihres Aufenthaltes[6] in Bayern[7] alle reichsdeutschen[8] Männer und Frauen, die am Tage der Stimmabgabe[9]

1. das 20. Lebensjahr[10] zurückgelegt haben,
2. sich nicht bloß vorübergehend[11] oder nur gelegentlich[12] in Bayern[13] aufhalten.[14]

1. Stimmberechtigt = berechtigt, an Abstimmungen und Wahlen „teilzunehmen" (§ 8 VU.) bei solchen „abzustimmen" (§ 7 VU.). Die Voraussetzungen des Stimmrechtes wurden zunächst, und zwar gleichmäßig für Landtagswahlen, Volksbegehren und Volksabstimmungen durch § 6 u. 8 VU. festgelegt. Hiernach sollte stimmberechtigt sein jeder Staatsbürger, wenn er seit mindestens sechs Monaten seinen Wohnsitz in Bayern hat (Art. 8). Staatsbürger ist nach Art. 6 ohne Unterschied der Geburt, des Geschlechts, des Glaubens oder Berufes jeder Angehörige des bayr. Staates, welcher das 20. Lebensjahr vollendet hat. Diese Bestimmung ist jedoch durch Art. 17 I RV. in ihrer Gültigkeit und Wirksamkeit insofern beeinträchtigt, als hier bestimmt ist, daß zur Wahl der Volksvertretungen der Länder alle reichsdeutschen Männer und Frauen zugelassen werden müssen. Es ist hiernach also nicht mehr zulässig, die Angehörigen andrer deutscher Länder vom Stimmrecht bei Landtagswahlen auszuschließen. Deshalb hat Art. 1 LWG. die VU. insoweit abgeändert. Da Art. 17 RV. sich nicht auf die Abstimmungen bei Volksbegehren und Volksentscheidungen erstreckt, hätten die Einschränkungen der bayr. Verfassung insoweit aufrecht erhalten werden können. Doch ist von der verschiedenen Behandlung in diesen Richtungen abgesehen worden.

Die Bestimmungen der VU. waren ferner für Landtagswahlen auch insofern nicht mehr durchführbar, als in § 8 der „Wohnsitz" in Bayern gefordert war. Hierunter wurde nach den Verhandlungen im Verfassungsausschuß (VA. I 122) „eine Niederlassung mit dem Willen, sich länger in Bayern aufzuhalten" verstanden. Schon im früheren Landtagswahlrecht wurde hierunter ein Aufenthalt unter solchen Umständen verstanden, die auf die Absicht eines länger dauernden Verweilens hinwiesen. Im Hinblick auf Art. 17 Abs. I u. II RV. kann jedoch nach der Auffassung der Reichsregierung nur noch „ein nicht vorübergehender Aufenthalt" in Bayern gefordert werden. Das Wahlrecht an weitere Voraussetzungen als diesen Aufenthalt, etwa an den Wohnsitz in Bayern, oder an einen Aufenthalt von bestimmter

Dauer, etwa 6 oder 12 Monate zu knüpfen, ist nach der Reichsverfassung nicht mehr angängig. Denn Art. 17 Abs. II RV. läßt ein derartiges Verlangen ausdrücklich nur für Gemeindewahlen zu. An Stelle des früheren positiven Erfordernisses, daß die Absicht längeren Verweilens an einem Orte feststehen mußte, mußte daher nunmehr das negative Merkmal treten, daß der Aufenthalt sich nicht als nur vorübergehend kennzeichnen darf.

Diesem durch die RV. und VU. festgelegten Rechtsstand entsprechen die Bestimmungen des Art. 1 LWG. Die Bestimmung ist mit der Mehrheit des § 92 VU. beschlossen worden, da sie Abweichungen von der VU. enthält. Ein Unterschied für Wahlen und sonstige Abstimmungen ist auch hier nicht gemacht. Das LWG. spricht immer von „Stimmberechtigten", nicht von „Wahlberechtigten", da es sich nicht nur auf Wahlen, sondern auch auf sonstige Abstimmungen erstreckt.

Über das Stimmrecht wird im Verfahren bei Anlage der Wählerliste (Art. 11 LWG.) entschieden (s. Anm. 2 daselbst).

2. Vgl. §§ 7, 26 VU.

3. Vgl. §§ 7, 10 VU.

4. Vgl. §§ 7, 10 VU.

5. Art. 9 LWG. enthält eine Ausnahme von der Bestimmung, wonach jeder Stimmberechtigte „am Orte seines Aufenthaltes in Bayern" sein Stimmrecht ausübt, für einzelne Fälle im Auslande sich aufhaltender Stimmberechtigter.

6. Eine räumliche Beziehung des Wählers zu Bayern wird verlangt. Ausnahme in Art. 9. Über den Unterschied vom Wohnsitz siehe Anm. 1. Für den Aufenthalt genügt — von der in Art. 1 Ziff. 2 verlangten Dauer desselben abgesehen — die rein tatsächliche körperliche Ortsanwesenheit, ohne daß die Merkmale einer dauernden Niederlassung und eines hierauf gerichteten Willens gegeben sein müssen. Es ist also ein objektives Tatbestandsmerkmal nötig. Körperliche Aufenthaltsbezeichnungen zu einem bestimmten Orte sind erforderlich; nicht eine Wohnung; Grund- oder Hausbesitz allein ohne Anwesenheit genügt nicht. Ziff. 2 verlangt dazu noch eine gewisse Dauer des Aufenthalts (s. Anm. 11). Vgl. auch Art. 22 LWG.: „gewöhnlicher Aufenthaltsort", womit das gleiche, wie in Art. 1 gemeint ist und § 163 Reichsstimmordnung, wonach ein nur für Tage oder wenige Wochen bemessener oder nur gelegentlicher Aufenthalt kein gewöhnlicher Aufenthalt im Sinne des Reichswahlrechtes ist und nicht zum Eintrag in die Wählerliste berechtigt. Dasselbe gilt für das Landeswahlrecht. An dem Orte dieses Aufenthaltes besteht das Stimmrecht.

Ein mehrfacher Aufenthalt (d. h. an verschiedenen Orten zu gleicher Zeit) ist, genau genommen, nicht möglich. Möglich ist aber, daß der Aufenthalt rasch wechselt, ohne daß die Beziehungen zu dem einen oder andern Ort jeweils beim Ortswechsel vollständig abgebrochen werden, z. B. bei Verschiedenheit der Wohn- und Arbeitsgemeinde, wenn der auswärts Arbeitende am Wochenende oder in längeren Zwischenräumen zu seiner Familie zurückkehrt. In solchen Fällen besteht das Stimmrecht nach Art. 1 an den mehreren Orten, jedoch nur wahlweise, nicht nebeneinander. Denn nach Art. 3 darf jeder Stimmberechtigte nur an einem Ort abstimmen. Zweckmäßig wird der Stimmberechtigte in solchen Fällen sich da, wo er Sonntags sich aufhält, in der Wählerliste eintragen lassen.

Der Aufenthalt muß bei dem Stimmberechtigten selbst nach seinen eigenen Verhältnissen vorliegen. Auch bei Familienangehörigen kommt es also auf die Aufenthaltsbeziehungen der einzelnen Familienglieder, nicht des Familienhauptes an.

Der Aufenthalt muß kraft eigenen Willens gewählt sein. Ein Aufenthalt infolge von zwangsweiser Verwahrung in einer Strafanstalt oder in einer Heil- oder Pflegeanstalt wegen Geisteskrankheit oder Geistesschwäche vermag diese Voraussetzung nicht zu erfüllen. Wohl aber genügt ein Aufenthalt auf Grund der Residenzpflicht der Beamten oder der Aufenthalt der Ehefrau oder der minderjährigen Kinder. Ein unerlaubter Aufenthalt, z. B. trotz Ausweisung genügt nicht.

Kürzere Ortsabwesenheiten beeinträchtigen das Stimmrecht an einem Orte nicht, solange noch die Beziehungen zu dem bisherigen Aufenthaltsort bestehen. Die BU. sowohl wie das LWG. gehen davon aus, daß jeder Staatsbürger das Recht hat, an den Wahlen und Abstimmungen teilzunehmen. Art. 1 Ziff. 2 LWG. verlangt aber als Voraussetzung hiefür noch eine gewisse Bodenständigkeit. Der Fall ist denkbar, daß ein an einem Wahl- oder Abstimmungstag in Bayern sich aufhaltender Deutscher keinen nach Art. 1 Ziff. 2 LWG. genügenden Aufenthalt in Bayern besitzt, weil er nur vorübergehend nach Bayern hereingekommen ist. Er kann dann auch nicht in eine Wählerliste eingetragen werden und deshalb auch nicht wählen oder abstimmen. Wenn er jedoch einen nur innerhalb Bayerns wechselnden, also an sich dem Art. 1 Ziff. 2 immer noch genügenden Aufenthalt hat (z. B. Mitglieder von Wanderschauspieltrupps, Handwerksburschen), ist er stimmberechtigt und in die Wählerliste des Ortes einzutragen, an dem er sich z. Zt. der Anlage der Liste aufgehalten hat. Mit einem Wahlschein nach Art. 14 I kann er sich dann die Ausübung seines Stimmrechtes sichern.

7. Wenn ein Aufenthalt für die Ausübung des Stimmrechts in Betracht kommen soll, muß sein Ort in Bayern liegen. Bayrische Staatsangehörige, die sich nicht in Bayern aufhalten, können also an Wahlen und Abstimmungen daselbst nicht teilnehmen. Eine Ausnahme stellt Art. 9 dar.

8. Im Gegensatz zu § 6 BU., der die bayr. Staatsangehörigkeit verlangt (s. Anm. 1. Vgl. Art. 110 RV. StaatsangehörigkeitsG. v. 22. Juli 1913 (RGBl. 583). Jeder Angehörige eines deutschen Landes ist zugleich Reichsangehöriger und Reichsdeutscher. Nicht verlangt ist eine bestimmte Dauer des Besitzes der Reichsangehörigkeit. Die Bewohner des bayr. Teiles des Saargebietes sind bayr. Staats- und Reichsangehörige, aber an der Teilnahme an Wahlen und Abstimmungen verhindert.

9. Der Stimmberechtigte muß die Voraussetzungen der Ziff. 1 u. 2 und des Besitzes der Reichsangehörigkeit am Abstimmungstag erfüllen, also das 20. Lebensjahr spätestens an diesem Tage vollenden, d. h. der Abstimmende muß spätestens an diesem Tage vor 20 Jahren geboren sein.

10. Das 20. Lebensjahr ist durch §§ 6 mit 8 BU. bedingt. Die RV. bindet in dieser Hinsicht durch Art. 17 die Landesgesetzgebung nicht. Inhaber der elterlichen Gewalt und Vormünder Minderjähriger können zwar nicht rechtlich, wohl aber tatsächlich der Ausübung des Stimmrechtes durch Minderjährige Schwierigkeiten bereiten, eine Folge des verschiedenen bürgerlich-rechtlichen und politischen Mündigkeitsalters. Ein Erziehungsberechtigter, der einen Minderjährigen durch Anordnungen oder Maßregeln der Erziehung von der Wahl zurückhalten oder die Richtung seiner Wahl beeinflussen wollte, würde indes dadurch die Art. 22 und 125 der RV. verletzen, ohne daß jedoch hieraus für ihn rechtliche Folgen entstehen würden (vgl. v. Jan, BU. Anm. 7 zu § 6). Ein Lehrherr, der in dieser Weise vorgeht, überschreitet das ihm zustehende Recht.

Nicht stimmberechtigt sind juristische Personen.

11. Der Aufenthalt erfordert nach Anm. 6 die tatsächliche, rein körperliche Ortsanwesenheit des Betreffenden, kraft eigenen Willens. Hiezu verlangt Ziff. 2 noch eine gewisse Dauer. Würde jeder Aufenthalt, auch bei kürzester Dauer jeden Reichsangehörigen zur Teilnahme an jeder Abstimmung in Bayern berechtigen, so würde damit einer Wahlbeeinflussung durch Einschiebung von Wählermassen von außer her Tür und Tor geöffnet.

Bei der Schaffung des LWG. bestand daher die Absicht, Personen, die sich nur vorübergehend in Bayern aufhalten, von der Abstimmung auszuschließen. Es kommt also insoweit auf die Absicht an, welche die betreffende Person bei der tatsächlichen körperlichen Anwesenheit hinsichtlich der Dauer des Aufenthalts hat. Der Regierungsvertreter führte hiezu im Landtagsausschuß aus: Ein Aufenthalt, der von vornherein nur auf eine bestimmte Zeit berechnet sei, werde hiedurch noch nicht zu einem vorübergehenden Dies wäre nur dann der Fall, wenn der Aufenthalt zugleich von vornherein nicht auf längerer Dauer bemessen sei. Bei Studenten werde daher im allgemeinen ein nicht vorübergehender Aufenthalt anzunehmen sein. Er nahm dabei auf § 20 ZPO. Bezug. Dieser führt aus, daß Dienstboten, Hand- und Fabrikarbeiter, Gewerbegehilfen, Studierende, Schüler und Lehrlinge unter Verhältnissen, die ihrer Natur nach auf einen Aufenthalt von längerer Dauer hinweisen, sich an ihren Aufenthaltsorten befinden. Bei Sommerfrischlern werde zu unterscheiden sein, ob es sich um Personen handelt, die nur für Tage oder wenige Wochen nach Bayern kommen oder hier den ganzen Sommer zubringen, vielleicht sogar eine ständige Sommerwohnung haben. Ein blos vorübergehender Aufenthalt werde meist gleichbedeutend mit einem gelegentlichen Aufenthalt sein (etwa zu dienstlichen oder geschäftlichen Zwekken, zur Erholung, zum Vergnügen)". Die Regierungsvorlage enthielt zunächst in Ziff. 2 nur die Worte: „sich nicht bloß vorübergehend in Bayern aufhalten". Bei der Beratung im Ausschuß regte der Berichterstatter an, statt „nicht vorübergehend" zu setzen: „gelegentlich", um dadurch auch den Grund der kurzen Dauer des Aufenthalts zu bezeichnen. Der Ausschuß beschloß dann zur näheren Bezeichnung des verlangten Aufenthalts diesen Gedanken noch neben dem Regierungsvorschlag einzufügen, nachdem er die Einführung einer bestimmten Aufenthaltsdauer von einigen Monaten abgelehnt hatte. Das Erfordernis eines solchen Aufenthaltes gilt in gleicher Weise für Bayern und Nichtbayern.

Nach § 5 LWG. gilt als nicht blos vorübergehender Aufenthalt ein solcher, dessen Ende zunächst nicht abzusehen ist, oder der, wenn sein Ende sich absehen läßt, dann wenigstens auf einige Dauer, also nicht blos auf einige Tage oder Wochen berechnet ist. Als gelegentlicher Aufenthalt gilt hienach ein solcher „zu bestimmten vorübergehenden Zwecken" (z. B. Erholung, Geschäfte, Besuche).

12. Ein sachlicher Unterschied zwischen: vorübergehend und gelegentlich besteht nicht. Die Fassung ist ein Kompromißprodukt, um alle Fälle zu treffen.

13. Ein Wechsel des Aufenthalts innerhalb Bayerns ist ohne Belang, auch wenn der Aufenthalt an den einzelnen Orten in Bayern nur vorübergehend ist, wenn nur der Aufenthalt in Bayern im Ganzen nicht vorübergehend oder gelegentlich ist.

14. S. Anm. 6 u. 11.

Art. 2.[1]

I Ausgeschlossen[2] vom Stimmrecht[3] ist:

1. wer entmündigt[4] ist oder unter vorläufiger Vormundschaft[5] oder wegen geistiger Gebrechen unter Pflegschaft[6] steht,
2. wer rechtskräftig durch Richterspruch die bürgerlichen Ehrenrechte verloren hat.[7]

II Die Ausübung des Stimmrechts ruht[8] für die Soldaten[9] während der Dauer[10] der Zugehörigkeit zur Wehrmacht.

III Behindert[11] in der Ausübung ihres Stimmrechtes sind Personen, die wegen Geisteskrankheit oder Geistesschwäche[12] in einer Heil- oder Pflegeanstalt[13] untergebracht[14] sind, ferner Straf- und Untersuchungsgefangene[15] sowie Personen, die infolge gerichtlicher oder polizeilicher Anordnung[16] in Verwahrung gehalten werden.

IV Personen, die sich aus politischen Gründen in Schutzhaft[17] befinden, werden hiervon nicht berührt.

1. Art. 2 kennt:

a) den Ausschluß vom Stimmrecht (Abs. I), den Verlust des Stimmrechts (damit nach Art. 44 I LWG. auch der Wählbarkeit),

b) das Ruhen der Ausübung des Stimmrechts (Abs. II) ohne Beeinträchtigung des Rechtes selbst (damit ohne Verlust der Wählbarkeit),

c) die Behinderung in der Ausübung des Stimmrechtes (Abs. III u. IV), die Feststellung eines rein tatsächlichen Vorgangs.

2. § 9 VU. spricht nur vom Ausschluß von der Ausübung des Stimmrechts, beseitigt damit aber das Stimm- und Wahlrecht der dort aufgezählten Personen als solches (v. Jan, VU. § 9 Anm. 1). Übrigens ist Art. 2 mit der Mehrheit des § 92 VU. beschlossen, daher auf alle Fälle in seinem von § 9 VU. abweichenden Wortlaut gültig, auch wenn eine sachliche Abweichung angenommen werden wollte.

Die Entscheidungen der Gerichte über Entmündigung, Pflegschaft und Aberkennung der bürgerlichen Ehrenrechte sind für die Wahlbehörden maßgebend und bindend.

Gleicher Wortlaut in § 2 RWG. Mit Recht macht Nawiasky (b. Verfassungsrecht S. 146) auf das „Kuriosum" aufmerksam, daß die Gründe für den Ausschluß vom Stimmrecht nach dem BGB. erst nach dem 21. Lebensjahr wirksam werden können.

3. Der Ausschluß vom Stimmrecht beseitigt dieses, damit auch die Wählbarkeit (Art. 44). In die Wählerliste sind solche Personen nicht aufzunehmen (§ 4 V LWO.).

4. Die Entmündigung ist zulässig:

a) wegen Geisteskrankheit oder Geistesschwäche (§ 6 Z. 1, § 104 Z. 3 u. § 144 BGB.),
b) wegen Verschwendung (§ 6 Z. 2 u. § 114 BGB.),
c) wegen Trunksucht (§ 6 Z. 3 u. § 144 BGB.).

Der Entmündigte erhält einen Vormund, der ihn vertritt, aber nicht für ihn wählen oder abstimmen kann. Der Verlust des Wahlrechtes tritt mit Zustellung des Entmündigungsbeschlusses ein (§ 661 ZPO.). Wer nur wegen Minderjährigkeit nach §§ 1773 u. 1697 unter Vormundschaft steht, ist wahlberechtigt, wenn er das 20. Lebensjahr vollendet hat.

5. Vorläufige Vormundschaft kann nach § 1906 BGB. bestellt werden, wenn die Entmündigung beantragt ist. Die Wirkung tritt mit der Bestellung ein.

6. Pflegschaft wegen geistiger Gebrechen kann nach § 1910 II BGB. bestellt werden, wenn ein Volljähriger,

der nicht unter Vormundschaft steht, infolge geistiger oder körperlicher Gebrechen einzelne seiner Angelegenheiten oder einen bestimmten Kreis hievon, vor allem seine Vermögensangelegenheiten nicht zu besorgen vermag. Von der Anordnung der Vormundschaft wird in solchen Fällen, der Kosten wegen, abgesehen.

Stellvertretung durch den Pfleger bei der Stimmabgabe ist unzulässig.

7. Vgl. §§ 32—34 u. 36 StGB. Die Wirkung tritt mit der Rechtskraft des Urteils ein. Die Dauer wird im Urteil festgesetzt (bei Todesstrafe und lebenslänglichem Zuchthaus: auf Lebenszeit, sonst bei Zuchthaus: auf 2 bis 10 Jahre, bei Gefängnis: auf 1—5 Jahre) und wird von dem Tag an gerechnet, an dem die Freiheitsstrafe, neben der die Aberkennung ausgesprochen wurde, verbüßt, verjährt oder erlassen ist; bei bedingter Begnadigung von dem Tag an, an dem die Freiheitsstrafe endgültig erlassen wurde, nicht von dem Tag an, an dem die Bewährungsfrist beginnt. Nach dem Wortlaut des § 36 StGB. ist in diesem Fall keine andere Auslegung möglich, obwohl hiedurch die Wirkung der Ehrenstrafe bei bedingter Begnadigung länger hinausgerückt wird, als dies bei vollständiger Verbüßung der Freiheitsstrafe der Fall wäre. Wiedereinsetzung in die bürgerlichen Ehrenrechte ist durch Urteil im Wiederaufnahmeverfahren oder durch Begnadigung möglich.

Das Strafurteil ist für das Wahlrecht ebenso bindend, wie die gerichtliche Entscheidung über die Entmündigung und die Pflegschaft. Die Nachprüfung, ob solche gerichtliche Entscheidungen berechtigt sind, ist unzulässig.

Wird nur auf Verlust der öffentlichen Ämter oder der Rechte aus Wahlen erkannt (z. B. §§ 81, 83, 87 StGB.), so wird dadurch das Wahlrecht und die Wählbarkeit nicht beeinträchtigt.

8. Die aktiven Soldaten waren bis 1918 nach dem Reichsmilitärgesetz nicht wahlberechtigt. Die Revolution brachte auch ihnen das Wahlrecht. Nunmehr sind sie zwar an sich wahlberechtigt, doch ruht bei ihnen die Ausübung dieses Rechtes. Die Bestimmung entspricht der

Vorschrift in § 2 Abs. 2 des RWG. Beide beruhen auf dem auf Art. 133 II RV. sich gründenden § 36 III des ReichswehrG. vom 23. März 1921, wonach das Recht der Soldaten zum Wählen und zur Teilnahme an Abstimmungen im Reich, in den Ländern und Gemeinden ruht. In der Begründung zum ReichswehrG. ist besonders darauf hingewiesen, daß der Grundsatz, wonach die Politik vom Heere fernzuhalten ist, in noch höherem Maße als bei einem auf der allgemeinen Wehrpflicht beruhenden Heer, bei einer Söldnertruppe gilt. Bliebe das Wahlrecht unberührt, so müßte man den Soldaten das Recht geben, sich politischen Vereinigungen anzuschließen, und politische Versammlungen zu besuchen. Die Politik würde auch in die Kasernen eindringen. Die Wehrmacht müsse aber über den Parteien stehen und eine in allen Lagen ergebene zuverlässige Macht zur Durchführung der Anordnungen der Regierung darstellen. Art. 133 Abs. II der RV. gibt die Möglichkeit, einzelne Grundrechte der Angehörigen der Wehrmacht einzuschränken.

9. Unter Soldaten sind nach dem Reichswehrgesetz die Offiziere (einschl. der Sanitäts-, Veterinär-, Feuerwerk-, Festungsbau- und Zeugoffiziere des Heeres und der Marine), die Deckoffiziere, Unteroffiziere und Mannschaften zu verstehen, nicht auch die zur Wehrmacht gehörigen, aber nicht im Waffendienst tätigen Beamten. Die Angehörigen der Landespolizei sind, wie die der Gendarmerie und Schutzmannschaft Beamte, daher wahlberechtigt, ebenso die Militärbeamten.

Da das Wahlrecht selbst nicht beseitigt ist, sondern nur seine „Ausübung ruht", sind derartige Personen wählbar.

10. Das Ruhen endigt mit der Entlassung aus dem Dienstverhältnis, nicht schon mit einer Beurlaubung auf längere oder kürzere Zeit.

11. Im Gegensatz zu Abs. II, der eine rechtliche Behinderung einzelner Stimmberechtigter an der Ausübung des Stimmrechtes feststellt, schildert Abs. III nur einen rein tatsächlichen Zustand mit den daraus sich ergebenden tatsächlichen Folgen. Auch wenn Abs. III im

LWG. nicht enthalten wäre, läge die Behinderung vor. Diese Personen haben keinen Anspruch auf Ermöglichung der Abstimmung. Wenn sie aber zur Abstimmung erscheinen können, z. B. wegen einer Strafunterbrechung oder der Beurlaubung aus ihrer Heilanstalt, müssen sie zur Stimmabgabe zugelassen werden. Unrichtig ist hienach die Auffassung von Nawiasky (b. Verfassungsrecht S. 146), daß kein rechtlicher Unterschied zwischen Abs. II und III bestehe.

12. Weiter ist erforderlich, daß sie nicht entmündigt sind, auch nicht unter vorläufiger Vormundschaft oder Pflegschaft stehen. Denn in diesem Falle sind sie nach Art. 2 I Z. 1 vom Wahlrecht ausgeschlossen. Nur soweit solche Personen wegen ihres geistigen Zustandes in einer Anstalt untergebracht sind, stellt das Gericht für sie die tatsächliche Behinderung an der Ausübung des Stimmrechtes fest. Geistig Erkrankte und Geistesschwache, bei denen die Voraussetzungen des Art. 2 I Z. 1 nicht zutreffen, und die auch nicht in einer Anstalt untergebracht sind, sind also zur Abstimmung zuzulassen, ebenso Personen, die nicht wegen Geisteskrankheit oder Geistesschwäche, sondern aus anderen Gründen in solchen Anstalten untergebracht sind.

13. Unter die Heil- und Pflegeanstalten im Sinne dieser Vorschrift fallen die öffentlichen und privaten Irrenanstalten und alle sonstigen öffentlichen und privaten Anstalten, die zur Aufnahme Geisteskranker und Geistesschwacher bestimmt sind, also auch psychiatrische Kliniken, Blöden- und Kretinenanstalten.

14. Als Unterbringung ist sowohl die amtliche (polizeiliche oder fürsorgeweise) Einschaffung und Verwahrung, als auch die private Unterbringung durch Verwandte, wie auch der freiwillige Aufenthalt in solchen Anstalten zu verstehen. Solchen Personen steht, solange sie in einer derartigen Anstalt sich befinden, nicht die freie Verfügung über ihre Bewegungen und ihren Aufenthaltsort zu, also auch nicht die Möglichkeit, zu beliebiger Zeit zur Abstimmung zu gehen. Da durch diese Bestimmung wenigstens die schwereren Fälle des Man-

gels des für die Stimmabgabe erforderlichen Unterscheidungsvermögens getroffen sind, kann eine dem § 104 Z. 2 BGB. entsprechende Bestimmung (Geschäftsunfähigkeit wegen krankhafter Störung der Geistestätigkeit) für das Wahlrecht entbehrt werden. Sie würde mangels eines einwandfrei festzustellenden Merkmals auch in der Durchführung auf Schwierigkeiten (unter Umständen auch politischer Art) stoßen. Daher müssen und können unbefriedigende Ergebnisse in Einzelfällen in Kauf genommen werden.

15. Strafgefangene sind Personen, die rechtskräftig zu Freiheitsstrafen verurteilt sind und diese verbüßen, während der Strafverbüßung.

Untersuchungsgefangene sind Personen, die auf Grund richterlichen Haftbefehls nach §§ 112 ff. StPO. sich in Haft befinden.

Beide Arten von Gefangenen sind an der Ausübung des Stimmrechtes deshalb behindert, weil sie in ihrer Bewegungsfreiheit behindert sind und keinen Anspruch auf Unterbrechung der Haft haben, also auch nicht verlangen können, daß sie am Abstimmungstag, wenn auch nur vorübergehend, aus der Haft entlassen werden.

16. Es kommen in Betracht:

a) als gerichtliche Anordnungen: Vorführungsbefehle gegenüber ausgebliebenen Zeugen (§ 380 ZPO., § 51 StPO.); Ordnungsstrafen gegenüber Zeugen (§§ 380 und 390 ZPO., §§ 51 und 70 StPO.); Haftbefehle zur Erzwingung des Offenbarungseides (§§ 901 ff. ZPO.) und zum Vollzug des persönlichen Sicherheitsarrestes (§ 933 ZPO.); Haftbefehle gegenüber dem Gemeinschuldner im Konkursverfahren (§§ 101 u. 106 KO.).

b) als polizeiliche Anordnungen: vorläufige Festnahmen nach § 127 StPO.; gesundheitspolizeiliche Anordnungen z. B. Einweisung in ein Krankenhaus oder sonstige Absonderung nach RG. v. 30. Juni 1900; Schutzhaft (Ausnahme s. Anm. 16); sonstige präventivpolizeiliche Anordnungen (vor allem nach Art. 102 AG.StPO.); Anordnungen nach § 362 II u. III StGB.; bei Überweisung an die Landespolizeibehörde und zwar sowohl für die Zeit zwischen der Beendigung der Strafhaft und dem Beginn der Verwahrung, als auch für die Zeit der Verwahrung selbst. Für die letztere Zeit liegt dann keine „Behinderung" vor, wenn tatsächlich nach der Satzung der betreffenden Anstalt oder Arbeiterkolonie keine Beschränkung der Bewegungsfreiheit vorliegt.

Anordnungen der Staatsanwaltschaft stehen den polizeilichen gleich, solange sie nicht durch das Gericht bestätigt sind.

17. Die Ausnahme für politische Schutzhäftlinge ist bei Beratung des RWG. von der Nationalversammlung in dieses Gesetz eingefügt worden. Sie ist dann in alle späteren Wahlgesetze übergegangen. Wenn hiedurch auch ausgesprochen ist, daß solche Personen an der Ausübung des Wahlrechtes nicht behindert sind, so folgt daraus doch nicht, daß sie dadurch ein unbedingtes Recht auf Teilnahme an der Wahl, etwa auf zeitweilige Entlassung am Wahltage haben. Nach den Verhandlungen der Nationalversammlung war nur daran gedacht, daß in größeren Haftanstalten diesen Personen die Möglichkeit der Stimmabgabe in der Anstalt selbst verschafft werden sollte. Die Verbringung einzelner in den Wahlraum wurde dagegen nicht als durchführbar bezeichnet (Sten.Ber. 1920, 5331 ff.). Als „politische" Delikte betrachtet das Strafrecht die gegen den Bestand und die Sicherheit des Staates und die politischen Rechte der Staatsbürger gerichteten Straftaten. Schutzhaft „aus politischen Gründen" ist auch ohne ein solches Delikt denkbar. Eine Schutzhaftanordnung hat dann politische Gründe, wenn sie wegen der Betätigung des Häftlings im öffentlichen Leben, nicht nur im Privatleben, ergangen ist.

Art. 3.

Jeder Stimmberechtigte[1] hat nur eine Stimme[2] und darf nur an einem Orte[3] abstimmen.

1. S. Art. 1 Anm. 1.

2. Daß jeder Stimmberechtigte nur eine Stimme hat, folgt aus dem Grundsatz des gleichen Wahlrechtes (§ 26 I BU.). Außer in Art. 3 kommt dieser Grundsatz auch noch in Art. 51, 53 II LWG. und für Volksbegehren in § 79 LWG. zum Ausdruck.

3. Die Abstimmung erfolgt am Orte des Aufenthalts in Bayern. S. Art. 1 Anm. 6 u. 7. Da das Stimmrecht an den tatsächlichen Aufenthalt in Bayern geknüpft ist, ist in Fällen, in denen ausnahmsweise ein mehrfacher oder vielmehr ein rasch wechselnder Aufenthalt, z. B. gesondert für Arbeit und Wohnung, in Frage kommt, die Möglichkeit des Eintrags in mehreren Wählerlisten gegeben, jedoch nicht das Recht der mehrfachen Stimmabgabe. Wer in solchen Fällen mehrfach abstimmt, macht sich nach § 108 II StGB. strafbar, wenn ihm das Verbot der Doppelabstimmung bekannt war. Auch in andern Fällen der Benutzung irrtümlicher Einträge in eine Wählerliste durch Nichtwahlberechtigte liegt eine Verletzung des § 108 II StGB. vor. RG.Str. 37, 233, 297, 380.

Art. 4.

Die Ausübung[1] des Stimmrechtes ist bedingt[2] durch den Eintrag in eine Wählerliste[3] oder Wahlkartei[4] oder durch den Besitz eines Wahlscheines[5] (Art. 14, 15, 16).

1. Nur die Ausübung des Stimmrechts, nicht das Stimmrecht selbst. Dieses ist nur von der Erfüllung der Voraussetzungen des Art. 1 abhängig. Durch Art. 4 soll die Doppelabstimmung verhindert werden.

2. Die Zulassung von Personen, die die Voraussetzungen des Art. 4 nicht erfüllen, zur Stimmabgabe ist unzulässig. Derartige trotzdem abgegebene Stimmen sind ungültig.

3. Wie das RWG. steht auch das LWG. auf dem Standpunkt, daß die Wählerlisten das einzige sichere Mittel gegen Wahlunterschleife bilden. Die Einführung eines Wahlpasses oder Reichsbürgerscheins bietet, so ver-

lockend sie auch aussieht, nach der Begründung zu Art. 4 keine auch nur einigermaßen genügende Gewähr gegen Unterschleife (durch Versuche zur Erlangung von Doppelschriften, Mißbrauch von Wahlpässen Erkrankter oder Verstorbener usw.) und würde auch die rasche und geregelte Abwicklung des Wahlgeschäftes sehr erschweren. Auch die sehr wichtige Wahlstatistik würde ohne die Wählerlisten die Unterlage verlieren.

Ablehnend auch die Begr. z. RWG. von 1920 S. 16 ff.

Die Bestimmungen über die Wählerlisten enthalten Art. 7—16 LWG. und §§ 4—29 LWO.

4. An Stelle der Wählerliste kann eine Wahlkartei benützt werden. S. Art. 7 Anm. 4 und § 8 LWO.

5. S. Art. 14—16 LWG. und §§ 14—18 LWO.

Nur in diesem einzigen Fall der Vorlage eines ordnungsmäßigen Wahlscheins ist die Zulassung zur Stimmabgabe ohne Eintrag in eine Wählerliste oder Wahlkartei zulässig. Sonst sind alle Anträge auf Zulassung zur Stimmabgabe von Personen, die nicht in der Wählerliste oder Wahlkartei enthalten sind, ausnahmslos abzulehnen. Über die Zulassung entscheidet zunächst der Wahlvorstand, vorbehaltlich der Nachprüfung durch den Landtag.

2. Wahlleiter, Wahlausschüsse.

Art. 5.

I Das Staatsministerium des Innern bestellt für jeden Wahlkreis[1] einen Wahlleiter[2] und einen Vertreter hierfür.

II Landeswahlleiter ist der Präsident des Verwaltungsgerichtshofes.[3] Seine Vertreter[4] ernennt das Staatsministerium des Innern.

1. Über die Wahlkreiseinteilung vgl. Art. 41 I LWG.

2. Die Personen der Kreiswahlleiter sind im Gesetz nicht benannt. Bei der Ausschußberatung wurde auf die Zweckmäßigkeit der Bestellung der Bürgermeister der größeren Städte als Kreiswahlleiter hingewiesen. Diese sind inzwischen stets auch als solche bestellt worden, außer wo die Bürgermeister schon Wahlleiter für die verbundene Reichstagswahl waren.

Die Aufgaben der Kreiswahlleiter sind in Art. 6, 46—51, 54—57, 59 LWG., §§ 19, 30—36, 58, 59 LWO. bestimmt. Sie bestehen in der Vorbereitung der Wahl durch die Behandlung der Wahlvorschläge für den Wahlkreis und die Feststellung der Ergebnisse im gleichen Umfang, in beiden Fällen zusammen mit dem Kreiswahlausschuß.

3. Schon bei der Landtagswahl vom 12. Jan. 1919 war der Präsident des Verwaltungsgerichtshofes als Landeswahlkommissär bestellt. Im Hinblick auf Art. 2 Abs. II des Verwaltungsgerichtsgesetzes war es erforderlich, ihn durch Gesetz mit dieser Aufgabe zu betrauen.

4. Die Vertreter sind im Gesetz nicht bestimmt, entgegen dem Regierungsentwurf, damit gegebenenfalls auch andere Personen als die gesetzlichen Vertreter hiezu bestellt werden können. Der Bestellung der gesetzlichen Vertreter wird nach diesem Gang der Verhandlungen kein Hindernis nach Art. 2 II des Verwaltungsgerichtsgesetzes entgegenstehen.

Art. 6.

I Die Kreiswahlausschüsse[1] bestehen aus dem Kreiswahlleiter[2] und den sämtlichen Vertrauensmännern,[3] die auf den bei ihm rechtzeitig eingereichten Wahlvorschlägen bezeichnet sind.

II Der Landeswahlausschuß[4] besteht aus dem Landeswahlleiter[5] und den Vertrauensmännern, welche die Vertrauensmänner der zur Restsitzeverteilung (Art. 55) vereinigten Wahlvorschläge (Gesamtwahlvorschläge)[6] bezeichnet haben. Stimmrecht haben außer dem Landeswahlleiter nur die

Vertrauensmänner der Gesamtwahlvorschläge, auf welche bei der Sitzeverteilung durch die Kreiswahlausschüsse bereits mindestens ein Sitz entfallen ist.[7]

III Die Vertrauensmänner bleiben so lange Mitglieder der Wahlausschüsse,[8] bis sie durch einen anderen Vertrauensmann ersetzt werden. Bei Stimmengleichheit entscheidet der Wahlleiter.[9]

IV Die Verhandlungen der Wahlausschüsse sind öffentlich.[10]

V Die Kreisregierungen und das Staatsministerium des Innern stellen den Wahlausschüssen die nötigen Hilfsarbeiter zur Verfügung. Auch die Beamten des Verwaltungsgerichtshofes können als solche bezeichnet werden.[11]

1. Die Aufgabe der Kreiswahlausschüsse ergibt sich aus Art. 46—51, 54, 57, 59, 64, 65 LWG. und §§ 19, 30—36, 58, 59 LWO. (Behandlung der Wahlvorschläge und Feststellung der Ergebnisse für den Wahlkreis.)

2. S. Art. 5.

3. Über die Einrichtung der Vertrauensmänner vgl. § 31 II LWO. Hiedurch ist die vollständig gleichmäßige Besetzung der Ausschüsse durch Mitglieder aller an den Wahlen beteiligten Gruppen gewährleistet. Vertrauensmänner von Wahlvorschlägen, die zurückgezogen oder als ungültig erklärt werden, scheiden aus (§ 19 I LWO.). Über den Ersatz der Vertrauensmänner § 31 II LWO.

4. Die Aufgabe des Landeswahlausschusses ergibt sich aus Art. 28, 55, 57, 58, 61, 64, 65, 71 LWG. und §§ 60—64, 83, 84 LWO. (Verteilung der Restsitze und Sitze der Landesabgeordneten, Feststellung der Ergebnisse bei Volksbegehren und Volksentscheidungen).

5. S. Art. 5 II.

6. Zur Restsitzeverteilung werden nach Art. 55 die mit dem gleichen Kennwort versehenen Kreiswahlvor-

schläge aus den verschiedenen Wahlkreisen zu Gesamtwahlvorschlägen vereinigt. Die Benennung der Vertrauensmänner dieser Gesamtwahlvorschläge geht nach § 31 III LWO. vor sich. Für den Fall, daß keine Einigung über einen solchen Vertrauensmann erzielt wird, gilt unter den verschiedenen Vorgeschlagenen derjenige als Vertrauensmann, der die meisten Stimmen der beteiligten Wahlvorschläge hiefür erhalten hat. Wird kein Vertrauensmann benannt, so ist der Gesamtwahlvorschlag im Landeswahlausschuß nicht vertreten; ebenso sind nicht vertreten Wahlvorschläge, die sich für sich allein an der Restsitzeverteilung beteiligen, da es sich hier meist nur um kleinere Wahlvorschläge handeln wird.

7. Dieser Satz ist durch das G. v. 18. Juli 1925 eingeschaltet worden, um zu verhindern, daß an der Abstimmung sich Vertreter von Wahlvorschlägen maßgebend beteiligen, die bei der Wahl keinerlei erhebliche Gefolgschaft gefunden haben. Stimmberechtigt sind also nur solche Gesamtwahlvorschläge, die in den Wahlkreisen bei der Verteilung durch die Kreiswahlausschüsse schon mindestens einen Sitz erhalten haben. Andere Gesamtwahlvorschläge haben durch ihren Vertrauensmann zwar Sitz, aber nicht Stimme im Landeswahlausschuß.

8. Die Tätigkeit der Wahlausschüsse ist mit der Feststellung der Wahlergebnisse noch nicht abgeschlossen. Die Kreiswahlausschüsse haben z. B. bei Wiederholungswahlen (Art. 65) auch späterhin noch zu amtieren. Der Landeswahlausschuß wird auch bei Volksbegehren (Art. 28) und Volksentscheidungen (Art. 71), aber auch bei Nachwahlen und Wiederholungswahlen (Art. 64, 65) tätig. Die Wahlausschüsse bleiben daher ohne weiteres solange in Tätigkeit, bis sie bei einer Neuwahl von dem Nachfolger abgelöst werden. Die Mitglieder der Ausschüsse können aber während dieser Zeit durch andere Vertrauensmänner ersetzt werden (§ 39 II u. III LWO.).

9. Der Wahlleiter ist stets stimmberechtigtes Vollmitglied des Wahlausschusses. Die Entscheidung erfolgt mit Stimmenmehrheit (§ 19 II LWO.).

10. Über die Bekanntgabe der Sitzungen, die Sitzungspolizei, die Abfassung von Niederschriften bestimmt § 19 LWO.

11. Die Bestimmung ist erforderlich mit Rücksicht auf Art. 2 II des Verwaltungsgerichtsgesetzes. Die Hilfsarbeiter sind nicht Mitglieder der Wahlausschüsse, also auch nicht stimmberechtigt.

3. Wählerlisten, Wahlkarteien und Wahlscheine.

Art. 7.

Die Gemeinden[1] haben für ihre Bezirke,[2] oder wenn die Gemeinde zu mehreren Stimmbezirken gehört, für jeden Stimmbezirk zu jeder Wahl[3] oder Volksentscheidung eine Wählerliste oder Wahlkartei[4] anzulegen und darin die in dem Stimmbezirk Stimmberechtigten[5] einzutragen.

1. Die Anlage der Wählerliste ist eine Aufgabe der Gemeinden im übertragenen Wirkungskreis. Die Kosten hiefür trägt der Staat (Art. 39 I).

2. Die Wählerlisten werden für die Stimmbezirke gesondert angelegt. Wenn eine Gemeinde nur einen Stimmbezirk umfaßt, ist die Liste für die Gemeinde im Ganzen, wenn sie mehrere Stimmbezirke umfaßt, für jeden Stimmbezirk gesondert eine Liste anzulegen.

3. Art. 7 verlangt für jede Wahl oder Volksentscheidung die Anlage, d. h. nicht die jedesmalige Neuanlage, sondern nur die Richtigstellung einer vorschriftsmäßigen Wählerliste.

Der Entw. zum LWG. ging für kleinere Gemeinden mit bodenständiger Bevölkerung von dem Grundsatz der ständigen („permanenten") Wählerliste aus, wie solche von 1881—1905 in Bayern schon bestanden, für Orte mit einigermaßen veränderlicher Bevölkerung sich aber allerdings nicht bewährt hatte. Deshalb sollte es den Gemeinden freigestellt werden, die Wählerlisten auch auf

Grund anderer Einrichtungen herzustellen, wenn nur Gewähr gegeben wäre, daß dies in kürzester Frist geschehen könnte.

Das Reichswahlgesetz vermeidet es, irgendein Verfahren vorzuschreiben, sondern stellt es ohne weiteres ins Belieben der Gemeinden, in welcher Weise sie die Wählerliste anlegen und wie sie sich die Unterlagen hiezu beschaffen wollen. Die Staatsregierung hat deshalb bei Beratung des LWG. im Landtagsausschuß eine Änderung im gleichen Sinne angeregt. Es steht also nun den Gemeinden ganz frei, wie sie sich die Unterlagen für die zur Abstimmung nötige Wählerliste beschaffen wollen, etwa auf Grund der Einwohnerlisten oder sonstiger Unterlagen oder auf Grund von Erhebungen kurz vor jeder Wahl.

Die Formbestimmungen gibt die LWO. in §§ 4—8.

Die bis 1921 verlangte doppelte Anlage ist durch Art. 1 Ziff. 1 des G. vom 21. Juli 1921 beseitigt worden, nachdem auch die Reichsregierung auf Anregung der bayr. Regierung in der RWO. vom 21. Dez. 1920 die Anlage nur noch in einem Stück vorgeschrieben hatte.

Nach Art. 74 ist bei gleichzeitiger Vornahme einer Reichstags- und Landtagswahl eine eigene Wählerliste für die Landtagswahl nicht erforderlich. Die Reichstagswählerliste ist, da das Reichstagswahlrecht das ausgedehntere ist und zum Reichstag auch die nur vorübergehend oder gelegentlich in Bayern sich aufhaltenden Nichtbayern wählen können, auch für die Landtagswahl ohne weiteres verwendbar, wenn etwaige Verschiedenheiten zwischen dem Reichs- und Landesrecht daraus ersichtlich sind. Vgl. hiewegen § 6 LWO.

4. Die Wählerliste kann auch in Form einer Wahlkartei (Kartothek) angelegt werden. Die Begründung zum Entw. von 1920 führte hiezu folgendes aus:

„Die Arbeit der Neuanlage einer Wählerliste im Bedarfsfalle kann sehr erheblich abgekürzt und erleichtert werden, wenn eine Wahlkartei eingeführt wird. In dieser Richtung sei das Verfahren erwähnt, das der Leiter des städtischen Wahlamtes München, Obersekretär Holzmann, eingeführt hat. Es nimmt in sehr glücklicher

Weise die Mitarbeit der Wähler zur Anfertigung der Karteiblätter in Anspruch und erreicht dadurch, daß jede beliebig große Wählerliste in wenig Tagen mit verschwindend geringen Kosten hergestellt werden kann. Da in größeren Gemeinden die Neuanfertigung wegen der größeren Zuverlässigkeit selbstverständlich weitaus den Vorzug verdient vor der Abschriftnahme von einer durch Nachträge unübersichtlich gewordenen Liste, namentlich dann, wenn die Neuanlage noch billiger zu stehen kommt als die Abschriftnahme, wird die Möglichkeit, daß die Gemeinden in dieser Weise ihre Wählerlisten anfertigen, unter allen Umständen gegeben werden müssen."

S. hierüber § 8 LWO. Die Holzmannsche Kartei (Verlag Gerber in München) hat sich in verschiedenen Wahlen, vor allem in den größeren Städten sehr gut bewährt.

5. Nach Art. 1 die im Stimmbezirk sich aufhaltenden Stimmberechtigten.

Art. 8.

Behörden,[1] Standesämter und Pfarrämter sind verpflichtet, hierzu[2] erforderliche Aufschlüsse[3] sofort unentgeltlich zu erteilen.

1. Staats- und Gemeindebehörden.

2. D. h. zur Anlage der Wählerlisten.

3. Die Aufschlüsse sind einmal solche, die aus Anlaß der Herstellung der Wählerlisten im besonderen Fall erforderlich sind, sodann aber auch solche, die unter der Zeit fortlaufend zu erteilen sind, diese letzteren im Hinblick auf Art. 2 I hinsichtlich der Entmündigungen durch die Vormundschaftsgerichte und hinsichtlich der Aberkennung der bürgerlichen Ehrenrechte durch die Staatsanwälte.

S. MB. v. 10. Juni 1920 (JMBl 105), ferner MB. v. 19. Juli 1927 (JMBl. 67) in Verbindung mit § 11 III der MB. v. 20. Juni 1927 (GVBl. 203 ff.).

Hinsichtlich der Entmündigten s. MB. v. 31. Dez. 1918 (JMBl. 1919 S. 3).

Art. 9.[1]

Unter der Voraussetzung des Besitzes der bayerischen Staatsangehörigkeit[2] sind stimmberechtigte[3] Reichs- und Staatsbeamte und Arbeiter in Reichs- und Staatsbetrieben, die ihren dienstlichen Wohnsitz[4] in anderen Ländern des Deutschen Reiches oder an Bayern anschließenden Staatsgebieten nahe der Landesgrenze[5] haben, sowie unter der gleichen Voraussetzung[6] die stimmberechtigten Angehörigen ihres Hausstandes[7] in die Wählerliste oder Wahlkartei der nächstgelegenen bayerischen Gemeinde einzutragen.[8]

1. Neugefaßt durch das G. v. 18. Juli 1925. Die Bestimmung, die sich früher auf Staatsbeamte und Arbeiter in Staatsbetrieben beschränkte, ist durch Einfügung der Reichsbeamten und Reichsbetriebe erweitert worden. Die Änderung ist durch den Übergang der Eisenbahn-, Post- und Zollverwaltung auf das Reich notwendig geworden. Die Bestimmung gilt auch für Wartegeldempfänger, solange sie an der Rückkehr ins Inland durch die Verhältnisse gehindert sind.

Diese Bestimmung ist zunächst für einige hundert in Österreich verwendete bayr. Eisenbahn- und Zollbeamte, aber auch für Reichs- und Staatsbeamte und -arbeiter in Orten an der württembergischen, hessischen, preußischen, thüringischen, französischen Grenze mit ihren Familien von Bedeutung. Da sie meist ganz nahe der Grenze wohnen, ist ihre Eintragung in die nächste bayr. Wählerliste ohne Schwierigkeiten.

2. Dieses Vorrecht kommt nur den bayr. Staatsbürgern zugut. Bayern ist von Reichs wegen überhaupt nicht verpflichtet, eine solche Ausnahme zuzulassen; es könnte sie z. B. auch auf die Beamten und Arbeiter selbst ohne ihre Familienangehörigen beschränken. Es braucht sie also auch den übrigen Reichsdeutschen nicht zuzugestehen. Die Ausdehnung auch auf sonstige Reichsdeutsche würde außerdem zu merkwürdigen Folgen führen.

3. Hiebei entfällt selbstverständlich das Erfordernis des Art. 1 Z. 2 LWG. An seine Stelle tritt der dienstliche Wohnsitz nahe der Landesgrenze.

4. Ein dienstlicher Wohnsitz liegt zunächst nur bei Beamten vor; bei Arbeitern handelt es sich um ein Wohnen außerhalb Bayerns aus Anlaß des Arbeitsverhältnisses, ebenso bei Angehörigen.

5. Nach dem LWG. von 1920 war es nicht erforderlich, daß der Betreffende nahe an der Grenze wohnte, wie dies § 11 II des ReichswahlG. verlangte. Jetzt muß der Dienst- oder Arbeitsort auch nach dem LWG. „nahe" der Grenze liegen. Es muß sich um „Grenzorte" handeln, z. B. nicht Zürich.

6. D. h. des Besitzes der bayr. Staatsangehörigkeit.

7. Hiezu gehören die im Familienverbande lebenden Familienangehörigen im engeren Sinne, aber auch die Dienstboten und sonstige im Haushaltungsverbande lebenden Personen, z. B. Erzieherinnen.

8. Der Regierungsentwurf hatte einen Antrag des Berechtigten vorgesehen, weil die Grenzgemeinden nicht wissen können, welche Personen für sie in Betracht kommen. Der Ausschuß beschloß auf Antrag des Abg. Roßhaupter von dem Verlangen eines Antrages der Stimmberechtigten abzusehen, dafür aber den vorgesetzten Stellen und Betriebsleitungen die Verpflichtung aufzuerlegen, den in Betracht kommenden Grenzgemeinden Verzeichnisse der in die Wählerliste einzutragenden Stimmberechtigten zu übersenden. Vgl. MB. v. 30. April 1920, Staatsanzeiger Nr. 106 v. 7. Mai 1920.

Soweit die Verwaltung auf das Reich übergegangen ist, besteht diese Verpflichtung nicht. Daher müssen jetzt die Stimmberechtigten nötigenfalls auf dem Wege des Einspruchs den Eintrag in die Wählerliste erreichen.

Die Ausstellung von Wahlscheinen ist auch für solche Personen unter den Voraussetzungen der Art. 14—16 zulässig.

Die „nächstgelegene" Gemeinde bestimmt nach der Entfernung und den Verkehrsverhältnissen auf Verlangen die Aufsichtsbehörde.

Art. 10.

Die Wählerlisten und Wahlkarteien sind vom 21.[1] bis zum 14. Tage vor der Abstimmung zu jedermanns Einsicht[2] öffentlich auszulegen.[3] Ort und Zeit der Auslegung sind unter Hinweis auf die Einspruchsfrist[4] öffentlich bekanntzugeben.[5]

Vgl. § 9 LWO.

1. Die Regelung stimmt mit der im § 12 RWG. getroffenen Bestimmung nicht überein. Dort ist die Fristbestimmung dem Reichsminister des Innern übertragen. Der Landtag hat auf gesetzliche Festlegung dieser Frist aus politischen Gründen Wert gelegt. Bei gemeinsam abgehaltenen Wahlen gilt die Frist des RWG. (Art. 74 des LWG.).

Die Wählerliste muß auch an den in die Auslegungsfrist fallenden Sonn- und Feiertagen zugänglich sein (§ 8 LWO.). Der 14. Tag ist mit inbegriffen.

2. Das Recht der Einsicht erstreckt sich nicht nur auf die Einträge für den, der dieses Recht beansprucht, sondern auf alle Einträge, von denen er Einsicht nehmen will. Er braucht also kein Interesse an den Einträgen nachzuweisen. Die Wählerliste ist vollständig öffentlich. Die Gemeindebehörde kann aber die übermäßige Inanspruchnahme der Liste durch einzelne im Interesse der weiter interessierten Stimmberechtigten regeln.

3. Die Auslegung braucht nicht so stattzufinden, daß jedermann die Listen in die Hand bekommt. Dies wäre in politisch erregten Zeiten unter Umständen sehr unklug und gefährlich. Es genügt, wenn der, der Einsicht nehmen will, Auskunft über die Einträge erhält, nach denen er fragt. Auf Verlangen darf allerdings ein Einblick in die Liste nicht verweigert werden. Sehr zweckmäßig ist es, wenn die Stimmberechtigten von ihrem

Eintrag in die Liste eigens benachrichtigt werden, weil dadurch für die Benachrichtigten die Einsichtnahme sich erübrigt, also auch die Inanspruchnahme der Gemeinde sich verringert.

4. S. Art. 11 u. § 10 LWO.

5. S. § 9 IV LWO.

Art. 11.

Einsprüche[1] gegen die Wählerlisten und Wahlkarteien sind bei Meidung des Ausschlusses[2] in der gleichen Frist[3] einzulegen.[4] Falls die Gemeindebehörde auf einen solchen Einspruch hin nicht Abhilfe veranlaßt,[5] entscheidet die Aufsichtsbehörde[6] über die Einsprüche spätestens am achten Tage vor der Abstimmung.[7]

Vgl. § 10 LWO.

1. Das Rechtsmittel, mit dem jeder Stimmberechtigte gegen den gesamten Inhalt der Wählerlisten vorgehen kann, ist der Einspruch. Wie aus der allgemeinen Öffentlichkeit der Liste sich ergibt, kann jeder Stimmberechtigte jeden Eintrag, auch soweit er ihn nicht betrifft, und den Mangel jedes nach seiner Ansicht erforderlichen Eintrags beanstanden. Durch Einspruch kann verlangt werden:

a) Die Aufnahme eines neuen Eintrags,

b) die Berichtigung eines Eintrags, auch durch Aufnahme von Tatsachen gemäß Art. 2 LWG.,

c) die Streichung von Einträgen, sei es vollständig, sei es von Beschränkungen nach Art. 2 LWG.

2. Ausgeschlossen wird durch den Fristablauf der Einspruch und damit die Möglichkeit, eine Änderung oder Ergänzung der Wählerliste zu erlangen. Da ohne Eintrag in die Wählerliste niemand wählen kann, führt die schuldhafte Versäumung der Einspruchsfrist für die Personen, die in der Wählerliste nicht eingetragen sind, zum

Verlust des Stimmrechts. Bei unverschuldeter Versäumung der Einspruchsfrist kann nach Art. 15 Ziff. 1 die Ausstellung eines Wahlscheins beantragt und damit die Teilnahme an der Abstimmung gesichert werden.

Auf Grund des Art. 8 Z. 2 VerwaltungsgerichtsG. ist die verwaltungsrechtliche Feststellung des Besitzes des Staatsbürgerrechtes (§ 6—8 VU.) und damit auch des Stimmrechtes möglich.

3. Vom 21. bis zum 14. Tage (einschließlich). S. Art. 10.

4. Die Einlegung kann mündlich oder schriftlich erfolgen. Die Gründe sind nötigenfalls glaubhaft zu machen (§ 10 I LWO.).

5. Zunächst hat die Gemeindebehörde (der Bürgermeister) den Einspruch darauf zu prüfen, ob sie ihm abhelfen will. Hiezu ist sie, wenn der Einspruch berechtigt ist, ohne weiteres in der Lage. Art. 12 verbietet vom Beginn der Auslegungsfrist an Änderungen nur, soweit keine Einsprüche vorliegen. Vor solchen Änderungen ist jedoch dem hievon Betroffenen Gelegenheit zur Äußerung zu geben, wenn er nicht selbst den Einspruch erhoben hat. Vom Vollzug der Änderung sind der Einsprucheinlegende und der Betroffene zu verständigen.

6. Nach § 10 II LWO. ist die Gemeinde, wenn sie dem Einspruch nicht stattgeben kann, zur sofortigen Vorlage solcher Einsprüche an die Aufsichtsbehörde (Bezirksamt oder Regierung) verpflichtet. Gegen die Entscheidung der Aufsichtsbehörde gibt es keine weitere Beschwerde. Die strittige Frage kann aber im Wahlprüfungsverfahren nochmals zum Austrag gebracht werden.

7. Weil der Bürgermeister nach Art. 13 am siebenten Tage vor der Wahl die Wählerlisten abschließen muß, muß die Aufsichtsbehörde ihre Entscheidung ihm unter allen Umständen noch am achten Tage vor der Abstimmung bekannt geben.

Später einlaufende Entscheidungen könnten nicht mehr vollzogen werden. Nur wenn das Stimmrecht versagt wird, ist die Zurückweisung von der Abstimmung trotz des Eintrags erforderlich.

Art. 12.

Änderungen[1] in der Wählerliste oder Wahlkartei sind vom Beginne der Auslegungsfrist[2] an bis zum Abschlusse[3] der Wählerlisten oder Wahlkarteien — vorbehaltlich der Bestimmungen über die Ausstellung von Wahlscheinen[4] — nur noch auf rechtzeitig[5] erhobenen Einspruch zulässig.

Vgl. § 11 LWO.

1. D. h. Zusätze, Berichtigungen, Streichungen; nicht hierunter fallen die Einträge hinsichtlich der Wahlscheine (Art. 14—16).

2. D. h. vom 21. Tag vor der Abstimmung an (Art. 10). Bis dahin, im Anlageverfahren, kann die Gemeindebehörde jede erforderliche Änderung ohne weiteres vornehmen. Mit dem Beginn der Auslegungsfrist beginnt eine gewisse Gebundenheit (s. Anm. 5).

3. Am 7. Tag vor der Abstimmung (Art. 13). Von da an ist jede Änderung ausgeschlossen (Art. 13 Satz 2).

4. Art. 14—16. Die Vormerkung der Ausstellung von Wahlscheinen ist bis zur Abstimmung zulässig und notwendig.

5. D. h. in der Zeit vom 21. bis 14. Tag vor der Abstimmung.

Der Grund dieser Vorschrift liegt darin, daß, wer am Beginn der Einspruchsfrist die Liste eingesehen hat, die Gewißheit haben muß, daß hieran ohne sein Wissen nachträglich, von den im Gesetz zugelassenen Ausnahmefällen abgesehen, keine Änderung mehr vorgenommen wird.

Art. 13.

Am siebten Tage vor der Abstimmung schließt der Bürgermeister die Wählerlisten und Wahlkarteien ab.[1] Von da an sind bis zur Abstimmung Änderungen — vorbehaltlich der Bestimmungen über die Ausstellung von Wahlscheinem — unzulässig.[2]

Vgl. § 12 LWO.

1. Über die Form s. § 12 I LWO. Über die Wirkung des Abschlusses bestimmt Art. 13 Satz 2.

2. Nur die Ausstellung von Wahlscheinen nach Art. 14 ff. darf und muß in der Wählerliste noch vorgemerkt werden, da sie bis zum Tag vor dem Abstimmungstag noch zulässig ist (§ 18 I LWO.). Auch die Streichung von Behinderungsvermerken ist noch zulässig (§ 11 I LWO.). Alle anderen Änderungen sind von da an unzulässig. S. auch Art. 11 Anm. 7 und Art. 12 Anm. 5.

Art. 14.[1]

Ein Stimmberechtigter, der in einer Wählerliste oder Wahlkartei eingetragen[2] ist, erhält auf Antrag einen Wahlschein,[3]

1. wenn er sich am Wahltage während der Wahlzeit aus zwingenden Gründen außerhalb seines Stimmbezirkes aufhält,[4]
2. wenn er nach Ablauf der Einspruchsfrist seinen Aufenthalt in einen anderen Stimmbezirk verlegt,[5]
3. wenn er infolge eines körperlichen Leidens oder Gebrechens in seiner Bewegungsfreiheit behindert ist und durch den Wahlschein die Möglichkeit erhält, einen für ihn günstiger gelegenen Wahlraum aufzusuchen.[6]

Vgl. § 14—18 LWO.

1. Fassung durch das G. v. 18. Juli 1925, entsprechend der Regelung im Reichswahlrecht (§ 12 I RWG.).

2. Die Fälle, in denen ein Stimmberechtigter einen Wahlschein bekommen kann, ohne daß er in einer Wählerliste eingetragen ist, behandelt Art. 15.

3. Der Wahlschein ist eine Einführung des neuen Wahlrechtes nach 1918, wodurch die Schwerfälligkeit der Wählerliste ausgeglichen und die Möglichkeit gegeben werden soll, auch ohne Eintrag in die Wählerliste überhaupt, oder wenigstens des Stimmbezirkes, in dem der Wähler abstimmen will, trotzdem aber nicht ohne Verzicht auf die entsprechende Prüfung seines Stimmrechtes seine Stimme abzugeben. Voraussetzung ist einmal das Stimmrecht und sodann der Nachweis bestimmter Tatsachen, die in Art. 14 und 15 erschöpfend aufgezählt sind. Sie entsprechen jetzt den im Reichswahlrecht geltenden Bestimmungen.

Zuständig zur Ausstellung ist die Gemeinde, in der der Stimmberechtigte in die Wählerliste eingetragen ist oder einzutragen wäre. Der geltend gemachte Grund ist glaubhaft zu machen (§ 17 LWO.).

4. Es ist erforderlich, daß der Stimmberechtigte genötigt ist, am Abstimmungstag seinen Stimmbezirk so frühzeitig zu verlassen und dahin erst so spät zurückzukehren, daß ihm die Abstimmung daselbst nicht möglich ist. Es genügt nicht die bloße Behauptung, daß man abwesend sein werde; vielmehr ist der Grund der Abwesenheit anzugeben und einigermaßen glaubhaft zu machen. Ob der Grund „zwingend" ist, entscheidet die Gemeindebehörde; als zwingende Gründe sind z. B. anzusehen Berufsausübung, Erledigung privater oder öffentlicher Angelegenheiten, auswärtige Beteiligung am Wahlgeschäfte; vor allem kommen in Betracht die Abwesenheit von Beamten der Eisenbahn und Post, von Geschäftsreisenden, auch sonstige dringende Reisen zu Erholungszwecken, nicht Ausflüge und reine Vergnügungsreisen. Allzu große Engherzigkeit wäre allerdings angesichts des Zweckes des Wahlscheines, der die Wahlbeteiligung heben will, nicht am Platze.

5. Veränderungen des Aufenthalts vor und während der Einspruchsfrist können auf Grund Einspruchs durch Änderung der Wählerliste berücksichtigt werden. Wenn die Veränderung nach dem Ablauf der Auslegungsfrist eingetreten ist, kann der Stimmberechtigte,

wenn die Veränderung nur innerhalb des Gemeindebezirks eingetreten ist, im Stimmbezirk des früheren Aufenthalts abstimmen (Art. 17), sonst aber die Ausstellung eines Wahlscheins verlangen.

6. Solche in der Bewegungsfreiheit durch körperliche Leiden oder Gebrechen behinderte Personen können sich den für sie günstigst gelegenen Abstimmungsraum aussuchen und hiezu sich einen Wahlschein ausstellen lassen. Für die Stimmabgabe können sie sich der Beihilfe einer Vertrauensperson bedienen (§ 44 LWO.).

Art. 15.

Ein Stimmberechtigter, der nicht in eine Wählerliste[1] oder Wahlkartei eingetragen oder darin gestrichen ist, erhält auf Antrag einen Wahlschein,[2]

1. wenn er nachweist, daß er ohne sein Verschulden die Einspruchsfrist versäumt hat,[3]
2. wenn er wegen Ruhens des Stimmrechtes nicht eingetragen oder gestrichen war, der Grund hierfür aber nach Ablauf der Einspruchsfrist weggefallen ist,[4]
3. wenn er Auslandsdeutscher war und seinen Aufenthalt nach Ablauf der Einspruchsfrist nach Bayern verlegt hat.[5]

1. Art. 15 behandelt nur die Fälle, in denen ein Stimmberechtigter nicht in der Wählerliste eingetragen ist. Im übrigen s. Art. 14. Fassung durch das G. v. 18. Juli 1925, entsprechend § 12 II RWG.

2. S. Art. 14 Anm. 3.

3. Wenn die Einspruchsfrist abgelaufen ist, ist die Wählerliste unabänderlich. Wer versäumt hat, sich über seine Eintragung in die Liste zu vergewissern und sie nötigenfalls zu beantragen, muß sich damit abfinden, daß er an der Abstimmung nicht teilnehmen kann. Es

sind aber Fälle denkbar, in denen es unbillig wäre, Stimmberechtigte, die versäumt haben, sich um ihren Eintrag in die Wählerliste zu bemühen, von der Abstimmung auszuschließen, so vor allem, wenn sie ohne ihr Verschulden die Frist versäumt haben, z. B. wenn sie krank oder verreist waren, ohne daß sie für Vertretung sorgen konnten. Die Frage des Verschuldens prüft die Gemeindebehörde. Die Bestimmung darf nicht dazu mißbraucht werden, um jede Versäumung der Einspruchsfrist auszugleichen.

4. S. Art. 2 II. Es handelt sich um die Fälle, in denen ein Soldat nach Ablauf der Einspruchsfrist aus seinem Dienstverhältnis ausscheidet. Bei früherem Ausscheiden ist der Eintrag in die Wählerliste durch Einspruch zu erreichen.

5. Reichsangehörige, die bis zum Ablauf der Einspruchsfrist im Ausland sich aufzuhalten haben und erst nachher nach Bayern hereingekommen sind, und sich am Abstimmungstag hier aufhalten, können an sich nicht abstimmen, da sie nicht in einer Wählerliste eingetragen sind. Solche können einen Wahlschein bekommen.

Art. 16.

Inhaber von Wahlscheinen können in jedem beliebigen Stimmbezirk abstimmen.

Fassung durch G. v. 18. Juli 1925.

Die Eintragung in die Wählerliste oder Wahlkartei berechtigt nur zur Abstimmung an einem Orte, dem Orte der Eintragung; der Wahlschein gibt volle Freizügigkeit in ganz Bayern. (Vgl. § 14 RWG.).

Art. 17.[1]

Stimmberechtigte, die nach der Anlage der Wählerliste nur innerhalb des Gemeindebezirkes ihres Aufenthaltsortes[2] in einen anderen Stimmbezirk verzogen sind, sind auf Antrag in dem

Stimmbezirke zur Abstimmung zuzulassen, in dessen Wählerliste oder Wahlkartei sie eingetragen sind.

1. Früher Art. 15 II. Neufassung durch G. v. 18. Juli 1925.

2. Bei Verlegung des Aufenthaltes in einen andern Stimmbezirk nach Ablauf der Einspruchsfrist kann nach Art. 14 Ziff. 2 ein Wahlschein beantragt werden. Dieses Verfahren wäre an sich auch dann nötig, wenn der Wechsel des Aufenthaltes sich unter zwei Stimmbezirken der gleichen Gemeinde vollzieht. Hier läßt aber das Gesetz eine Ausnahme zu, indem der Stimmberechtigte in dem Stimmbezirk, in dessen Wählerliste er eingetragen ist, obwohl er von dort weggezogen ist, auch noch fernerhin abstimmen kann.

4. Sicherung der Abstimmungsfreiheit.

Art. 18.[1]

Stimmberechtigten, die in einem öffentlichen[2] oder privaten[3] Dienst- oder Arbeitsverhältnisse[4] stehen, muß die zur Stimmabgabe[5] und zur Ausübung der in diesem Gesetze zum Vollzuge der Abstimmungen vorgesehenen Ehrenämter[6] nötige freie Zeit[7] ohne Abzug[8] am Lohne oder Gehalte gewährt werden.

1. Neubezifferung im G. v. 18. Juli 1925, bisher Art. 17. Der frühere Art. 18 bezog sich auf die Auflage der Stimmzettel im Wahlraum und wurde 1925 beseitigt. Eine gleichartige Bestimmung enthält Art. 160 RV. Dieser gewährleistet den in einem Dienst- oder Arbeitsverhältnis (öffentlicher oder privater Art) stehenden Angestellten und Arbeitern das Recht zur Wahrnehmung staatsbürgerlicher Rechte unbeschränkt, das Recht zur Ausübung öffentlicher Ehrenämter, jedoch nur soweit der Betrieb dadurch nicht erheblich geschädigt wird. Wieweit der Anspruch auf Vergütung erhalten bleibt, bestimmt nach der RV. das Gesetz. Soweit Art. 18 sich mit Art. 160 RV. deckt, ist er nicht selbständig wirksam geworden. Soweit er über Art. 160 RV. hinausgeht, ist er nur soweit zulässig, als es sich um Rechtsgebiete handelt, die der landesrechtlichen Regelung zugänglich sind, also jedenfalls hinsichtlich der der Landesgesetzgebung offen stehenden öffentlichrechtlichen Dienst- und Arbeitsverhältnisse. In subjektiver Hinsicht decken sich beide Bestimmungen. Art. 18 geht weiter als Art. 160 RV., insofern als er ein unbeschränktes, nicht von der Art des Betriebes abhängiges Recht zur Übernahme der Wahlehrenämter und das Verbot des Abzugs am Lohn oder Gehalt bei Inanspruchnahme des Rechtes des Art. 18 bestimmt, dagegen weniger weit als Art. 160 RV., insofern er sich nur auf die Wahlvollzugsehrenämter, nicht auf sonstige Ehrenämter bezieht. Die weitergehende Regelung in Art. 18 ist hienach zulässig, soweit es sich um Angestellte und Arbeiter des Staates, der Gemeinden, Gemeindeverbände und sonstiger öffentlicher Körperschaften, nicht dagegen des Reiches und privater Arbeitgeber handelt. Eine Ergänzung (für die Teilnahme der Abgeordneten am Landtag) bilden noch Art. 39 RV. und § 35 II BU.

2. des Staates, der Gemeinden, Gemeindeverbände und öffentlichrechtlichen Körperschaften, nicht des Reiches.

3. S. Anm. 1 am Schlusse.

4. Beamte, Angestellte und Arbeiter.

5. Auf Grund des LWG. bei Landtagswahlen, Volksbegehren und Volksentscheidungen.

6. Als solche Ehrenämter kommen die Wahlausschüsse und Wahlvorstände in Betracht, die unter Umständen (siehe Art. 48) auch an Wochentagen zu arbeiten haben. Auch die Zeit zu Reisen an den Sitz des Wahlausschusses kann in Frage kommen.

7. Über die Grenzen, in denen diese Bestimmung wirksam werden kann, d. h. in denen der Stimmberechtigte von der Arbeit oder dem Dienst wegbleiben darf. Siehe Anm. 1 am Schlusse.

8. Auch über die Frage, inwieweit das LWG. Gehalts- und Lohnabzüge ausschließen kann, siehe Anm. 1 am Schluß.

Art. 19.[1]

Die Bestechung[2] und Nötigung[3] der Abstimmenden hat die Ungültigkeit der Abstimmung[4] der dabei Beteiligten[5] zur Folge.

1. Nach Art. 31 des früheren LandtagswahlG. hatte die Bestechung die Ungültigkeit der Wahl, soweit sie die Bestechenden und die Bestochenen betraf, zur Folge.

2. Der Entwurf zum LWG. hatte gleichfalls nur die Bestechung als Ungültigkeitsgrund für die Abstimmung vorgesehen. Unter Bestechung ist im Sinne des § 109 StGB. der Stimmkauf, d. h. die Vereinbarung zwischen einem Stimmberechtigten und einer anderen Person (nicht nur dem Bewerber, sondern auch einer dritten Person) zu verstehen, wodurch der Stimmberechtigte gegen Entgelt, d. h. gegen irgend einen ihm mindestens mittelbar zugute kommenden materiellen Vorteil, sich verpflichtet, seine Stimme nach einer bestimmten Richtung hin abzugeben. Stimmenthaltung genügt nicht, — wer jemand bestimmt, daß er einer Abstimmung fernbleibt, unterliegt nicht dem Art. 19 — auch nicht das einseitige Versprechen irgendwelcher Vorteile für den Fall einer bestimmten Art der Abstimmung. Die Bestechung wird nach § 109 StGB. mit Gefängnis von einem Monat bis zu zwei Jahren bestraft und zwar sowohl bei dem, der eine Wahlstimme kauft, als auch bei dem, der eine solche verkauft, also bei dem Bestechenden und dem Bestochenen.

3. Im Landtagsausschuß wurde der Artikel noch erweitert durch die Einfügung der Nötigung (§ 240 StGB.). Landtagsdrucks. 1920 Nr. 1351 S. 271. Wer einen Andern widerrechtlich durch Gewalt oder Bedrohung mit einem Verbrechen oder Vergehen zu einer Handlung — hier zur Abstimmung in gewissem Sinn —, Duldung oder Unterlassung — hier zur Unterlassung

der Stimmabgabe — nötigt, wird mit Gefängnis bis zu einem Jahr oder mit Geldstrafe bis zu 600 ℳ bestraft. Sonstige Wahlbeeinflussungen fallen nicht unter Art. 19. Die Wahlfreiheit ist einerseits durch §§ 107—109 StGB., anderseits durch die Förmlichkeiten des Wahlverfahrens geschützt. Falsche Namensangabe bei der Abstimmung wird nach § 360 Z. 8 StGB. gestraft.

4. Die wahlrechtliche Folge war früher die Ungültigkeit der „Wahl" des Bestechenden und Bestochenen, also nicht nur der Abstimmung, sondern auch der Verlust des Mandates. Jetzt ist nur noch die Ungültigkeit der Abstimmung als Folge bestimmt. Die Entscheidung treffen die Behörden, die über die Gültigkeit der Abstimmung überhaupt entscheiden, also die Wahlvorstände, aber auch der Landtag im Wahlprüfungsverfahren (Art. 62 LWG.). Die Wahlvorstände sind an gerichtliche Entscheidungen über etwaige Strafanzeigen hiewegen rechtlich nicht gebunden. Solche Stimmen sind unbedingt ungültig, also nicht nur die auf die Beteiligten gefallenen Stimmen. Mit Rücksicht auf die geheime Wahl müssen die verschiedenen Möglichkeiten der Abstimmung in Betracht gezogen werden, um die Wirkung der Ungültigkeitserklärung auszumitteln.

5. Beteiligt ist bei Bestechung der Bestochene, aber auch der Bestechende, und zwar auch dann, wenn dieser nicht der Bewerber, sondern ein Dritter ist. Wer solche unsaubere Geschäfte für einen andern macht, geht also auch seiner eigenen Stimme verlustig. Bei Nötigung ist der Nötigende und der Genötigte beteiligt, in beiden Fällen auch der Anstifter und der Gehilfe. Nicht beteiligt ist eine Person, die von der Bestechung oder Nötigung zwar Vorteil zieht, aber hievon nichts weiß. Es ist also eine gewollte Beteiligung nötig. Für den Genötigten rechtfertigt sich die Ungültigerklärung der Abstimmung noch aus der Unfreiwilligkeit der Stimmabgabe.

Art. 20.

Den Behörden des Staates, der Gemeinden und der Körperschaften des öffentlichen Rechtes ist es untersagt,[1] die Abstimmung in irgendwelcher Weise zu beeinflussen oder das Abstimmungsgeheimnis zu verletzen.[2]

1. Art. 30 II des LandtagswahlG. vom 9. April 1906 enthielt eine ähnliche Bestimmung, die jede Beschränkung der Freiheit der Wahl und jede Benutzung eines obrigkeitlichen Einflusses auf die Wähler verbot. Eine derartige Bestimmung war dagegen weder in der Wahlordnung vom 7. Dez. 1918, noch in der Regierungsvorlage zum LWG. enthalten, da solche Verfehlungen öffentlicher Stellen auch schon durch das Dienststrafrecht erfaßt werden können. Der Artikel beruht auf einem Antrag Dr. Piloty, der sich zunächst auf die Behörden des Staates und der Gemeinden beschränkte, schließlich aber dann noch auf die der Körperschaften des öffentlichen Rechtes ausgedehnt wurde. Soweit Staats- und Gemeindebehörden in Frage kommen, kann die Bestimmung von Aufsichtswegen durchgeführt werden. Hinsichtlich der sonstigen öffentlichrechtlichen Körperschaften handelt es sich dagegen um eine lex imperfecta.

Als Grund der Aufnahme der Körperschaften des öffentlichen Rechtes wurde bezeichnet, daß solche Körperschaften gewisse öffentliche Funktionen ausüben können und deshalb sich auch den hier für Staat und Gemeinde festgesetzten Einschränkungen unterwerfen sollen. In Betracht kommen Kommunalverbände, Krankenkassen, Glaubensgesellschaften usw.

2. Irgendwelche über Art. 125 der Reichsverfassung, der Wahlfreiheit und Wahlgeheimnis gewährleistet, hinausgehende Folgerungen sind aus der Bestimmung nicht zu ziehen. Die normale politische Betätigung des Staatsbürgers fällt nicht hierunter, insbesondere nach den Feststellungen im Landtagsausschuß auch dann nicht, wenn es sich um die Wahlagitation politischer Staatsminister handelt. Der Beamte darf nur seine obrigkeitliche Stellung nicht dazu mißbrauchen, einen Einfluß auf die Wähler auszuüben (Landtagsdrucks. 1351 S. 144).

Das Abstimmungsgeheimnis ist durch die Formvorschriften des LWG. und der LWO. gewährleistet.

Art. 21.[1]

Wer eine öffentliche Wahlversammlung durch eine Tätlichkeit oder Androhung einer solchen verhindert oder stört,[2] wird mit Geldstrafe bis zu 150 Reichsmark[3] oder Haft bestraft.

1. Der Artikel war in der Regierungsvorlage nicht enthalten, sondern ist vom Ausschusse auf Grund eines Antrages Graf Pestalozza eingefügt worden. Die rechtliche Zulässigkeit einer derartigen Strafbestimmung steht im Hinblick auf § 5 des EG. StGB. außer Zweifel, da der 5. Abschnitt des StGB., der die Verbrechen und Vergehen in Beziehung auf die Ausübung staatsbürgerlicher Rechte enthält, nicht als die Regelung einer „Materie" im Sinne des § 5 EG., sondern als Zusammenstellung einzelner Delikte aufzufassen ist.

Über die Tragweite der Bestimmung ist den Verhandlungen im Ausschuß zu entnehmen, daß die Verhinderung von Wahlversammlungen durch das sog. Saalabtreiben nicht hierunter fällt, ebensowenig die Störung von Versammlungen durch Lärm oder Absingen von Liedern (ein darauf abzielender Antrag Dr. Lochbrunner wurde abgelehnt) oder die Entfernung von Ruhestörern. Zu dem Begriff: Tätlichkeit oder Androhung einer solchen ist die Rechtsprechung zu § 167 StGB. verwertbar.

2. Die Bestimmung ist durch den § 107a StGB. (RG. v. 23. Mai 1923, RGBl. I S. 296) teilweise ersetzt. Dieser bestraft Personen, die nicht verbotene Versammlungen, Aufzüge oder Kundgebungen mit Gewalt oder mit Bedrohung mit einem Verbrechen verhindern oder sprengen. Art. 21 geht insofern weiter und gilt daher insoweit fort, als er auch das bloße „Stören" von öffentlichen Wahlversammlungen durch eine Tätlichkeit oder Androhung einer solchen unter Strafe stellt, während das StGB. nur das Verhindern oder Sprengen bestraft, und weiter insofern, als er nicht nur das Mittel der Bedrohung mit einem Verbrechen, sondern auch schon die Androhung einer Tätlichkeit als genügend bezeichnet.

2. An Stelle der Mark ist jetzt die Reichsmark getreten (Art. VIII der Geldstrafenverordnung v. 6. Febr. 1924).

II. Volksbegehren.

(Vorbemerkung zu Art. 22—29.) Nach der bayr. Verfassung, die auf dem Boden der repräsentativen Demokratie steht, ist der Landtag das wichtigste Organ des Staates. Er ist nur in zwei Hinsichten eingeschränkt, einmal durch die Reichsverfassung und die Reichsgesetzgebung, sodann durch die unmittelbare Teilnahme des Volkes an der Gesetzgebung, durch die Einrichtung von Volksbegehren und Volksentscheidung. Das Volk kann, soweit die VU. nicht gewisse Gegenstände der Beschlußfassung durch das Volk entzieht, den Beschlüssen des Landtages die Bestätigung versagen und auch die Gesetzgebung selbst an sich ziehen. Dadurch ist ein gewisses Sicherheitsventil gegeben, das — allerdings mehr theoretisch als praktisch — der Gefahr einer einseitigen Herrschaft in der Demokratie vorbeugt. Die grundlegende Bestimmung gibt § 7 VU., wonach der Staatsbürger sein Bürgerrecht ausübt 1. bei Volksbegehren und Volksentscheidungen, 2. bei Wahlen.

Der Entw. des LWG. enthielt hierüber folgende allgemeine Ausführungen:

„Nach § 10 Abs. I und § 77 Abs. II der bayerischen Verfassung kann durch das Volksbegehren verlangt werden

1. die Einberufung des Landtags,
2. die Auflösung des Landtags,
3. die Änderung der Verfassung[1]),
4. der Erlaß, die Abänderung oder Aufhebung von Gesetzen, wobei jedoch gewisse Gesetze ausgenommen sind,

---

[1]) Ziff. 1 ist als: Verfassungsinitiative, Ziff. 4 als: Gesetzesinitiative, Ziff. 5 als: Referendumsinitiative zu bezeichnen (v. Jan, VU. § 10 Anm. 1).

Initiative ist das vom Volk an den Landtag gestellte Verlangen, daß dieser ein Gesetz erlassen möge, Referendum die nachträgliche Überprüfung eines vom Landtag bereits erlassenen Gesetzes durch das Volk.

5. die Volksentscheidungen über Gesetze, die der Landtag beschlossen hat, soferne sie nicht unter die ausgenommenen Gesetze fallen.

Volksbegehren sind an den Landtag, wenn er nicht versammelt ist, an das Gesamtministerium zu richten (§ 10 II). Sie sind wirksam, wenn sie bei einfachen Gesetzen von mindestens einem Zehntel, bei Verfassungsgesetzen und für die Einberufung oder Auflösung des Landtags von mindestens einem Fünftel der bei der letzten Landtagswahl Stimmberechtigten gestellt werden. Erforderlich wären also zurzeit mindestens rund 427 900 oder 855 800 stimmberechtigte Antragsteller (§ 10 II und § 30 I u. IV). Über die Zulässigkeit und Rechtsgültigkeit des Volksbegehrens entscheidet der Landtag endgültig (§ 76 I). In den Fällen unter Ziff. 3 u. 4 kann das Volksbegehren nur als förmlicher Gesetzentwurf eingebracht werden. Jedes Volksbegehren hat sich auf einen bestimmten Gegenstand zu beschränken und ist eingehend zu begründen (§ 76 II). Wird ein Volksbegehren vom Landtag abgelehnt oder nur mit Veränderung angenommen, so ist es der Volksentscheidung zu unterstellen (§ 76 II). Ein Volksbegehren, das durch Volksentscheidung endgültig abgelehnt worden ist, kann vor Ablauf eines Jahres, bei Verfassungsänderungen vor Ablauf von drei Jahren nicht wiederholt werden (§ 77 IV).

Das Volksbegehren kann verschieden gestaltet werden. In der Schweiz hat es nach dem Bundesgesetze vom 27. Jan. 1892 in der Form einer schriftlichen, von mindestens 50 000 stimmberechtigten Schweizer Bürgern unterzeichneten Eingabe zu erfolgen, in der der Gegenstand des Begehrens bestimmt bezeichnet wird. Der Bürger, der es stellt, hat es eigenhändig zu unterzeichnen. Jeder Unterschriftbogen soll den Namen des Kantons und der politischen Gemeinde angeben, wo die Unterschriften beigesetzt wurden. Es muß den Wortlaut des Begehrens, den Wortlaut einiger Bestimmungen des Gesetzes vom 27. Jan. 1892 und die Bescheinigung des Gemeindevorstandes enthalten, daß die Unterzeichner in der Gemeinde stimmberechtigt sind. Der Bundesrat ermittelt die Zahl der gültigen Unterschriften. Ungültig sind Unterschriften, die nicht mindestens 6 Monate nach dem Einlaufe des Volksbegehrens bescheinigt worden sind, die auf ungültigen Bogen befindlichen Unterschriften, ferner solche, bei denen die erforderliche Bescheinigung fehlt oder unvollständig ist. Der Bundesrat legt das Volksbegehren der Bundesversammlung vor."

Durch das RG. über den Volksentscheid vom 27. Juni 1921 ist zunächst ein Zulassungsantrag verlangt, der von mindestens 5000 Stimmberechtigten oder von der Vorstandschaft einer Vereinigung schriftlich gestellt sein muß, wenn diese glaubhaft macht, daß ihn 100000 ihrer stimmberechtigten Mitglieder unterstützen. Wenn der Reichsminister des Innern den Antrag für zulässig befindet, setzt er eine Frist von regelmäßig 14 Tagen fest, in der die Stimmberechtigten zur Unterstützung des Volksbegehrens sich in die vorschriftsmäßigen Eintragungslisten eintragen können. Die Bereitstellung der Listen ist Sache der Antragsteller. Nach Ablauf der Frist schließen die Gemeinden die Listen ab. Die Abstimmungsausschüsse in den Wahlkreisen und schließlich der Reichswahlausschuß stellen das Ergebnis fest.

Das LWG. ordnet das Verfahren in gleicher Weise.

Im Frühjahr 1924 sind zwei von der Bayr. Volkspartei beantragte, die Auflösung des Landtages und den Erlaß eines Gesetzes zur Abänderung der VU. beantragende Volksbegehren durchgeführt worden. S. Einleitung S. 18.

Art. 22.

(1) Der Vorschlag eines Volksbegehrens,[1] der als solcher bezeichnet sein muß,[2] ist bei dem Staatsministerium des Innern[3] einzureichen. Er bedarf der Unterschriften von 1000[4] Stimmberechtigten. Dabei ist das Stimmrecht[5] der Unterzeichner des Vorschlags durch eine Bestätigung der Gemeindebehörde ihres gewöhnlichen Aufenthaltsortes[6] nachzuweisen. Wenn[7] die Vor-

standschaft einer Vereinigung[8] den Vorschlag einreicht und glaubhaft macht,[9] daß ihn 20000 ihrer stimmberechtigten Mitglieder unterstützen, genügt die amtlich beglaubigte Unterschrift der Vorstandschaft.

II Vorschläge von Volksbegehren gemäß § 77 Abs. II der Verfassung[10] sind binnen längstens 4 Wochen nach dem Landtagsbeschlusse einzureichen, der den Anlaß des Volksbegehrens bildet.

III Die Frist für die Anrufung einer Volksentscheidung gemäß Art. 77 Abs. II[11] der Verfassung wird auf drei Monate festgesetzt.

Vgl. § 72 LWO.

1. Das Volksbegehren selbst ist die abgeschlossene Willenskundgebung des Volkes oder eines Teiles des Volkes. Sie wird durch ein in §§ 21—29 LWG. und §§ 72—84 LWO. geregeltes Verfahren festgestellt. Damit dieses Verfahren, an dem auch staatliche und gemeindliche Organe in gewissem Umfang beteiligt sind, in Gang gesetzt werden kann, bedarf es einer Anregung aus dem Volke heraus. Diese nennt das Gesetz „Vorschlag" eines Volksbegehrens. Über die Form des Vorschlages im Einzelnen bestimmt § 72 LWO.

2. Die Bestimmung wurde auf Vorschlag des Referenten im Landtags-Ausschuß eingesetzt. Dadurch soll erreicht werden, daß derartige wichtige Schriftstücke gleich in ihrer Bedeutung erkannt werden.

3. Die Bestimmungen über die Mitwirkung des Staatsministeriums des Innern sind in Art. 23 und 28 LWG. enthalten.

4. Die Zahl der Unterzeichner war im Entwurf nicht bestimmt. Der Landtag hat jedoch, dem Vorbild des Reichsgesetzentwurfs über den Volksentscheid entsprechend, beschlossen, daß zu dem Vorschlag eines Volksbegehrens mindestens 1000 Unterschriften erforderlich sind, um dadurch einen Mißbrauch des Volksrechtes zu

verhindern. Die Anregung des Berichterstatters, daß diese 1000 Unterzeichner über das ganze Land zerstreut sein sollen, um dadurch die Vertretung rein lokaler Interessen zu verhindern, wurde nicht weiter verfolgt. Über die Zeit, in der diese Unterschriften abzugeben sind, ist nichts bestimmt. Über die Form s. § 72 I—III LWO.

5. Da nach § 7 VU. nur Staatsbürger, nach Art. 1 LWG. nur die darin bezeichneten Personen bei Volksbegehren stimmberechtigt sind, müssen auch die Personen, die einen Vorschlag zu einem Volksbegehren einreichen, nachweisen, daß sie hiezu berechtigt sind. Soweit ein Vorschlag von Nichtstimmberechtigten, z. B. von Ausländern, ausgeht, ist er ungültig.

6. Gewöhnlicher Aufenthaltsort ist gleichbedeutend mit dem nicht vorübergehenden oder nur gelegentlichen Aufenthaltsort des Art. 1 LWG. Vgl. dort Anm. 11.

7. Diese Bestimmung entspricht gleichfalls dem Reichsgesetze. In diesen Fällen wird von dem Verlangen der Unterzeichnung überhaupt abgesehen. Es genügt also ein von dem Vorstand der Vereinigung eingereichter Antrag.

8. Was für Vereinigungen in Frage kommen können, ist nicht bestimmt. Daher kann jede Vereinigung, wenn sie nur über die nötige Mitgliederzahl verfügt, den Antrag stellen.

9. Zur Glaubhaftmachung genügt die Anführung solcher Tatsachen, die die Unterstützung durch die entsprechende Zahl stimmberechtigter Mitglieder als gegeben erscheinen lassen, z. B. Beschlußfassungen in entsprechend besuchten Mitgliederversammlungen, Petitionen von Ortsgruppen der Vereinigung.

10. § 77 II VU. lautet: „Über andere Gesetze (nämlich solche, die nicht von der Volksentscheidung ausgenommen sind), die der Landtag ohne Volksbegehren beschlossen hat, kann durch Volksbegehren die Volksentscheidung binnen 2 Monaten angerufen werden. Vor Ablauf dieser Frist darf das Gesetz nicht ausgefertigt oder verkündigt werden." Es handelt sich hier um die Initiative zur Einleitung eines Referendums, der Nachprüfung eines vom Landtag beschlossenen Gesetzes durch das Volk. Die Volksentscheidung kann in solchen Fällen durch „Volksbegehren" angerufen werden. Ein Volksbegehren liegt erst vor, wenn die Teilnahme der nach § 10 II VU. erforderlichen Zahl von Stimmberechtigten feststeht. Vor dem Ablauf der Frist des § 77 II VU. muß also das Ergebnis des die Volksentscheidung anrufenden Volksbegehrens beim Landtag fertig vorliegen. Mit Rücksicht hierauf muß die Behandlung solcher Volksbegehren möglichst beschleunigt werden. Daher war im Entwurf bestimmt, daß sie binnen 14 Tagen nach dem veranlassenden Landtagsbeschluß vorgeschlagen sein müssen. Der Landtag hat diese Frist auf 4 Wochen verlängert und mit Rücksicht darauf durch Abs. III die Frist des § 77 II VU. auf 3 Monate erstreckt.

Zweifel können darüber bestehen, welche Bedeutung Abs. II hat, wenn ein derartiger Vorschlag später als 4 Wochen nach dem Landtagsbeschluß eingereicht wird. Würde die Einhaltung der Frist als eine gesetzliche „Voraussetzung" für den Vorschlag eines Volksbegehrens im Sinne des Art. 23 angesehen, so wäre ein verspätet eingereichter Vorschlag vom Landtag abzulehnen. Doch ist zu beachten, daß außer der Frist nach Abs. II (4 Wochen) noch die weitere Frist von 3 Monaten nach Abs. III für die „Anrufung" der Volksentscheidung, d. h. für das fertige Volksbegehren gesetzt ist. Wird diese eingehalten — und das ist wenigstens bei einer nicht zu erheblichen Überschreitung der Vierwochenfrist des Abs. II durchaus im Bereiche der Möglichkeit gelegen —, so ist die Voraussetzung des § 77 II VU. erfüllt und die Volksentscheidung muß durchgeführt werden. Das LWG. hat durch die mit verfassungsmäßiger Mehrheit beschlossene Änderung des § 77 II VU., den es den Bestimmungen des LWG. anzupassen trachtete, zu erkennen gegeben, daß es § 77 II VU. trotz Art. 22 als fortdauernd gültig erachte. Hieraus aber ist zu schließen, daß Art. 22 II nur eine Ordnungsvorschrift ist, deren Einhaltung im Interesse der Durchführung des Verfahrens und der Einhaltung der Frist des § 77 II

VU. zweckmäßig, aber nicht unerläßlich ist, jedenfalls im Hinblick auf § 77 II VU. nicht unbedingt gefordert werden kann. So ist wohl auch Nawiasky (bayr. Verfassungsrecht § 39 Z. 5 S. 309) zu verstehen. In § 38 Z. 8 S. 294 unten wird der Vorschlag des Volksbegehrens und das Volksbegehren selbst von ihm nicht auseinandergehalten.

Ein Volksbegehren, das später als 4 Wochen nach dem Landtagsbeschluß vorgeschlagen wird, kann daher nicht abgelehnt werden, solange dessen rechtzeitige Fertigstellung innerhalb der Dreimonatsfrist noch möglich ist. Wenn dies nicht mehr möglich ist, hat die Anwendung des Verfahrens für das Volksbegehren keinen Sinn. Der Landtag müßte ein solches zu spät fertig gewordenes (gestelltes) Volksbegehren nach § 76 I Schlußsatz VU. als nicht zulässig bezeichnen. Das Staatsmin. des Innern wird daher einen derartigen nicht mehr rechtzeitig durchführbaren Vorschlag gemäß Art. 23 dem Landtag zur Entscheidung vorlegen und dieser kann die Einleitung des nutzlosen Verfahrens für das Volksbegehren hiernach verweigern.

Für die Fertigstellung des Volksbegehrens sind die in Art. 24 LWG. gesetzten Fristen maßgebend. Fraglich kann sein, ob auch die Zeit der Feststellung des Ergebnisses nach Art. 28 einzurechnen ist. Ich möchte die Frage verneinen, da derartige Feststellungen nur deklaratorischen Charakter haben (vgl. z. B. Beginn der Mandatsdauer bei Wahlen mit dem Tag der Wahl, nicht mit dem Abschluß der Ergebnisfeststellung), und da sonst die Einhaltung der Frist vom guten Willen irgend eines Organes abhängig sein könnte.

11. S. Anm. 10.

Art. 23.

Erachtet das Staatsministerium des Innern die verfassungsmäßigen oder die in diesem Gesetz bestimmten Voraussetzungen nicht für gegeben, so hat es die Verhandlungen sofort dem Landtage vorzulegen. Dieser trifft hierüber die Entscheidung.[2]

1. Der Reg.Entw. sah die Entscheidung über die Voraussetzungen der Volksbegehren durch das Staatsministerium des Innern vor. Die Begr. führte hiezu aus:

„Wenn Mängel des Vorschlags nicht beseitigt werden, also z. B. der in § 76 Abs. III der Verfassung verlangte Gesetzentwurf nicht beigelegt wird, ist der Vorschlag durch das Staatsministerium des Innern abzulehnen. Ebenso auch, wenn der Inhalt des Vorschlags der Verfassung widerspricht, also wenn z. B. die Absetzung eines Ministers, die Begnadigung eines Verurteilten verlangt wird. Es empfiehlt sich nicht, den ganzen Apparat des Volksbegehrens in Bewegung setzen zu lassen, wenn von vornherein feststeht, daß das Volksbegehren nach der Verfassung unzulässig ist. Da der Landtag von der Ablehnung sofort Kenntnis erhält, ist er in der Lage, einer etwaigen gegenteiligen Meinung Ausdruck zu geben und die Weiterbehandlung des Vorschlags zu veranlassen. Es könnte auch daran gedacht werden, ihm die Ablehnung des Vorschlags vorzubehalten. Die Verfassung sieht indes in § 76 Abs. I seine Entscheidung erst über fertige Volksbegehren vor."

Im Landtag wurde erwogen, gegen die Ablehnung eine Berufung an den Landtag zuzulassen; ferner wurde die Entscheidung durch einen Gerichtshof, etwa den Staatsgerichtshof erwogen. Schließlich aber wurde die Entscheidung auch über die Vorschläge von Volksbegehren (wie über Volksbegehren nach § 76 I Schlußsatz VU.) dem Landtag übertragen.

Das Staatsministerium des Innern hat also die bei ihm gemäß Art. 22 I Satz 1 eingereichten Vorschläge zunächst zu prüfen. Erachtet es einen solchen Vorschlag für zulässig, so behandelt es ihn gemäß Art. 24. Erachtet es ihn nicht für zulässig, so kann es Ergänzungen usw. veranlassen. Ablehnen kann es den Vorschlag aber nicht. Erachtet es die Ablehnung für notwendig, so hat es den Vorschlag dem Landtag zu übermitteln.

Zu prüfen sind:
a) die verfassungsmäßigen Voraussetzungen,
b) die in diesem Gesetz bestimmten Voraussetzungen.

a) Die verfassungsmäßigen Voraussetzungen sind hinsichtlich des Inhalts des Volksbegehrens in §§ 10 I, 77 I, II, 76 III S. 4 VU., hinsichtlich der Form in § 76 II VU. bestimmt.

b) Die gesetzlichen Voraussetzungen sind die in Art. 22 für den Vorschlag eines Volksbegehrens bestimmten.

Beide Arten von Voraussetzungen sind gleich bedeutsam. Wenn kein nach der VU. zulässiger Fall des Volksbegehrens vorliegt, ist der Vorschlag ebenso abzulehnen, wie wenn er nicht genügend unterstützt ist. Über die Bedeutung der Versäumung der Frist des Art. 22 II s. Art. 22 Anm. 10. Unter allen Umständen bedeutungsvoll ist die Versäumung der Frist des Art. 22 III.

2. Der Landtag ist gemäß § 76 I S. 2 VU. ohnehin zur Entscheidung über die Zulässigkeit der Volksbegehren zuständig. Nawiasky, Bayr. Verfassungsrecht S. 137, nimmt an, der Zwischenausschuß und der ständige Ausschuß (§ 30 III, IV VU.) könnten diese Entscheidung nicht fällen. Dies trifft jedenfalls für den Zwischenausschuß zu, soweit die Vorschläge „das gesetzgeberische Gebiet" berühren. Denn soweit hat dieser Ausschuß keine Befugnis. Im übrigen s. v. Jan, VU. § 30 Anm. 7.

Art. 24.[1]

I Das Staatsministerium des Innern bestimmt,[2] wann die Frist zur Unterstützung[3] des Vorschlags des Volksbegehrens beginnt und gibt die Frist samt dem Vorschlag öffentlich bekannt.[4]

II Die Frist muß spätestens eine Woche nach dem Einlaufe des Vorschlags beim Staatsministerium des Innern beginnen. Sie dauert drei Wochen.[5]

III Wird innerhalb dieser Frist der Vorschlag eines weiteren Volksbegehrens über denselben Gegenstand eingebracht,[6] so wird die Frist des früheren Volksbegehrens auf Antrag bis zum Ablaufe der für das spätere Volksbegehren laufenden Frist erstreckt. Die Ablehnung eines solchen Antrags ist sofort dem Landtage zur endgültigen Entscheidung mitzuteilen.

IV Nach der öffentlichen Bekanntgabe[7] kann der Vorschlag eines Volksbegehrens nicht mehr geändert, aber bis zum Ablaufe der Unterstützungsfrist jederzeit zurückgenommen werden. Die Zurücknahmeerklärung ist gültig, wenn sie von mehr als der Hälfte der Unterzeichner des Vorschlags oder von der Vorstandschaft der Vereinigung, die den Antrag gestellt hat, abgegeben ist.

1. Abs. IV ist durch G. v. 6. Febr. 1924 angefügt.

2. Hiemit beginnt der 2. Teil des Verfahrens, der unter amtlicher Mitwirkung steht, während der 1. Teil ohne solche vor sich geht (abgesehen von der Bestätigung des Stimmrechts der Antragsteller). Die amtliche Mitwirkung für das eigentliche Verfahren beim Volksbegehren wurde für erforderlich erachtet, um die geordnete Unterschriftsammlung zu gewährleisten. Die von Nawiasky (Bayr. Verfassungsrecht § 39 Z. 5 S. 309) aufgeworfene Frage, ob die Teilung in die 2 Abschnitte obligatorisch sei oder ob die unmittelbare Einbringung des fertigen Volksbegehrens mit der nötigen Zahl von Unterschriften, also ohne amtliche Mitwirkung, zulässig sei (die N. in letzterem Sinne beantwortet), ist hienach, wie im Reichsrecht, dahin zu beantworten, daß die unmittelbare Sammlung aller Unterschriften nicht zulässig ist. (S. auch Art. 27 Z. 5.) Der von N. angegebene Grund, eine Aktion, die soviele Unterschriften aufbringe, beweise auch ihre Berechtigung, kann gegenüber dem

Art. 24 nicht durchdringen. Wie das RG. v. 27. Juni 1921 behandelt auch das LWG. das Zulassungs- und Eintragungsverfahren als obligatorisch. N. gibt selbst zu, daß die Nachprüfung der von den Antragstellern ohne amtliche Mitwirkung gesammelten Unterschriften sehr schwierig ist. Nach den im Vollzug des Art. 29 des SelbstverwaltungsG. v. 22. Mai 1919 gesammelten Erfahrungen sind solche Unterschriftsammlungen sehr mißtrauisch zu behandeln. Bei einer Unterschriftsammlung durch das ganze Land wären diese Bedenken vervielfacht. Die von N. im Hinblick auf § 77 II VU. und Art. 22 II u. III LWG. erhobenen Bedenken sind in Anm. 10 zu Art. 22 besprochen.

Nach Abs. I hat das Staatsministerium des Innern nicht die Möglichkeit, von der Fristsetzung abzusehen, selbst wenn der Vorschlag des Volksbegehrens noch so viele Unterschriften enthält.

3. Die Unterstützung besteht in der Unterzeichnung der Listen, die das Volksbegehren enthalten.

Die Fristsetzung hat die Bedeutung, daß weder vorher noch nachher gültige Unterschriften für das Volksbegehren abgegeben werden können (Art. 27 Z. 5 LWG. u. § 80 II LWO.). Auch die Unterschriften unter dem Vorschlag des Volksbegehrens (Art. 22 I) können daher nicht als für das Volksbegehren gültig behandelt werden.

4. Gemäß § 85 LWO. im Bayr. Staatsanzeiger. Mit dem Vorschlag sind auch dessen Gründe bekannt zu geben. Ihre Kürzung ist aber auch nach den Landtagsverhandlungen (Drucks. 1351 S. 164) nötigenfalls zulässig.

5. Die Fristen sind durch die in § 77 II VU. bestimmte Frist von 3 Monaten beengt. Eher als eine Woche nach dem Einlauf des Vorschlages im StMin. d. Innern kann die Frist wohl nicht in Lauf gesetzt werden, weil die Antragsteller erst erfahren müssen, ob der Vorschlag zugelassen wird, damit sie die Vorbereitungen für die Auflage der Listen treffen können.

Das RG. v. 27. Juni 1921 läßt die Frist frühestens 14 Tage nach der Veröffentlichung der Zulassung beginnen und die Frist selbst 14 Tage umfassen. Der Gesamtzeitraum ist also der gleiche wie in Bayern.

6. Die Bestimmung des Abs. III wurde im Landtagsausschuß hinzugefügt. Sie will es ermöglichen, daß solche Personen, deren Interesse an einem Volksbegehren erst durch das später eingebrachte Volksbegehren geweckt wurde, sich an dem ersten Volksbegehren noch beteiligen können.

Man hielt für möglich, daß ein Volksbegehren ein weiteres Volksbegehren hervorrufen werde, daß die Parteiprogramme in der Form von Volksbegehren sich bekämpfen würden.

Der Antrag muß von den Unterzeichnern des ersten Vorschlags ausgehen. Denn sie können auch ein Interesse am beschleunigten Abschluß ihres Volksbegehrens haben (z. B. im Hinblick auf § 77 II BU.).

7. Abs. IV ist durch G. v. 6. Febr. 1924 eingefügt. Es war zwar an sich ohnehin klar, daß ein Vorschlag zu einem Volksbegehren, der zur Abgabe von Unterstützungserklärungen öffentlich aufgelegt ist, nicht mehr geändert werden kann, weil sonst überhaupt kein Ergebnis des Volksbegehrens sich feststellen ließe. Dagegen wäre die Zurücknahme eines Vorschlages zu einem Volksbegehren begrifflich möglich, solange das Verfahren noch nicht abgeschlossen ist. Diese Rechtslage ist nun, entsprechend dem RG. v. 27. Juni 1921 (§ 32), auch gesetzlich festgelegt. Auch die Form der Zurücknahme ist entsprechend dem Reichsrechte geregelt. Die Zweifel, ob nicht schon das Herabgehen der Zahl der verbleibenden Unterschriften unter 1000 den Vorschlag hinfällig macht, sind damit ausgeschlossen.

Art. 25.

I Die Gemeinden sind verpflichtet,[1] die vorschriftsmäßigen[2] Unterzeichnungslisten, die ihnen die Beteiligten übergeben,[3] zum eigenhändigen schriftlichen Eintrag der Unterstützungserklärungen bereitzuhalten.[4] Die Auflagestunden sind so zu bestimmen, daß jeder Stimmberechtigte Gelegenheit findet, sich an dem Volksbegehren zu beteiligen.[5] Vor jeder Unterschrift ist zu prüfen, ob der Unterzeichnende in der Gemeinde stimmberechtigt ist.[6] Handzeichen solcher Personen, welche nicht schreiben können, sind zu beglaubigen.[7]

II Die Bestimmungen über die Ausstellung von Wahlscheinen gelten entsprechend.[8]

Fassung durch G. v. 6. Febr. 1924 u. 18. Juli 1925. Vgl. §§ 73—75 LWO.

1. Es handelt sich beim Vollzug der Bestimmungen über Volksbegehren, wenn auch die Einleitung durch einen privaten Akt erfolgt, um Staatsgeschäfte, um eine dienstliche Verpflichtung der Gemeindebehörden, die sie in voller Objektivität wie jedes andere Staatsgeschäft, ohne Rücksicht auf den Inhalt des Volksbegehrens zu erfüllen haben. Ihre Verpflichtung besteht darin, die nötigen Anstalten zur Entgegennahme der Unterschriften zu treffen und diese entgegenzunehmen, soweit das Recht zur Unterzeichnung besteht.

2. Über die Form der Unterzeichnungslisten bestimmt § 73 LWO. Die Listen müssen auch den Inhalt (nicht die Begründung) des Volksbegehrens enthalten, damit die Unterzeichner ersehen können, um was es sich handelt. Nach der Begründung zum Gesetzentwurf sind die Gemeinden nicht berechtigt, unvorschriftsmäßige Unterstützungslisten, die ihnen die Antragsteller übergeben oder übersenden, abzuweisen. Sie sollen kein Entscheidungsrecht in der Sache haben. Doch sollen sie auf Mängel der Listen, die gemäß Art. 27 Ziff. 4 LWG. die Ungültigkeit der darauf abgegebenen Unterschriften zur Folge haben, aufmerksam machen, im übrigen aber es dem Landeswahlausschuß (Art. 28) und dem Landtag überlassen, über die Gültigkeit der bei ihnen abgegebenen Unterschriften zu entscheiden.

3. Die Gemeinden können abwarten, bis ihnen die Antragsteller die nötigen Formblätter zur Auflage über-

geben. Sie brauchen nicht für die Bereitstellung der Listen zu sorgen; bei Übergabe der Listen werden sie sich wegen der etwa weiter nötigen Vordrucke mit dem Übergeber benehmen (§ 74 I LWO.).

Vor der Auflage der Listen ist die Bekanntmachung der Gemeinde nach § 74 III LWO. zu erlassen.

4. Hiezu ist zunächst die Bestimmung erforderlich, wo und wann die Listen aufzulegen sind (vgl. Satz 2 u. § 74 I, II LWO.) und ferner die Bekanntgabe der getroffenen Bestimmung (vgl. § 74 III LWO.). Die Worte: „während der Amtsstunden", die im G. v. 12. Mai 1920 enthalten waren, wurden durch G. v. 18. Juli 1925 gestrichen. Ort und Zeit der Listenauflage müssen sich also ganz nach dem Bedürfnis richten. Die Listen dürfen nicht aus der amtlichen Verwahrung und an Private abgegeben werden. Soweit sie unter gemeindlicher Aufsicht bleiben, können sie aber z. B. auch in Kranken- und Pflegeanstalten und an anderen Orten außerhalb der Amtsräume der Gemeinde aufgelegt werden (§ 74 II LWO.).

5. Eingefügt durch G. v. 18. Juli 1925 auf Grund der bei dem Volksbegehren im Frühjahr 1924 gemachten Erfahrungen S. auch § 74 LWO.

6. S. Art. 1 LWG. Wer bei einer solchen Gelegenheit ohne weiteren Nachweis unterzeichnen will, muß also nicht nur überhaupt stimmberechtigt sein (was selbstverständlich ist), sondern in der Gemeinde stimmberechtigt sein, d. h. er muß in der Gemeinde „nicht nur vorübergehend oder nur gelegentlich" sich aufhalten. Diese Bindung ist erforderlich, um die mehrfache Beteiligung des Einzelnen an verschiedenen Orten auszuschließen. Näheres bestimmt § 76 LWO.

Eine Ausnahme ergibt sich aus Art. 26 u. 25 Abs. II, wonach die Bestimmungen über die Ausstellung von Wahlscheinen entsprechend gelten. Auf Grund dieses Abs. II sowie des Art. 26 Satz 2 bestimmt § 76 III LWO., daß Personen, die in der Wählerliste der Gemeinde nicht eingetragen sind, nur dann zur Unterzeichnung zuzulassen sind, wenn sie einen Eintragungsschein für das im Laufe befindliche Volksbegehren vorlegen; § 77 LWO. trifft entsprechend Art. 14 u. 15 LWG., Bestimmung darüber, in welchen Fällen solche Eintragungsscheine ausgestellt werden können.

7. S. Art. 27 I Satz 2.

8. S. §§ 76 III u. 77 LWO. Die Wahlscheine werden hier „Eintragungsscheine" genannt. S. auch §§ 36—38 RG. über den Volksentscheid v. 27. Juni 1921.

Art. 26.

Für das Stimmrecht[1] sind die Einträge in der zuletzt benützten[2] Wählerliste oder Wahlkartei maßgebend. Wer darin nicht eingetragen[3] ist, hat sein Stimmrecht vor der Unterzeichnung in der Liste nachzuweisen.[4] Gegen die Ablehnung[5] der Zulassung zur Unterschrift ist Beschwerde[6] an die Aufsichtsbehörde[7] zulässig. Diese hat hierüber binnen einer Woche zu entscheiden.

1. d. h. zu dem nach Art. 25 verlangten Nachweis des Stimmrechts.

2. Bei der letzten Landtagswahl oder Abstimmung auf Grund der bayr. Verfassung. Wählerlisten, die für Gemeindewahlen usw. hergestellt sind, können wegen der Verschiedenartigkeit der Voraussetzungen nicht in Betracht kommen.

3. Die Nichteintragung kann beruhen darauf, daß
a) das Stimmrecht erst nach der Herstellung der Wählerliste entstanden ist, z. B. bei Zwanzigjährigen; hier ist die Ausstellung eines Eintragungsscheines nach § 77 I Z. 2 LWO. am Aufenthaltsort zulässig und erforderlich;
b) der Aufenthaltsort gewechselt worden ist; hier ist die Ausstellung eines Eintragungsscheines nach § 77 I Z. 1 LWO. am früheren Aufenthaltsort zulässig und erforderlich;

c) die Einspruchsfrist bei der letzten Wahl oder Abstimmung versäumt worden ist; hier ist bei unverschuldeter Versäumnis die Ausstellung eines Eintragungsscheines ohnehin zulässig und erforderlich, aber auch bei verschuldeter Versäumnis durch § 77 I Z. 1 LWO. für zulässig erklärt, um die nicht begründete Weiterwirkung der Versäumnis zu verhindern;

d) ein Fall des Art. 15 Z. 2 u. 3 LWG. gegeben ist; auch hier ist die Aufstellung von Eintragungsscheinen zulässig und erforderlich.

4. Der Nachweis ist nach der LWO. jetzt nur noch in der Form des Eintragungsscheins zulässig. Andere Nachweise sind nicht zugelassen.

5. Die Ablehnung der Zulassung ist zulässig und notwendig, wenn der zur Unterzeichnung Erscheinende in der letzten Wählerliste nicht eingetragen ist und auch keinen Eintragungsschein besitzt.

6. Die Beschwerde ist ein Rechtsmittel, das dem Einspruch gegen die Wählerliste entspricht. Die Einschaltung der Beschwerde ist technisch möglich, im Gegensatz zu den Fällen der Zurückweisung Stimmberechtigter bei Wahlen am Abstimmungstag durch den Wahlvorstand. Eine Frist für die Beschwerde ist nicht gesetzt, auch nicht erforderlich, da der Antragsteller das größte Interesse an der Beschleunigung der Beschwerdeeinlegung hat, wenn er sich an dem Verfahren noch beteiligen will. Diesem Erfordernis dient die Vorschrift des Schlußsatzes. Gegen die Verweigerung eines Eintragungsscheins ist gemäß Art. 25 II mit § 17 V LWO. Einspruch an die Aufsichtsbehörde zulässig.

7. S. Art. 11 Anm. 6.

Art. 27.

I Ungültig[1] sind Unterschriften, die

1. unleserlich[2] sind,
2. die Person des Unterzeichnenden nicht deutlich erkennen lassen,[3]

3. von nicht stimmberechtigten Personen herrühren,[4]
4. auf nicht vorschriftsmäßigen Listen stehen,[5]
5. nicht rechtzeitig[6] abgegeben sind.

Ungültig sind auch Handzeichen,[7] die nicht beglaubigt sind.

II Die Entscheidung über die Gültigkeit trifft der Landeswahlausschuß.[8]

1. Die Entscheidung trifft nach Abs. II der Landeswahlausschuß, nicht etwa die Gemeindebehörde. Sie hat aber dafür zu sorgen, daß die bei ihr abgegebenen Unterschriften gültig sind.

2. S. Abs. II für Handzeichen und ferner § 80 I S. 1 LWO.

3. S. § 80 I S. 1 LWO. Die Unterschrift ist in allen Spalten der Liste vollständig abzugeben; sie muß nach § 73 II LWO. Vor- und Zuname und Wohnort oder Wohnung enthalten.

4. Solche Einträge sind von der Gemeindebehörde abzulehnen. Wenn sie entgegen dieser Vorschrift zugelassen werden oder wenn der Mangel des Stimmrechts erst nachträglich festgestellt wird, sind sie vom Landeswahlausschuß für ungültig zu erklären.

5. Nicht vorschriftsmäßig sind Listen, die

a) nicht der Vorschrift des § 73 II S. 1 u. 2 LWO. hinsichtlich der äußeren Form entsprechen,
b) nicht der Vorschrift des § 81 I LWO. gemäß von der Gemeindebehörde abgeschlossen worden sind.

6. D. h. in der Frist des Art. 24 II S. 2. Unterschriften, die vorher oder nachher abgegeben sind, sind ungültig. Die Gemeinden dürfen solche nur in der Dreiwochenfrist entgegennehmen (§ 80 II LWO.).

7. S. Art. 25 I S. 4.

8. S. Art. 28 Anm. 5 ff.

Art. 28.

I Nach dem Ablaufe der Unterstützungsfrist[1] sind die Unterzeichnungslisten[2] durch die Bezirksverwaltungsbehörden[3] dem Landeswahlleiter[4] zu übersenden. Der Landeswahlausschuß[5] stellt das Ergebnis fest,[6] gibt es öffentlich bekannt[7] und übersendet die Verhandlungen samt den Unterlagen[8] dem Landtag[9] oder, wenn dieser nicht versammelt ist, durch das Staatsministerium des Innern dem Gesamtministerium.[10]

II Die Kosten[11] dieser Feststellung fallen der Staatskasse, die Kosten der Unterzeichnungslisten und ihrer Versendung an die Gemeindebehörden den Antragstellern, die übrigen Kosten der Gemeinde zur Last.

1. S. Art. 24 I.

2. S. Art. 25 I.

3. Sie haben nach § 81 II LWO. die Verhandlungen auf ihre Vollständigkeit zu prüfen, nötigenfalls ihre Ergänzung zu veranlassen, das Ergebnis für ihre Bezirke zusammenzustellen und die Listen mit der Zusammenstellung dem Landeswahlleiter zu übersenden. Irgendwelche sachliche Mitwirkung kommt ihnen nicht zu. Kreisunmittelbare Städte senden die Listen dem Landeswahlleiter unmittelbar ein.

4. S. Art. 5 II. Er hat also nicht nur bei Wahlen, sondern auch bei Volksbegehren das Amt des Leiters der unparteiischen obersten Feststellungsbehörde, des Landeswahlausschusses, der nach S. 2 zuständig ist.

5. S. Art. 6 II u. III. Er wird auch hier in der Zusammensetzung tätig, die bei der letzten Landtagswahl sich ergeben hat (ebenso der Reichswahlausschuß nach dem RG. über den Volksentscheid v. 27. Juni 1921).

6. Er muß hiezu die Listen prüfen, die ungültigen Unterschriften feststellen und ausscheiden, und die Er-

gebnisse zusammenstellen. Hiezu kann er sich, wie bei der Landtagswahl, der Hilfsarbeiter im Sinne des Art. 6 V bedienen. S. § 83 u. 84 LWO. Die Schlußverhandlung ist öffentlich (Art. 6 IV).

7. S. § 85 LWO. Die Personen, die das Volksbegehren vorgeschlagen haben, brauchen nicht besonders verständigt zu werden. Sachliche Folgerungen hat der Landeswahlausschuß aus dem Ergebnis nicht zu ziehen. Dies ist Sache des Landtags.

8. D. h. das von den Bezirksverwaltungsbehörden übersandte Urmaterial. Dazu kommt seine Zusammenstellung der Ergebnisse mit der Niederschrift über seine Verhandlungen und etwa vorher zur Ergänzung des Materials gepflogene Erhebungen.

9. Die Begr. zum Entwurf führt hiezu aus:

„Die Weiterbehandlung des Volksbegehrens ist Sache des Landtags. Er entscheidet gemäß § 76 Abs. I der Verfassung über die Zulässigkeit und Rechtswirksamkeit der Volksbegehren. Ist der Landtag nicht versammelt, so hat das Gesamtministerium, dem das Volksbegehren nach § 10 Abs. II der Verfassung in diesem Falle zunächst zugeht, die Verhandlungen zum Zwecke dieser Entscheidung ihm zuzustellen. Nur für den Fall, daß das Volksbegehren auf die Einberufung des nicht versammelten Landtags sich richtet, ist noch eine weitere Vorschrift nötig. In diesem Falle wird das Gesamtministerium den Präsidenten des Landtags zu verständigen haben, damit er den Landtag alsbald einberufen kann. (§ 30 I, II VU. und Art. 29 LWG.). Der Landtag wird dann über die Zulässigkeit und Rechtswirksamkeit auch dieses Volksbegehrens zu entscheiden haben. Sonst werden die Entscheidungen über Volksbegehren, wenn der Landtag nicht versammelt ist beruhen können, bis er zusammentritt. Wird die Auflösung des Landtags verlangt, so ist, soferne der Landtag das Volksbegehren als zulässig und rechtswirksam bezeichnet, die Volksentscheidung hierüber durch Vermittlung des Staatsministeriums des Innern zu veranlassen. Es könnte sich fragen, ob nicht auch in diesem Falle die sofortige Einberufung des nicht versammelten Landtags zur Entscheidung über das Volksbegehren erforderlich ist. Die Entscheidung hierüber kann aber wohl dem Präsidenten des Landtags vorbehalten bleiben.

Wenn das Volksbegehren eine Änderung der Verfassung, den Erlaß, die Änderung oder Aufhebung eines Gesetzes verlangt, hat der Landtag, soferne er das Volksbegehren als zulässig und rechtswirksam erachtet, sich weiter auch über den Gesetzentwurf des Volksbegehrens schlüssig zu machen. Nimmt er den Entwurf an, so ist dieser als Gesetz zu verkünden. Lehnt er ihn ab oder nimmt er Änderungen daran vor, so ist der Entwurf der Volksentscheidung durch Vermittlung des Staatsministeriums des Innern zu unterstellen (Art. 66 LWG., § 76 Abs. III der Verfassung).

Handelt es sich um ein Volksbegehren nach § 77 Abs. II der Verfassung, so ist auf Grund des Landtagsbeschlusses über die Zulässigkeit und Rechtswirksamkeit des Volksbegehrens gleichfalls die Volksentscheidung zu veranlassen, wenn er demselben nicht etwa bei dem Beschlusse nach § 45 BU. Rechnung trägt." Vgl. auch § 31 IV—VII der Geschäftsordnung des Landtages.

10. Mit Rücksicht auf § 10 II S. 1 BU. Das Gesamtministerium muß dafür sorgen, daß das Volksbegehren dann baldmöglichst vom Landtag behandelt wird. Hiezu muß es mit dem Präsidenten des Landtages Fühlung nehmen, damit dieser den Landtag einberuft, wenn die Verschiebung der Beschlußfassung des Landtages untunlich ist. Für den Sonderfall eines Volksbegehrens auf Einberufung des Landtages trifft Art. 29 eine Sonderbestimmung, um den Zweck eines solchen Volksbegehrens sicher zu stellen.

11. Die Kosten der Volksbegehren verteilen sich:

a) auf die Antragsteller; sie tragen die Kosten des Vorschlagsverfahrens und der Bereitstellung der Unterzeichnungslisten bis zum Einlauf bei den Gemeinden;

b) auf die Gemeinden; sie tragen alle bei ihnen nach dem Einlauf der Listen erwachsenden Kosten, ohne Anspruch auf Ersatz, also die Kosten für die Bekanntmachungen, die Auflage der Listen, die erforderlichen Räume und Personen, und die Weiterbeförderung der Listen;

c) auf den Staat; er trägt die Kosten des Schlußaktes, der Feststellung des Ergebnisses vom Einlauf der Listen bei den Bezirksämtern an.

Das RG. über den Volksentscheid v. 27. Juni 1921 (§ 47) legt die unter Buchst. a bezeichneten Kosten gleichfalls den Antragstellern auf; die dem Staat erwachsenden Kosten werden vom Reich übernommen, die Kosten der Gemeinden durch eine Pauschvergütung zu 4/5 ersetzt.

Art. 29.

Wenn das Volksbegehren auf Einberufung des Landtags[1] geht, hat das Gesamtministerium[2] den Präsidenten des Landtags hiervon zu verständigen.[3] Dieser hat den Landtag alsbald einzuberufen.[4]

1. S. Art. 10 I Z. 3 u. 30 I VU. Die Bestimmung enthält eine Ergänzung der Verfassung, um den Zweck des Volksbegehrens sicher zu stellen für den Fall, daß das Volksbegehren auf Einberufung des Landtages geht, in welchem Fall das Volksbegehren nach § 10 II VU. an das Gesamtministerium zu richten ist.

2. Ein solches Volksbegehren geht, da der Landtag nicht versammelt ist, immer nach Art. 10 II S. 1 VU. an das Gesamtministerium.

3. S. d. Begr. z. Gesetzentw. bei Art. 28 Anm. 9.

4. Vgl. § 30 I S. 2 VU.

III. Gemeinsame Bestimmungen für Landtagswahlen und Volksentscheidungen.

1. Stimmbezirke.

Art. 30.

I Wenn eine Landtagswahl[1] oder eine Volksentscheidung[2] anberaumt worden ist, teilen die

Bezirksverwaltungsbehörden,[3] in München, Nürnberg und Fürth[4] der Stadtrat, ihre Verwaltungsbezirke für die Abstimmungen bei Landtagswahlen und Volksentscheidungen in Stimmbezirke[5] ein.

II Die Stimmbezirke sollen möglichst mit den Gemeindebezirken zusammenfallen.

III Ein Stimmbezirk soll höchstens 2500 Einwohner nach der letzten allgemeinen Volkszählung umfassen.

IV Große Gemeinden können in mehrere Stimmbezirke zerlegt, kleine Gemeinden oder Teile von Gemeinden mit benachbarten Gemeinden oder Gemeindeteilen zu einem Stimmbezirk vereinigt werden.

Vgl. §§ 20 u. 21 LWO.

1. Die Anberaumung der Landtagswahl im Falle der Auflösung des Landtages oder des Ablaufes der Landtagsdauer ist nach § 65 V VU. Sache des Gesamtministeriums oder des von ihm damit betrauten Ministers des Innern. Bei einer Auflösung des Landtages sind nach § 32 VU. die Neuwahlen so anzuordnen, daß die Einberufung binnen 60 Tagen erfolgen kann.

Beim Ablauf der Wahldauer (4 Jahre) ist der Landtag vor Ablauf dieser Zeit neu zu wählen (§ 27 VU.). Er muß also spätestens am letzten Sonntag vor dem Tag, dessen Bezeichnung dem letzten Wahltag entspricht, gewählt werden (S. v. Jan VU. § 27 Anm. 1).

2. Die Anberaumung einer Volksentscheidung ist nach Art. 66 LWG. Sache des Staatsministeriums des Innern. In welchen Fällen eine solche anzuberaumen ist, ergibt sich aus §§ 30 IV, 76 III und 77 II VU. Sobald die hienach für eine Volksentscheidung erforderlichen verfassungsmäßigen Grundlagen gegeben sind, und nur in diesen Fällen ist eine solche anzuordnen.

3. Bezirksämter und kreisunmittelbare Städte.

4. Die Vorschrift ist für die Städte mit Polizeidirektionen nötig.

5. Der Stimmbezirk stellt die unterste räumliche Einteilung des Landes für Abstimmungszwecke dar.

Abs. II und III stellen den Grundsatz auf, daß Stimmbezirk und Gemeinde möglichst zusammenfallen sollen, jedoch kein Stimmbezirk über 2500 Einwohner (im Durchschnitt der letzten Wahlen etwa 1400 Stimmberechtigte und 1250 Abstimmende) zählen soll. Abs. IV gibt aber im übrigen völlig freie Hand in der Bildung der Stimmbezirke.

Große Gemeinden, also zunächst solche mit mehr als 2500 Einwohnern, können in mehrere Stimmbezirke zerlegt werden. Statt dessen können aber auch nur einzelne Teile einer solchen Gemeinde hiervon abgetrennt und mit einer oder mehreren anderen Gemeinden oder mit Teilen anderer Gemeinden zu einem Stimmbezirk vereinigt werden.

Kleine Gemeinden können entweder als Stimmbezirk bestimmt, oder aufgeteilt und mit benachbarten Gemeinden oder Teilen solcher zu Stimmbezirken vereinigt werden.

Die Entscheidung wird von dem Gesichtspunkt aus zu treffen sein, daß die Wahlbeteiligung allen auch abseits wohnenden Wählern tunlichst erleichtert wird, damit die Klagen über Schwierigkeit der Stimmrechtausübung namentlich auf dem Lande beseitigt werden. Doch darf der Stimmbezirk nicht so klein sein, daß dadurch das Wahlgeheimnis geschädigt wird.

Bei der Verbindung mit Gemeindewahlen ist zur Vermeidung von Unstimmigkeiten erforderlich, daß jede Gemeinde mindestens einen Stimmbezirk bildet und daß nicht Teile einer Gemeinde mit solchen anderen Gemeinden vereinigt werden.

2. Wahlvorstand.

Art. 31.

Die Bezirksverwaltungsbehörden, in München, Nürnberg und Fürth[1] der Stadtrat, bestimmen alsbald für jeden Stimmbezirk[2] Abstimmungsort,[3] Abstimmungsraum[4] und je einen Stimmberechtigten[5] als Wahlvorsteher und Vertreter hierfür.

Vgl. § 24 LWO.

1. S. Art. 30 Anm. 4.

2. S. Art. 30 Anm. 5.

3. Als Abstimmungsort wird ein Ort zu wählen sein, der für alle Stimmberechtigten des Stimmbezirks möglichst bequem zu erreichen ist.

4. Als Abstimmungsräume sind, soweit möglich, Räume in gemeindlichen Gebäuden zu bestimmen (§ 24 III LWO.).

5. Der Wahlvorsteher und sein Vertreter brauchen nicht im Stimmbezirk, in dem sie tätig werden sollen, stimmberechtigt zu sein. Über die Aufgaben des Wahlvorstandes §§ 22, 39 ff., des Vertreters § 23 III LWO. Die sonstigen Mitglieder des Wahlvorstandes bestimmt der Wahlvorsteher selbst. (Art. 32 und § 22 LWO.)

Art. 32.

Der Wahlvorsteher[1] beruft aus den Stimmberechtigten seines Stimmbezirkes[2] einen Schriftführer[3] und drei bis sechs Beisitzer.[4] Sie bilden mit ihm den Wahlvorstand.[5]

Vgl. §§ 22, 23 LWO.

1. S. Art. 31.

2. Im Gegensatz zum Wahlvorsteher und seinem Vertreter müssen die übrigen Mitglieder des Wahlvorstandes im Stimmbezirk stimmberechtigt sein.

3. Auch der Schriftführer muß, wie sich aus § 34 LWO. ergibt, im Stimmbezirk stimmberechtigt sein. Im Entwurf zum LWG. war eine andere Regelung vorgesehen. Der Anschluß an die damalige Bestimmung des Reichswahlgesetzes (§ 10 II) wurde aber zur Vermeidung von Verwechslungen für notwendig erachtet.

Inzwischen hat das RWG. seine Bestimmung geändert, ohne daß die bayr. Bestimmung bisher nachgefolgt ist.

Über die Aufgabe des Schriftführers vgl. §§ 23 V, 45 III, 46, 47, 53 II LWO.

Über seine Vertretung vgl. § 23 III LWO.

4. Die Zahl der Beisitzer bestimmt der Wahlvorsteher und zwar nach der Größe des Stimmbezirks und der Zahl der Stimmberechtigten. Für die Auswahl der Mitglieder des Wahlvorstandes gibt § 22 I LWO. nähere Anweisungen. Es sollen dabei nach Möglichkeit die im Stimmbezirk vertretenen Parteien beteiligt sein. Der Vertreter des Wahlvorstehers soll stets in den Wahlvorstand berufen werden. Über die Aufgaben der Beisitzer bestimmt § 23 II LWO.

5. Über die Aufgabe des Wahlvorstandes vgl. Art. 37, ferner §§ 37—57 LWO. Über die Zusammensetzung des Wahlvorstands bei Beginn der Abstimmung siehe § 23 I.

3. Abstimmung.

Art. 33.[1]

I Die Abstimmungen haben stattzufinden an einem Sonntag oder allgemeinen öffentlichen Ruhetag.[2]

II Sie dauern[3] in der Zeit vom 1. April bis 30. September von 8 Uhr vormittags bis 5 Uhr nachmittags, sonst von 9 Uhr vormittags bis 6 Uhr nachmittags. Sie können auf Grund einstimmigen Beschlusses des Wahlvorstandes schon früher geschlossen werden, wenn alle in der Wählerliste oder Wahlkartei eingetragenen Personen ihre Stimmen abgegeben haben.

III In Stimmbezirken mit weniger als 1000 Einwohnern kann die Bezirksverwaltungsbehörde, in München, Nürnberg und Fürth der Stadtrat, die Wahlzeit abkürzen.[4] Die Wahlzeit darf jedoch nicht später als 10 Uhr vormittags beginnen.

1. Fassung der Abs. II u. III durch G. v. 21. Juli 1921.

2. Es muß sich um einen staatlich als solchen im ganzen Lande anerkannten Ruhetag handeln, z. B. die zweiten Feiertage der hohen Feste, Weihnachten, Christi Himmelfahrt.

3. Die Begr. zum Entwurf führte hiezu aus:

„Bei den letzten Wahlen (1919) dauerte die Wahlzeit von 9 Uhr vormittags bis 8 Uhr abends. Man hielt diese Zeit für notwendig, um die durch die gewaltig gestiegene Wählerzahl erheblich gewachsene Arbeit zu bewältigen. Die Erfahrung hat aber gezeigt, daß gerade die letzten Stunden nur mehr wenig zu Stimmabgaben benützt werden. Daher scheint der Schluß der Stimmabgabe um 6 Uhr zulässig. Dadurch werden auch zwei Stunden Arbeitszeit zur Feststellung des Wahlergebnisses gewonnen. Neu ist die Bestimmung, daß die Wahl geschlossen werden kann, sobald sämtliche in der Wählerliste eingetragenen Personen ihre Stimme abgegeben haben. Die Bestimmung ist für kleine Verhältnisse auf dem Lande schon oft als notwendig empfunden worden. Auf Wähler nach Art. 18 bis 20 (jetzt 14—16) braucht hier wohl keine Rücksicht genommen werden. Auch sie haben zu Beginn der Wahlzeit reichlich Zeit, ihre Stimme abzugeben."

Die Bestimmungen sind nunmehr durch G. vom 21. Juni 1921 den Bestimmungen der Reichsstimmordnung (§ 112) angepaßt worden.

Nach dem Wahlschluß dürfen nur noch die um diese Zeit schon im Abstimmungsraum anwesenden Personen zur Stimmabgabe zugelassen werden. Insoweit bildet § 50 LWO. eine Auslegung des Art. 33 LWG. (vgl. § 119 RWO.). Der frühere Schluß nach Satz 2 erfordert einen einstimmigen Beschluß des Wahlvorstandes.

Die maßgebende Uhr bestimmt der Wahlvorstand, und zwar für Beginn und Ende die gleiche, soweit möglich eine öffentliche Uhr am Abstimmungsort.

4. Abs. III ist durch G. v. 21. Juni 1921, entsprechend der Bestimmung in § 112 S. 2 der RStO. eingeschaltet worden; doch kann die Abkürzung nur in einem späteren Beginn der Abstimmung, nicht in einem früheren Schluß bestehen. Vgl. § 28 II LWO. Anders § 119 RStO. Die Abweichung ist bewußt und gewollt. Bei Verbindung von Reichstags- und Landtagswahlen ist daher auch für erstere kein früherer Schluß festzusetzen. Auch in Nürnberg-Fürth sind jetzt hiefür die Stadträte zuständig.

Art. 34.

I Während der ganzen Dauer der Abstimmung und Ergebnisermittlung ist den Stimmberechtigten[1] die Anwesenheit im Abstimmungsraume gestattet, soweit sie ohne Störung[2] möglich ist. Der Wahlvorstand ist befugt, Personen, welche die Ruhe und Ordnung stören, aus dem Abstimmungsraume zu verweisen. Sie dürfen zuvor ihre Stimme abgeben.

II Im Abstimmungsraume dürfen, von den Verhandlungen und Beschlüssen des Wahlvorstandes abgesehen, weder Beratungen stattfinden, noch Ansprachen gehalten, noch Beschlüsse gefaßt werden.[3]

Vgl. § 38 LWO.

1. Alle, auch die nicht im Stimmbezirk Stimmberechtigten sind zur Anwesenheit berechtigt. Der Wahlvorstand kann aber auch andern Personen die Anwesenheit gestatten. Nur haben Nichtstimmberechtigte keinen Anspruch auf Zulassung, z. B. Angestellte der Wirtschaft.

2. Eine Störung ist nicht nur durch das Verhalten der Stimmberechtigten, sondern auch durch die Überfüllung des Raumes möglich. Wenn ein Abstimmungsraum soweit gefüllt ist, daß der Zutritt weiterer Personen eine Überfüllung hervorrufen würde, kann der weitere Zutritt solange versagt werden, bis Raum wird.

Wenn es sich darum handelt, Raum für den Zutritt weiterer Stimmberechtigter, die noch nicht abgestimmt haben, zu schaffen, werden Personen, die abgestimmt haben und kein besonderes Interesse am weiteren Verweilen dartun können, also z. B. nicht Parteivertreter, zur Entfernung aufzufordern sein. Der Wahlvorstand kann auch laute Privatgespräche, die ihn in seiner Arbeit stören, verbieten.

Nicht allgemein verboten ist hienach die Einrichtung von Parteistandquartieren im Abstimmungsraum. Sie kann aber untersagt werden, wenn nach den örtlichen Verhältnissen durch den Verkehr, der damit verbunden ist, eine Störung des Abstimmungsgeschäftes eintritt. Besser werden solche Parteibüros in Neben- oder Vorräumen untergebracht.

3. Verboten ist jede Wahlpropaganda durch das gesprochene Wort.

Art. 35.

Die Abstimmung wird in Person[1] durch nichtunterschriebene[2] Stimmzettel[3] ausgeübt, die die Abstimmenden dem Wahlvorsteher eigenhändig oder, wenn sie durch ein körperliches Gebrechen hieran gehindert sind, unter Beihilfe einer Vertrauensperson[4] zu übergeben haben.

Vgl. §§ 43—48 LWO.

1. Stellvertretung ist also vollständig ausgeschlossen. Der Wahlvorsteher hat Stimmzettel, die irgend jemand für eine andere Person übergeben will, und sei es selbst der Ehemann oder die Ehefrau, Vater oder Vormund, unbedingt zurückzuweisen.

2. Unterschriebene Stimmzettel sind nach Art. 53 I Z. 2 LWG. ungültig.

3. Durch G. v. 18. Juli 1925 wurden die Worte „in abgestempelten Umschlägen" gestrichen, da man das Wahlgeheimnis auch ohne solche Umschläge als gesichert erachtete und bei Verbindung mehrerer Wahlen leicht

Verwechslungen beim Gebrauch von Wahlumschlägen vorkommen können. Bei Reichstagswahlen sind Wahlumschläge vorgeschrieben.

4. Die Tätigkeit der Vertrauensperson bei der Behandlung der Stimmzettel in der Wahlzelle und bei ihrer Übergabe darf nur in Gegenwart des Abstimmenden vor sich gehen und sich nur soweit erstrecken, als das körperliche Gebrechen des Abstimmenden es unbedingt erforderlich macht. Ein Blinder z. B. kann zwar zur Urne geführt werden, muß aber seinen Stimmzettel selbst abgeben. Ein Invalide aber, dem beide Arme fehlen, kann seinen Stimmzettel durch eine Vertrauensperson, aber nur bei persönlicher Anwesenheit übergeben lassen (§ 44 LWO.). Dies folgt aus dem Wort „Beihilfe".

Art. 36.

In einem Nebenraum oder durch eine Absonderungsvorrichtung ist Vorsorge dafür zu treffen, daß der Abstimmende auf dem amtlichen Stimmzettel[1] seine Abstimmung unbeobachtet[2] ersichtlich[3] machen kann.

Vgl. § 26 LWO.

Fassung durch G. v. 18. Juli 1925, Änderung durch Einführung der amtlichen Stimmzettel und Abschaffung der Wahlumschläge veranlaßt.

1. Vgl. Art. 39 II. Der amtliche Stimmzettel wurde durch G. v. 18. Juli 1925 für die Landtagswahl eingeführt.

2. Hieraus folgt, daß immer nur eine Person in der Absonderungsvorrichtung sich befinden darf. Ausnahme Art. 35.

3. Vgl. Art. 51 II. Hier ist bestimmt, in welcher Weise die Stimmabgabe ersichtlich zu machen ist.

Art. 37.

Der Wahlvorstand entscheidet[1] über alle bei der Abstimmung sich ergebenden Anstände,[2] sowie, vorbehaltlich der endgültigen Entscheidung des Landtags,[3] über die Gültigkeit der Stimmzettel.[4]

Vgl. §§ 43 II, 45 VI, 54 LWO.

1. Der Wahlvorstand entscheidet mit Stimmenmehrheit seiner bei der einzelnen Beschlußfassung anwesenden Mitglieder. Bei Stimmengleichheit entscheidet die Stimme des Wahlvorstehers oder seines Vertreters (§ 23 IV LWO.). Mindestens müssen 4 Mitglieder des Wahlvorstands teilnehmen, darunter stets der Wahlvorsteher oder sein Vertreter.

2. Anstände können sich z. B. ergeben im Hinblick auf Art. 34, ferner hinsichtlich der Zulassung von Personen, die ihre Stimme abgeben wollen, zur Abstimmung, auch bei der Zulassung von Wählern mit Wahlscheinen. Wenn etwa bei der Abstimmung eines früher Erschienenen eine Verwechslung vorgekommen ist und ein Abstimmvermerk bei einem falschen Namen gemacht worden ist, der Sachverhalt aber einwandfrei festgestellt werden kann, ist die Richtigstellung zulässig.

3. Bei der Wahlprüfung nach Art. 62 LWG. (§ 33 WU.).

4. Die Entscheidung über die Gültigkeit der Stimmzettel ist bei Feststellung des Abstimmungsergebnisses zu fällen (Art. 52 u. 53, ferner 69 u. 70). Dabei sind auch die in diesen Artikeln verlangten Feststellungen zu machen. Die Entscheidung des Wahlvorstandes ist bindend für den Kreis- und Landeswahlausschuß (Art. 56 I), nicht für den Landtag (Art. 62).

4. Abstimmung in Kranken- und Pflegeanstalten.

Art. 38.

Die Abstimmung in Kranken- und Pflegeanstalten[1] kann durch die Vollzugsvorschriften[2] anderweitig[3] geregelt werden.

Vgl. § 51 LWO.

1. Hierunter fallen öffentliche und private Krankenhäuser u. Kliniken, Entbindungsanstalten, Wöchnerinnenheime, Pfründneranstalten, Erholungsheime, Lazarette usw. Als Krankenanstalten gelten alle Anstalten, die mit Kranken oder Rekonvaleszenten sich befassen.

2. Die LWO. (§ 51).

3. Um den Insassen solcher Anstalten die Teilnahme an der Abstimmung zu ermöglichen, können die Bestimmungen des LWG., die diese verhindern würden, für solche Fälle geändert werden.

Die Stimmabgabe hat allgemein in den gemäß Art. 31 bestimmten Abstimmungsräumen zu erfolgen. Jeder Stimmberechtigte, der seine Stimme abgeben will, hat sich also dorthin zu begeben, und, wenn er hiezu ohne besondere Hilfe nicht imstande ist, ist es seine Sache, sich dorthin verbringen zu lassen. Eine Stimmabgabe außerhalb des allgemeinen amtlichen Abstimmungsraumes war früher nicht möglich. Bei der Landtagswahl 1919 wurde jedoch mit Rücksicht auf die immerhin erhebliche Anzahl von Kriegsbeschädigten, die damals noch in Lazaretten und Krankenhäusern sich befanden und nicht transportfähig waren, für diese eine Sonderregelung getroffen, in der Weise, daß „fliegende" Wahlvorstände in den einzelnen Räumen solcher Anstalten die Stimmen in Empfang nahmen. Das Gesetz hat diese Einrichtung auch für die Zukunft zugelassen und die LWO. hat in § 51 die erforderlichen Bestimmungen getroffen. Auch die RStO. hat in §§ 39 u. 111 diese Einrichtung übernommen. Sie hat bei den Wahlen 1920 und 1924 sich weiter eingelebt.

Die Einrichtung weicht hinsichtlich der Bildung der Stimmbezirke (§ 21 LWO.), hinsichtlich der Dauer der Abstimmungszeit und der Form der Stimmabgabe (§ 51 LWO.), ihrem Zweck entsprechend von den regelmäßigen Bestimmungen hierüber ab. An Stelle der Wählerlisten wird nur auf Grund von Wahlscheinen gewählt.

5. Kosten der Abstimmungen.

Art. 39.

[1] Die Kosten für die Bereitstellung des Abstimmungsraumes und der für die Abstimmung sonst

nötigen Gegenstände tragen die Gemeinden, alle übrigen Kosten trägt der Staat.[1]

II Die Stimmzettel werden für jeden Stimmkreis amtlich hergestellt in der Weise, daß die Stimmzettel die sämtlichen für den Stimmkreis aufgestellten Bewerber mit dem Kennworte des Wahlvorschlages enthalten, dem die Bewerber angehören.[2]

III Die in diesem Gesetze zum Vollzuge der Abstimmungen vorgesehenen Ämter[3] sind Ehrenämter, wofür keine Vergütung beansprucht werden kann.

1. Die Bestimmung entspricht dem bisherigen Rechtszustand. Die Gemeinden haben hienach außer für den Abstimmungsraum auch noch für die nötige Einrichtung dieses Raumes (Tische, Stühle, Schreibzeug, Tinte, Kerzen, Siegellack), für die Absonderungsvorrichtung (Art. 36), etwaige Absperrungsvorrichtungen zur Regelung des Ab- und Zugangs der Stimmberechtigten, die Wahlurnen, die zur Auflage nach § 42 II LWO. nötigen Abdrucke des Gesetzes und der Wahlordnung, bei Volksentscheidungen für die in § 42 III LWO. vorgeschriebenen Anschläge Sorge zu tragen. Die Kosten der Wählerlisten und alle sonstigen Kosten, nunmehr auch der amtlichen Stimmzettel, trägt der Staat. Zu den Kosten der Wählerlisten gehören auch die Kosten einer etwa erforderlichen Personenstandsaufnahme. Nicht ersatzfähig sind Gehaltsteile von ständigen Beamten und Hilfskräften, wohl aber Entlohnungen für Überstunden und für besonders eingestellte Aushilfskräfte. Ersatzfähig sind die Kosten für die Abgabe der amtlichen Stimmzettel im Wahlraum. (§ 45 I LWO.).

Anders ist die Regelung im Reich. Nach § 39 RWG. erstattet das Reich den Gemeinden ihre Kosten in Höhe von $^4/_5$ der ihnen erwachsenen Auslagen.

2. Der amtliche Stimmzettel ist bei den Reichstagswahlen 1924 durch das RG. v. 6. März 1924 eingeführt worden; er ist auch bei den bayr. Gemeindewahlen 1924 in den größeren Städten verwendet worden. Er hat sich überraschend gut und rasch eingeführt und eingelebt. Sein Vorteil ist, daß er das Verfahren vereinfacht und verbilligt, sein Nachteil, daß er die Beteiligung kleiner Parteien und Gruppen, die bisher vielfach an der Aufbringung der Kosten für die Stimmzettel gescheitert ist, an der Wahl erheblich erleichtert, also die Parteizersplitterung fördert.

Die Stimmzettel werden für jeden Stimmkreis gesondert hergestellt und enthalten die Kennworte der beteiligten Wahlvorschläge mit den Namen der im Stimmkreis aufgestellten Bewerber. Die Reihenfolge der Wahlvorschläge richtet sich nach dem Einlauf der Wahlvorschläge beim Kreiswahlleiter (§ 27 III LWO.). Wenn für einen Wahlvorschlag in einem Stimmkreis kein Bewerber aufgestellt ist, entfällt die Möglichkeit, in diesem Stimmkreis für den betreffenden Wahlvorschlag Stimmen abzugeben.

3. Diese Ämter sind die des Wahlleiters, der Wahlausschußmitglieder, der Wahlvorsteher und Wahlvorstandsmitglieder. Die etwa zu den Arbeiten beigezogenen Hilfsarbeiter (Art. 6 V LWG.) können dagegen eine Vergütung erhalten. Insbesondere können auch die Vertrauensmänner der Wahlvorschläge, die nach Art. 6 Mitglieder der Wahlausschüsse sind, auch wenn sie von auswärts stammen, vom Staate keine Vergütung beanspruchen. Die LWO. hat übrigens in § 31 II ausgesprochen, daß die Vertrauensmänner möglichst am Sitze des Wahlleiters wohnen sollen.

IV. Besondere Bestimmungen für die Landtagswahlen.

1. Abgeordnete, Wahlkreise, Stimmkreise, Wählbarkeit.

Art. 40.

Der bayerische Landtag wird auf die Dauer von vier[1] Jahren in allgemeiner,[2] gleicher,[3] geheimer[4] und unmittelbarer[5] Wahl nach den Grundsätzen des Verhältniswahlrechts[6] gewählt.

1. § 27 BU. (vor 1918 auf sechs Jahre). Über die maßgebenden Grundsätze s. § 26 BU. mit Art. 17 I RV.

2. = ohne Unterschied von Geburt, Geschlecht, Glauben, Beruf, Einkommen, Vermögen, Wohnsitzdauer.

3. = ohne Unterschied der Wirkung der einzelnen Stimme (kein Pluralwahlrecht).

4. = ohne Bekanntgabe der Abstimmung des Einzelnen und ohne Möglichkeit ihrer Ermittelung.

5. = durch einmalige Stimmabgabe nur durch die Wähler ohne Einschaltung gewählter Wahlmänner.

6. Die Grundsätze des Verhältniswahlrechtes verlangen die Vergebung der Abgeordnetensitze an die an der Wahl beteiligten Gruppen nach dem Verhältnis der bei der Wahl für sie abgegebenen Stimmen.

Art. 41.[1]

I Das ganze Land wird in acht Wahlkreise[2] entsprechend den Regierungsbezirken[3] eingeteilt.

II Für das ganze Land sind — vorbehaltlich der Bestimmungen in Art 55, 57, 61[4]—113[5] Abgeordnete zu wählen. Hiervon treffen auf

Oberbayern	25
Niederbayern	12
Pfalz	14
Oberpfalz	10
Oberfranken mit Coburg . .	12
Mittelfranken	15
Unterfranken	12
Schwaben	13

1. Abs. II ist durch G. v. 21. Juli 1921 und neuerdings durch G. v. 6. Febr. 1924 geändert worden.

2. Die Wahlordnung v. 7. Dez. 1918, die erste bayr. Vorschrift für das Landtagswahlrecht mit Verhältniswahl kannte keine Einteilung des Landes in Wahlkreise, sondern sah das ganze Land als einen Wahlkreis an. Die nachträgliche Abtrennung der Pfalz und die Bildung eines eigenen Wahlkreises hiefür war nur durch die Besetzung veranlaßt. Auch der Regierungsentwurf zum LWG. wollte das ganze Land als einen Wahlkreis behandeln, in dem jeder auf einem Wahlvorschlag enthaltene Bewerber überall gültige Stimmen erhalten konnte. Diese Bestimmung fand jedoch im Landtag keine Annahme. Der Landtag wünschte vielmehr die Berücksichtigung der Unterschiede hinsichtlich der Wahlberechtigtenziffern und der Wahlbeteiligungsmöglichkeit in Stadt und Land (s. oben Wahlstatistik Ziff. 1 u. 2 S. 21) und griff daher zu dem Mittel der Schaffung mehrerer Wahlkreise und der Verteilung der Sitze auf diese, wobei allerdings von der unbedingten Bindung der Sitze an die Wahlkreise abgesehen wurde. Daneben blieben die schon 1918 eingeführten Sitze der „Landesabgeordneten" (Art. 42) bestehen.

Die Wahlkreise sind von Bedeutung:

a) Für die Aufstellung der Wahlvorschläge. Diese sind für die Wahlkreise aufzustellen (Art. 46 I S. 2);

b) für die Aufstellung der Bewerber. Sie können jeder nur in einem Wahlkreis, nicht in mehreren Wahlkreisen aufgestellt werden (Art. 46 IV). Das Sammeln von Stimmen für einen Bewerber im ganzen Land, wie es 1919 möglich war, ist also nach dem LWG. ausgeschlossen. Allerdings kann durch die Aufstellung von Strohmännern diese Bestimmung umgangen werden. Doch hat Art. 55 IV in der Fassung v. 18. Juli 1925 ein solches Verfahren jetzt etwas riskant gemacht;

c) für die Feststellung der Ergebnisse und die Sitzeverteilung unter den verschiedenen Wahlvorschlägen (Parteien). Diese erfolgt nach Art. 54 zunächst nach den Ergebnissen im Wahlkreis.

Ohne Bedeutung sind sie für die Gültigkeit der

Stimmen. Es besteht nämlich nicht Freizügigkeit für die Abstimmung im Wahlkreis, sondern Bindung an die im Stimmkreis, der Unterabteilung der Wahlkreise, aufgestellten Bewerber. Die auf einen Bewerber entfallenen Stimmen sind nicht schon dann, wenn er im Wahlkreis, aber in einem andern Stimmkreis als Bewerber aufgestellt ist, sondern nur dann für ihn gültig, wenn er in dem Stimmkreis, in dem sie abgegeben wurden, als Bewerber aufgestellt ist.

3. Die Wahlkreise entsprechen den Regierungsbezirken und zwar in den Grenzen, wie sie bei der letzten Neufassung des Art. 41, und der letzten Neueinteilung der Stimmkreise bestanden haben. Änderungen der Grenzen der Regierungsbezirke, die seitdem erfolgt sind, sind ohne Bedeutung für die Einteilung der Wahlkreise. Diese kann, da das LWG. Verfassungsgesetz ist (Art. 79), nur mit der Mehrheit des § 92 VU. geändert werden.

4. Die Abgeordneten sind nach einem bestimmten Schlüssel (s. Anm. 5) auf die 8 Kreise verteilt in der Absicht, diesen ihre Vertretung im Landtag, unabhängig von der Wahlbeteiligung zu sichern. Doch ist an der festen Verteilung auf die Kreise nicht unbedingt festgehalten, sondern für die Fälle, in denen ein Wahlvorschlag einen ihm zustehenden Sitz nicht besetzen kann, weil er in dem Wahlkreis keinen noch nicht gewählten Bewerber mehr zur Verfügung hat, ist zugestanden, daß an seiner Stelle ein zur gleichen Partei, aber in einem anderen Kreis gehörender Bewerber zum Zug kommt. Die Sitze sollen also eher aus dem Kreis, als aus der Partei abwandern. Die §§ 55, 57, 58 und 61 LWG. enthalten die Fälle, in denen dieses Abwandern der Sitze möglich und zulässig ist. Über die Wirkung dieser Bestimmungen bei den letzten Wahlen siehe oben S. 22.

5. Die Abgeordnetensitze waren im G. v. 12. Mai 1920 nach dem Grundsatz: „auf je 50000 Einwohner ein Abgeordneter, für einen Rest von mehr als 25000 Einwohner im einzelnen Kreis ein weiterer Abgeordneter" auf die 8 Kreise verteilt. Hienach ergaben sich für

Oberbayern	32	Oberfranken	13
Niederbayern	15	Mittelfranken	19
Pfalz	17	Unterfranken	15
Oberpfalz	12	Schwaben	17

insgesamt 140 Abgeordnete. Mit den 15 Landesabgeordneten nach Art. 42 bestand der Landtag also (ohne die 3 Vertreter von Coburg) aus 155 Abgeordneten, gegen 163 nach dem LWG. v. 9. April 1906, gegen 180 bei den Wahlen 1919 und 176, wie sie sich nach § 26 II VU. (auf 40000 Einwohner 1 Abgeordneter) ergeben hätten. Coburg war nach dem Staatsvertrag über die Vereinigung mit Bayern berechtigt, drei Mitglieder in den bayr. Landtag abzuordnen, die zunächst nur beratende Stimme, vom Tage der Vereinigung an (1. Juli 1920) aber Sitz und Stimme bis zur nächsten Neuwahl hatten.

Um diese vorzubereiten, wurde zunächst durch das G. v. 21. Juli 1921 die Zahl der Sitze für Oberfranken (unter Einschluß von Coburg) auf 15 und damit die Gesamtzahl auf 157 erhöht, wobei Coburg aber noch als eigener Wahlkreis mit 2 Abgeordneten bestimmt wurde. Ehe es zur Neuwahl kam, beschloß jedoch der Landtag am 20. Dez. 1923, die Zahl der Abgeordneten um mindestens ein Drittel zu vermindern (s. Einleitung S. 16). Das G. v. 6. Febr. 1924 kam auf der Grundlage von je 62000 Einwohnern für einen Abgeordneten auf 113 Abgeordnete. Die Sonderstellung von Coburg als eigener Wahlkreis mit 2 Abgeordneten (Oberfranken mit 11) blieb für die Wahl von 1924 noch aufrechterhalten, sodaß 1924 noch 114 Abgeordnete in den Wahlkreisen zu wählen waren. Mit den 15 Landesabgeordneten gemäß Art. 42 bestand der Landtag von 1924—1928 also aus 129 Abgeordneten. Bei der Wahl 1928 fällt die auf Art. 1 Ziff. 6 des G. v. 21. Juli 1921 und Art. 6 des G. v. 6. Febr. 1924 beruhende Ausnahmebestimmung für Coburg weg. Coburg bildet von da an nicht mehr einen Wahlkreis für sich, sondern ist Oberfranken eingegliedert, so daß für Oberfranken die 1924 beschlossene Stimmkreiseinteilung mit 12 Stimmkreisen 1928 erstmals zur Anwendung kommt. Der Landtag besteht von da an aus 113 + 15 = 128 Abgeordneten.

Art. 42.

Außerdem werden 15 Abgeordnete[1] den Gesamtwahlvorschlägen[2] (Art. 55) und den nicht zu einem Gesamtwahlvorschlag vereinigten Einzelwahlvorschlägen[3] nach dem Verhältnis ihrer Stimmenzahlen im ganzen Lande[4] zur Benennung[5] zugeteilt (Landesabgeordnete).

Vgl. §§ 61, 62 LWO.

1. Die Einrichtung der „Landesabgeordneten" ist durch die Wahlordnung vom 7. Dezember 1918 (§ 1 IV) geschaffen worden. Auch der Regierungsentwurf zum LWG. und dieses Gesetz haben sie beibehalten. Es handelt sich dabei um Sitze, die den Parteien nach dem Verhältnis ihrer im ganzen Land errungenen Stimmen zur freien Besetzung zugeteilt werden. Die Begründung zum Entwurf führte hiezu folgendes aus:

„Die ausnahmsweise Behandlung der Landtagsabgeordneten beruht auf folgenden Erwägungen:

Es ist möglich, daß Wahlbewerber, auf deren Mitarbeit im Landtag die Parteien besonderes Gewicht legen, infolge von Zufälligkeiten, die bei der Verhältniswahl, selbst bei gebundenen Listen sich nicht vermeiden lassen, nicht gewählt werden.

Diese Möglichkeit kann sich bei der einnamigen Wahl namentlich dadurch ergeben, daß die Erwartungen, die bei der Aufstellung der Wahlvorschläge und der Verteilung der Stimmkreise unter die einzelnen Bewerber hinsichtlich des Wahlerfolges der Partei in den einzelnen Stimmkreisen gehegt wurden, sich nicht ganz erfüllen. Die Wahlordnung vom 7. Dezember 1918 hat daher vorgesehen, daß neben den auf Grund von Wahlvorschlägen zu wählenden 163 Abgeordneten 17 Abgeordnete auf die einzelnen Wahlvorschläge nach dem Verhältnis ihrer im ganzen Land errungenen Stimmenzahlen verteilt werden. Die Parteien konnten die Bewerber für die ihnen nach ihrem Stimmenverhältnis aus der Zahl der 17 Landtagsabgeordneten zustehenden Sitze aus den Bewerbern ihrer Wahlvorschläge frei benennen. Die gemachten Erfahrungen lassen es angezeigt erscheinen, die Einrichtung auch fernerhin beizubehalten, als ein gewisses Gegengewicht gegen die Unberechenbarkeiten der Verhältniswahl.

Es kann allerdings die Frage aufgeworfen werden, ob hierin noch eine Wahl im Sinne der Verfassung zu erblicken ist. Es ist zu beachten, daß die betreffenden Bewerber ebenso wie die anderen Bewerber zur Wahl gestanden haben und daß bei ihnen nur hinsichtlich der Reihenfolge für den Eintritt in den Landtag eine ausnahmsweise Behandlung vorliegt. Es ist an sich durchaus nicht notwendig, daß die Feststellung der auf die einzelnen Wahlvorschläge treffenden Zahlen für die gewählten Abgeordneten und die Landesabgeordneten getrennt von einander erfolgt. Die Gesamtzahl der Abgeordneten könnte auch im ganzen auf die Wahlvorschläge nach dem Verhältnis ihrer Stimmenzahlen verteilt werden, dann wäre kein Zweifel mehr möglich, daß die sämtlichen, den einzelnen Wahlvorschlägen hiernach zustehenden Abgeordnetensitze ihnen auf Grund der bei der Wahl zufallenden Stimmen zustehen, daß also für sämtliche Sitze eine Wahl zugrunde liegt. Unbeschadet des Fortbestandes der wirklichen Wahl aller Abgeordneten könnte dann die Besetzung der Sitze in der Weise erfolgen, daß ein Teil hiervon, etwa neun Zehntel, in der Reihenfolge der Bewerber nach ihrer Stimmenzahl, der Rest aber durch Benennung seitens des Vertrauensmannes des Wahlvorschlags vergeben wird. Sachlich bestünde nur ein geringer Unterschied von dem bei der letzten Landtagswahl eingeschlagenen Verfahren. Die Reichsregierung hat übrigens gegen die Bestimmung des Entwurfes nichts erinnert, wenn die Zahl der Landtagsabgeordneten auf einen kleinen Bruchteil der Abgeordneten beschränkt bleibt und die Namen der Landesabgeordneten in den vor der Wahl ordnungsgemäß eingereichten Wahlvorschlägen bereits enthalten waren".

Jedenfalls steht dieses Verfahren der unmittelbaren Wahl durch die Stimmberechtigten näher, als die im

RWG. vorgesehene Berufung von Abgeordneten nach der Reichswahlliste (§ 32 RWG.).

2. Da die Verteilung der Sitze der 15 Landesabgeordneten nach dem Verhältnis der Stimmenzahlen im ganzen Land erfolgt, ist eine Zusammenfassung der Ergebnisse aus den Wahlkreisen erforderlich. Sie erfolgt in der aus Art. 55 I ersichtlichen Weise, indem die Kreiswahlvorschläge, die das gleiche Kennwort ohne jede Abweichung tragen, als zusammengehörig behandelt werden. Das LWG. drückt dies dadurch aus, daß es die zusammengehörigen Kreiswahlvorschläge als „Gesamtwahlvorschlag" bezeichnet. Diese nehmen mit ihren aus den sämtlichen Wahlkreisen zusammengefaßten Ergebnissen an der Verteilung der Sitze der Landesabgeordneten teil. Aus jedem Wahlkreis kann nur ein Wahlvorschlag an einem Gesamtwahlvorschlag sich beteiligen. Denn in einem Wahlkreis kann ein und dasselbe Kennwort nur bei einem Wahlvorschlag, nicht bei mehreren Wahlvorschlägen vorkommen (Landtagsdrucksache 1351 S. 95). Ein Gesamtwahlvorschlag kann also 2—8 Kreiswahlvorschläge umfassen.

3. Neben den Gesamtwahlvorschlägen sind an der Verteilung der Sitze der Landesabgeordneten auch noch die nicht an einem Gesamtwahlvorschlag beteiligten, also für sich allein stehenden „Einzelwahlvorschläge" (oder „selbständigen Kreiswahlvorschläge", wie sie Art. 55, 58 und 64 nennen) von selbst beteiligt. Ihre Aussichten, einen der 15 Sitze zu erhalten, sind allerdings neben den Gesamtwahlvorschlägen nicht besonders groß. Die Verteilungszahl für die Sitze der Landtagsabgeordneten betrug 1919: 186504 (in der Pfalz: 141745), 1920: 162176, 1924: 163724 Stimmen. Diese Zahlen erreicht ein einzelner Wahlvorschlag in einem Wahlkreis nur ganz ausnahmsweise. Kreiswahlvorschläge, die sich nicht einem Gesamtwahlvorschlag durch die Annahme eines gemeinsamen Kennwortes anschließen, verzichten also im allgemeinen damit im Voraus auf die Beteiligung an den 15 Landesabgeordnetensitzen.

4. Die nähere Bestimmung hierüber trifft Art. 58.

5. Der Landeswahlausschuß stellt nur fest, wieviele Sitze auf die beteiligten Gesamtwahlvorschläge und Einzelwahlvorschläge treffen. Die Bezeichnung der Personen, denen die Sitze zufallen sollen, ist Sache der Vertreter des Wahlvorschlages (Art. 58 V). Sie sind nur durch die Bestimmung gebunden, daß die von ihnen Bezeichneten den auf einem Wahlvorschlag verzeichneten, noch nicht gewählten Bewerbern entnommen sein müssen. Im übrigen besteht volle Freiheit der Benennung. Vgl. §§ 61, 62 LWO.

Art. 43.

Die Wahlkreise[1] werden in so viele Stimmkreise[2] eingeteilt, als Abgeordnete im Wahlkreise zu wählen sind.[3] Die Einteilung regelt die Anlage,[4] die Bestandteil des Gesetzes[5] ist.

1. Vgl. Art. 41 Anm. 2.

2. Die Stimmkreise stellen eine Untereinteilung der Wahlkreise dar. Sie sind diesen in ihrer Bedeutung aber nicht gleich. Sie sind ohne Bedeutung für die Feststellung der Ergebnisse und die Sitzeverteilung unter die verschiedenen Wahlvorschläge (Parteien). Denn diese geht nach den Ergebnissen im ganzen Wahlkreis vor sich. Sie sind aber von Bedeutung:

a) für die Aufstellung der Wahlvorschläge, weil für jeden Bewerber der Stimmkreis oder die Stimmkreise bezeichnet werden müssen, für die er aufgestellt ist;

b) für die Aufstellung der Bewerber; bei jedem Bewerber muß angegeben sein, in welchen Stimmkreisen er sich bewirbt. In jedem Stimmkreis kann für jeden Wahlvorschlag nur ein Bewerber aufgestellt werden;

c) vor allem für die Gültigkeit der Stimmabgabe. Nach Art. 51 können die Stimmberechtigten ihre Stimme nur für einen der Bewerber abgeben, die für den Stimmkreis aufgestellt sind. Die Wähler sind also insoweit hinsichtlich ihrer Abstimmung gebunden, wenn sie sich nicht darauf beschränken wollen, nur für eine Partei ohne Benennung einer Person zu stimmen.

Es ist hienach unrichtig anzunehmen, daß die Einteilung der Stimmkreise ohne besondere Bedeutung ist. Dies trifft nur im Verhältnis der verschiedenen Wahlvorschläge zueinander zu. Denn dieses bestimmt sich nur nach den im ganzen Wahlkreis, also in dessen sämtlichen Stimmkreisen insgesamt abgegebenen Stimmenzahlen. Dagegen sind die Stimmkreise sowohl hinsichtlich ihrer Größe überhaupt als auch hinsichtlich der Zusammensetzung hinsichtlich der Wähler, also hinsichtlich der politischen Gesinnung ihrer Einwohner für die Wahl der einzelnen Bewerber im Verhältnis zu den übrigen Bewerbern des gleichen Wahlvorschlags von großer Bedeutung, da die Bewerber die Stimmen, nach denen sich die Festsetzung ihrer Reihenfolge für die Sitzeverteilung innerhalb des Wahlvorschlages vollzieht, nur in den Stimmkreisen bekommen können, für die sie aufgestellt sind. Deshalb haben auch die verschiedenen Parteien für die Festsetzung der Stimmkreisgrenzen unter Umständen ganz verschiedene Interessen und es ist verständlich, daß man ihre Abänderung möglichst zu erschweren trachtete. Jeder solchen Einteilung haften die Mängel eines Kompromisses an. Eine irgendwie gestaltete Einteilung der Wahlkreise ist jedoch notwendig, wenn der Grundsatz der einnamigen Wahl (d. h. der Abstimmung für einen einzigen Bewerber, im Gegensatz zur Listenwahl, der Abstimmung für eine Mehrheit von Bewerbern, wie sie nach dem RWG. üblich ist, aber vielfach mit Recht angefeindet und angegriffen wird) durchgeführt werden soll, zumal wenn die Wahl mit dem amtlichen Stimmzettel sich vollziehen soll. Nur durch die Einschaltung der einmännigen Stimmkreise kann auch die Verbindung zwischen Wählern und Gewählten, auf die von den Wählern immer noch großer Wert gelegt wird, verwirklicht werden, soweit dies bei der Verhältniswahl überhaupt möglich ist.

3. Die Bestimmung beruht auf dem dem Mehrheitswahlverfahren entnommenen Gedanken, daß für jeden Abgeordneten ein örtlich abgegrenzter Bezirk bestimmt

werden muß. Bei der Verhältniswahl trifft dieser Gedanke nicht durchaus zu, weil keine Gewähr dafür besteht, daß jeder Bezirk (Stimmkreis) auch seinen Vertreter bekommt. Immerhin liegt auch hier der Gedanke nahe, z. B. in Oberbayern für die Wahl von 25 Abgeordneten 25, und nicht etwa 30 oder 40 Stimmkreise zu bilden. Je größer die Zahl der Stimmkreise bestimmt wird, desto mehr wächst bei gleicher Abgeordnetenzahl die Möglichkeit, daß einzelne Stimmkreise keinen eigenen Vertreter erhalten.

Parteien, für die die Zahl der Stimmkreise, auch bei Berücksichtigung einer entsprechenden Anzahl von Ersatzleuten, zu groß ist, können sie für eine geringere Zahl von Bewerbern nach Bedarf und Gutdünken zusammenlegen. Dagegen ist die Vergrößerung der Zahl der Stimmkreise, etwa durch Teilung derselben, für die Parteien nicht möglich, da die Bewerber nach Art. 46 III nur für ganze Stimmkreise aufgestellt werden können. Da in allen Wahlkreisen sich mehrere Parteien in die Sitze der Wahlkreise teilen, bei jeder Partei also auch noch nicht gewählte Bewerber als Ersatzleute verbleiben können, besteht übrigens auch kein Bedürfnis nach einer Vermehrung der Stimmkreise.

4. Über die Stimmkreiseinteilung s. Einleitung S. 14 und 15. Eine Änderung aus rein technischen Gründen nahm Art. 2 des G. v. 18. Juli 1925 hinsichtlich einer einzelnen niederbayerischen Gemeinde vor.

5. Hienach ist auch für jede Änderung der Stimmkreiseinteilung die Mehrheit des § 92 BU. erforderlich. Über die Gründe dieser Bestimmung s. Anm. 2.

Art. 44.[1]

Wählbar[2] ist jeder Wahlberechtigte,[3] der am Tage der Wahl[4] das 25.[5] Lebensjahr zurückgelegt hat, seit mindestens einem Jahre Reichsangehöriger[6] ist und sich seit mindestens einem Jahre in Bayern aufgehalten[7] hat.

1. Art. 44 wurde abweichend von dem ursprünglichen § 26 II VU., der die fünfundzwanzigjährigen bayrischen Staatsbürger für wählbar erklärte, im Hinblick auf Art. 110 II RV. gefaßt. Nunmehr wurde § 26 II VU. durch G. v. 18. Sept. 1925 dem Art. 44 angepaßt.

2. Die Wählbarkeit wird geprüft:

a) Bei der Einreichung der Wahlvorschläge vom Kreiswahlleiter und Kreiswahlausschuß (Art. 48),

b) bei der Ergebnisfeststellung vom Wahlvorstand (Art. 52),

c) bei der Wahlprüfung vom Landtag (Art. 62, § 33 VU.).

3. S. Art. 1 u. 2 LWG. Das Wahlrecht ist bedingt durch

a) eine deutsche Staatsangehörigkeit,

b) Vollendung des 20. Lebensjahrs,

c) nicht bloß vorübergehenden oder gelegentlichen Aufenthalt in Bayern.

Eintragung in die Wählerliste ist für die Wählbarkeit nicht erforderlich.

Personen, für die die Ausübung des Stimmrechts ruht (Soldaten), Art. 2 II), oder die in der Ausübung ihres Stimmrechts behindert sind (Art. 2 III), sind wählbar, nicht dagegen Personen, die vom Stimmrecht ausgeschlossen sind (Art. 2 I). Im Falle der Straf- oder Untersuchungshaft und einer sonstigen Verwahrung kann der Landtag die Entlassung nach Art. 37 III RV. verlangen.

4. S. Art. 1 Anm. 9. Auch die Wählbarkeit ist von den Verhältnissen am Tage der Wahl abhängig.

5. Die Festsetzung der Wählbarkeit auf das 25. Lebensjahr entspricht dem Landtagswahlgesetz von 1906, sowie § 26 II VU.

6. Die Reichsverfassung enthält über die Wählbarkeit zu den Volksvertretungen der Länder keine Bestimmung, überläßt also die Bestimmung der Voraussetzungen der Wählbarkeit dem Landesrecht. § 26 II VU. hatte noch die bayr. Staatsangehörigkeit verlangt. Nach Art. 110 Abs. II der Reichsverfassung, wonach jeder Deutsche in jedem Lande des Reiches die gleichen Rechte haben muß, wie die Angehörigen des Landes selbst, kann indes diese

Voraussetzung nicht mehr gefordert werden. Sie ist daher in Art. 44 beseitigt.

Das Reichswahlgesetz verlangt für die Wählbarkeit noch mindestens einjährige Reichsangehörigkeit. Deshalb wurde im Ausschuß des Landtags diese Voraussetzung und die des mindestens einjährigen Aufenthalts in Bayern (gleichmäßig für Bayern und Nichtbayern) noch eingefügt.

7. Über den Begriff des Aufenthalts s. Art. 1 Anm. 6 u. 11.

Art. 45.[1]

I Ein Abgeordneter verliert seinen Sitz[2]

1. durch Verzicht,[3]
2. durch Wegfall der Wählbarkeit,[4]
3. durch rechtskräftige strafgerichtliche Aberkennung der Rechte aus öffentlichen Wahlen,[5]
4. durch Ungültigerklärung der Wahl oder sonstiges Ausscheiden beim Wahlprüfungsverfahren,[6]
5. durch nachträgliche Änderung des Wahlergebnisses,[7]
6. durch Aberkennung kraft Urteils des Staatsgerichtshofs,[8]
7. durch Wegfall der Gründe für die Berufung als Ersatzmann.[9]

II Der Verzicht[10] ist dem Landtagspräsidenten schriftlich anzuzeigen[11] und kann nicht widerrufen werden. Als Verzicht gilt auch die Annahme eines öffentlichen Dienstes in einem mit Bayern im Kriege befindlichen Staat.[12]

1. In Abs. I sind Ziff. 6 u. 7 durch G. v. 18. Juli 1925 im Hinblick auf die durch G. v. 18. Sept. 1925 bewirkte Änderung des § 41 WU. eingefügt worden.

2. S. § 41 I VU. „Die Mitgliedschaft endigt." Das LWG. führt in Art. 45 nur die Gründe auf, die während der Landtagsdauer für den einzelnen Abgeordneten den Verlust seines Mandates bewirken. Die VU. führt auch noch den Ablauf der Landtagsdauer und die Auflösung des Landtags als Verlustgründe auf.

Die Feststellung des Verlustes des Sitzes erfolgt verschieden, bei Ziff. 2 u. 3 durch einen besonderen Beschluß des Landtags, bei Ziff. 4 durch den Landtag bei der Beschlußfassung zur Wahlprüfung, bei Ziff. 5 durch die Wahlausschüsse, bei Ziff. 6 durch Urteil des Staatsgerichtshofs, bei Ziff. 7 durch Beschluß des Landtags. Nicht in Betracht kommt der Wechsel der Partei oder der Austritt aus der Partei. Die Abgeordneten sind „Vertreter des gesamten Volkes und an Aufträge der Wähler nicht gebunden" (§ 35 VU.). Die Durchführung einer solchen Bestimmung wäre z. B. beim Zerfall einer Partei in mehrere Gruppen unmöglich (Archiv öff. R., neue Folge, 11. Bd. S. 418).

3. Der Verzicht ist jederzeit möglich. Art. 132 RV. setzt „die Pflicht zur Übernahme ehrenamtlicher Tätigkeiten nur „nach Maßgabe der Gesetze" fest. Die Form des Verzichts bestimmt Art. 45 II. Der Verzicht liegt im freien Entschluß des Abgeordneten. Eine etwa vor der Wahl eingegangene Verpflichtung, in bestimmten Fällen zu verzichten, ist unwirksam.

4. § 26 II VU., Art. 1,2 LWG. Der Wegfall tritt ein durch

a) Verlust der Reichsangehörigkeit,
b) Aufgabe des Aufenthalts in Bayern,
c) Ausschluß vom Stimmrecht nach Art. 2 I (Entmündigung, Pflegschaft, Aberkennung der bürgerlichen Ehrenrechte).

Wenn ein solcher Verlustgrund bekannt wird, hat der Landtag nach § 33 S. 1, 1. Halbsatz VU. von Amts wegen ein Verfahren zur Feststellung des Verlustes einzuleiten. Der Verlust selbst tritt aber nach Art. 45 I Z. 2 schon mit dem Wegfall der Wählbarkeit, also z. B. schon mit dem Wegzug aus Bayern ein. Das Verfahren des Landtags endigt mit einem Beschluß, das den Verlust der Wählbarkeit, und damit des Mandates feststellt. So im Fall Auweck, Landtagsbeschluß v. 20. Dez 1923.

Diese Bestimmung tritt auch ein, wenn ein Ersatzmann während der Dauer dieser Eigenschaft die Wählbarkeit verliert. Wenn ihm dann später ein Mandat zufallen soll, kann dieser Anfall nicht rechtswirksam werden. Er wird also nicht Abgeordneter. Hier erfolgt die Entscheidung durch den Landeswahlausschuß. S. bei Ziff. 5 Anm. 7.

5. Diese Bestimmung ist in § 41 I VU. nicht enthalten. Die Ergänzung im LWG. war aber notwendig mit Rücksicht auf die im StGB. (s. z. B. § 81 ff.) gegebene Möglichkeit, außer der in § 32—37 StGB. geregelten Aberkennung der bürgerlichen Ehrenrechte, die zum Verluste der Wählbarkeit führt, die Rechte aus öffentlichen Wahlen ohne Beeinträchtigung der Wählbarkeit eigens abzuerkennen. Der Verlust tritt hier wie bei § 36 StGB. mit der Rechtskraft des Urteils ein.

6. § 41 I VU. kennt nur die „Ungültigerklärung der Wahl". Das ist nach der Ordnung der Dinge im LWG. nicht mehr ganz genügend, daher die Ergänzung im Art. 45 nötig. Denn bei der Wahlprüfung durch den Landtag kann an Stelle der Ungültigerklärung der ganzen Wahl oder einzelner Wahlen die Berichtigung einzelner Ergebnisse in Frage kommen, wodurch das Ausscheiden einzelner Abgeordneter notwendig werden kann. Die Wirkung tritt mit der Feststellung durch den Landtag ein.

7. Aus dem gleichen Grund war die Einfügung der Ziff. 5 veranlaßt. Das LWG. kennt auch eine Änderung des Wahlergebnisses außerhalb des Wahlprüfungsverfahrens, nämlich aus Anlaß von Nachwahlen oder Wiederholungswahlen (Art. 64, 65) und zwar durch den Landeswahlausschuß. Dasselbe gilt bei nachträglichem Verlust der Wählbarkeit von Ersatzleuten für den Fall der späteren Berufung in den Landtag. Auch in diesem Fall beschließt der Landeswahlausschuß nach Art. 61 I S. 2 eine Änderung des Wahlergebnisses. Die Änderung,

also der Mandatsverlust, tritt durch diesen Beschluß, ohne Mitwirkung des Landtags ein. Der Landtag kann aber im Wahlprüfungsverfahren auch solche Beschlüsse würdigen.

8. Vgl. die durch G. v. 18. Sept. 1925 in die VU. neu eingefügten § 41 III—VI und die Erläuterungen hiezu bei v. Jan, VU. Anm. 11—17. Die Wirkung tritt mit dem Urteil des Staatsgerichtshofs ein.

9. Die Ziff. ist durch G. v. 18. Juli 1925 eingefügt im Hinblick auf die durch § 41 VI geschaffene Möglichkeit des Wiederauflebens der Mitgliedschaft eines ausgeschiedenen Abgeordneten, wenn im Wiederaufnahmeverfahren vor dem Staatsgerichtshof Freisprechung erfolgt ist. In solchen Fällen hat der Landtag nach § 41 VI Schlußsatz die Person des ausscheidenden Abgeordneten beschlußmäßig festzustellen. Eine besondere Feststellung hierüber ist deshalb nötig, weil unter Umständen nicht der für den Ausgeschiedenen Eingetretene auszuscheiden hat, z. B. wenn inzwischen eine weitere Erledigung eingetreten war.

10. S. Anm. 3.

11. Dieser verständigt durch das Staatsministerium des Innern den Landeswahlleiter, der dann nach Art. 61 zu verfahren, d. h. die Personen des Ersatzmannes, entweder allein oder mit dem Landeswahlausschusse festzustellen hat.

12. Aus § 41 II VU. übernommen. Diese Bestimmung ist aus der Zeit ihrer Entstehung zu erklären.

2. Wahlvorschläge.

Art. 46.

I Die Wahl erfolgt auf Grund von Wahlvorschlägen.[1] Sie sind für die Wahlkreise[2] aufzustellen[3] und spätestens am 17.[4] Tage abends 8 Uhr[5] vor dem Wahltage bei dem Kreiswahlleiter[6] einzureichen.[7]

II Jeder Wahlvorschlag muß ein Kennwort[8] tragen und darf höchstens so viele Bewerber[9] enthalten, als Abgeordnete zu wählen sind.

III Bei jedem Bewerber ist anzugeben, für welchen Stimmkreis oder für welche Stimmkreise er aufgestellt wird.[10]

IV Jeder Bewerber darf nur in einem Wahlkreis[11] aufgestellt und nur in einem Wahlvorschlag[12] benannt sein.

V Die Wahlvorschläge müssen von wenigstens 20 Wählern des Wahlkreises unterzeichnet[13] sein.

VI Die Zustimmungserklärung[14] der in einem Wahlvorschlag aufgenommenen Bewerber ist dem Kreiswahlleiter vorzulegen.[15]

VII Telegraphische Erklärungen gelten als schriftliche Erklärungen im Sinne der Abs. I und VI,[16] wenn sie durch eine spätestens am zweiten Tag nach Ablauf der Frist eingegangene schriftliche Erklärung bestätigt werden.[17]

Die Zahlen in Abs. I u. V sind, entsprechend dem RWG., durch G. v. 6. Febr. 1924 geändert worden.

Vgl. §§ 30—36 LWO.

1. Die Wahlvorschläge bilden bei der Verhältniswahl die Grundlage für das ganze Verfahren. Je nachdem der Wähler an sie mehr oder weniger gebunden ist, wird von gebundenen oder freien Listen gesprochen. Das LWG. bindet den Wähler an die durch die Wahlvorschläge im Stimmkreis aufgestellten Bewerber. Die Reihenfolge der Bewerber wird aber nicht durch den Wahlvorschlag, sondern durch die Wähler bestimmt. Es liegt also eine Mischung von freier und gebundener Liste vor.

2. S. Art. 41. Daraus folgt aber nicht, daß er sich auf den ganzen Wahlkreis erstrecken muß. Er darf nur nicht gleichzeitig mehrere Wahlkreise umfassen.

3. Die Aufstellung ist Sache der Parteien oder Gruppen, die sich an der Wahl beteiligen wollen. Eine gewisse amtliche Mitwirkung hiebei findet insofern statt, als die Kreiswahlleiter nach Art. 47 und §§ 32, 33 LWO. auf Beseitigung etwaiger Mängel der Wahlvorschläge hinzuwirken haben.

4. Früher am 21. Tage, jetzt am 17. Tage, wie nach dem RWG. Eine Sondervorschrift für telegraphisch eingereichte Wahlvorschläge gibt Abs. VII.

5. Wahlvorschläge, die später als abends 8 Uhr eingereicht werden, sind nach Art. 49 vom Kreiswahlausschuß als verspätet zurückzuweisen. Der Kreiswahlleiter würde der Entscheidung des Kreiswahlausschusses vorgreifen, wenn er die Annahme verspätet eingereichter Wahlvorschläge überhaupt ablehnen würde. Er hat nur die Zeit des Einlaufs hierauf zu vermerken.

6. Der Vertreter ist nur bei Verhinderung des Wahlleiters zur Entgegennahme berechtigt und verpflichtet.

7. Die Einreichung verlangt nicht nur die Absendung, sondern den Einlauf beim Kreiswahlleiter in der vorgeschriebenen Frist und erfordert die in Abs. II—VI verlangten Angaben. Ihre spätere Ergänzung ist nur im Sinne der Art. 47 II, also weder zeitlich noch sachlich unbeschränkt zulässig.

Nach Art. 46 ist notwendig:

a) die Angabe eines Kennwortes (Abs. II),

b) die Angabe der Bewerber mit Bezeichnung ihrer Stimmkreise. Die Zahl der Bewerber ist nach oben beschränkt. Die Bewerber sind hinsichtlich der Aufstellung in mehreren Wahlkreisen beschränkt (Abs. II—IV),

c) die Unterzeichnung durch mindestens 20 Wähler (Abs. V),

d) die Zustimmungserklärung der Bewerber (Abs. VI).

Die Zurücknahme eines Wahlvorschlages im ganzen oder für einzelne Teile desselben ist zulässig (Art. 50 II) bis zur Bekanntgabe der Wahlvorschläge, d. h. bis zur Anordnung der Bekanntgabe durch den Wahlleiter.

S. Anm. 3 zu Art. 50. Am 9. Tag entscheiden die Wahlausschüsse über die Wahlvorschläge. Von der Bekanntgabe ihrer Entscheidung an sind die Wahlvorschläge dem Einfluß der Parteien entrückt. Ein zurückgezogener Wahlvorschlag kann bis zum 17. Tag neu eingereicht werden, ein später zurückgezogener aber nicht mehr wiederholt werden. Die Zurücknahme kann nicht von dem Vertrauensmann, sondern nur von den Unterzeichnern des Wahlvorschlages erklärt werden. Hiefür ist nach § 30 II LWO. die Erklärung von mehr als der Hälfte der Unterzeichner erforderlich. Solange nicht alle Unterschriften zurückgenommen sind, ist ihre Ergänzung auf die vorgeschriebene Zahl nach Art. 47 I möglich.

8. Vgl. hierüber § 31 I Z. 1 LWO., wo nähere Bestimmungen über die Art des Kennwortes sich finden. Die entsprechende Wahl des Kennwortes ist namentlich im Hinblick auf die hiedurch bewirkte Zusammenfassung der Kreiswahlvorschläge zu Gesamtwahlvorschlägen (Art. 55 f. Anm. 4 dortselbst) von großer Bedeutung. Im gleichen Wahlkreis dürfen nicht mehrere Wahlvorschläge das gleiche Kennwort tragen. Denn es soll ja gerade die Unterscheidung ermöglichen und Verwechslungen verhindern. Die Gleichheit mehrerer Kennworte wäre ein Mangel im Sinne des Art. 47, der im Vorverfahren zu beseitigen wäre, nötigenfalls durch Streichung des Kennwortes.

9. S. § 31 I Z. 2 LWO.

a) Jeder Wahlvorschlag muß mindestens einen Bewerber enthalten. Die Aufstellung eines Bewerbers in mindestens einem Stimmkreis ist die notwendige Voraussetzung dafür, daß in diesem für den betreffenden Wahlvorschlag überhaupt Stimmen abgegeben werden können. Dies ergibt sich unzweifelhaft aus den Verhandlungen von 1920 zu Art. 51 I u. II, weiter aber auch aus Art. 39 II. Hienach enthält der amtliche Stimmzettel nur die für den Stimmkreis aufgestellten Bewerber mit dem Kennwort ihres Wahlvorschlags. Nach Art. 51 I kann der Wähler nur für einen dieser Bewerber oder nach Streichung eines Namens für den Wahlvorschlag, dem der Gestrichene angehört, im ganzen stimmen. Wahlvorschläge, die für einen Stimmkreis keinen Bewerber enthalten, erscheinen also auf dem amtlichen Stimmzettel dieses Stimmkreises nicht, und Wahlvorschläge, die keinen Namen eines Bewerbers enthalten, also etwa nur der Sammlung von Einzelstimmen für eine Partei dienen sollen, können im ganzen Wahlkreis auf keinem amtlichen Stimmzettel erscheinen.

b) Der Wahlvorschlag darf höchstens soviele Bewerber enthalten, als in dem Wahlkreis Abgeordnete zu wählen sind. Sonst müßten in einem Stimmkreis mehrere Bewerber aus einem Wahlvorschlag gleichzeitig zugelassen werden. Ein solches Verfahren aber wurde bei der Ausschußberatung (Landtagsdrucks. Nr. 1351 S. 85) allgemein als unangängig bezeichnet. Nach der derzeitigen Rechtslage ist dies auch nicht dadurch zu ermöglichen, daß ein z. B. aus mehreren Amtsgerichtsbezirken oder sonstigen Verwaltungseinheiten bestehender Stimmkreis unter mehrere Bewerber aufgeteilt wird. Denn nach Abs. III sind die Bewerber für einen oder mehrere Stimmkreise, nicht für Teile von solchen aufzustellen.

c) Zwischen den unter a) u. b) angegebenen Grenzzahlen kann der Wahlvorschlag die Zahl seiner Bewerber frei bestimmen, der Wahlvorschlag braucht sich nicht auf alle Stimmkreise des Wahlkreises zu erstrecken. Allerdings verzichtet damit der Wahlvorschlag auf die ihm etwa zugedachten Stimmen aus den Stimmkreisen, auf die er seinen Vorschlag nicht ausdehnt. Ein Bewerber kann für einen oder mehrere, auch für alle Stimmkreise des Wahlkreises aufgestellt werden. Die Aufstellung eines Bewerbers für einen Stimmkreis schließt die Benennung eines weiteren Bewerbers für den gleichen Stimmkreis aus.

10. Die Bestimmung der Stimmkreise für die Bewerber ist von größter Bedeutung, da sie nur in den Stimmkreisen, für die sie aufgestellt sind, gültige Stimmen erhalten können (Art. 51 I). S. auch Anm. 9.

11. Das LWG. legt Wert darauf, daß nicht ein Bewerber, wie dies bei der Wahl 1919 möglich war, im ganzen Land Stimmen sammelt. Um dies zu verhindern, wird durch § 31 I Z. 2 LWO. eine entsprechende Erklärung der Bewerber bei der Zustimmungserklärung nach Abs. VI verlangt. Die Nachprüfung der Einhaltung dieser Bestimmung ist allerdings erst nach der Wahl bei der Feststellung der Ergebnisse nach Art. 56 III möglich. Sämtliche für solche Bewerber abgegebenen Stimmen sind ungültig.

12. Auch innerhalb des Wahlkreises kann ein Bewerber nicht auf mehreren verschiedenen Wahlvorschlägen zur Wahl stehen. Gegebenenfalls ist im Mängelbeseitigungsverfahren gemäß § 33 I LWO. festzustellen, zu welchem Wahlvorschlag der Bewerber gehört.

13. Die Unterzeichnung durch mehrere Stimmberechtigte soll die Ernsthaftigkeit des Wahlvorschlags dartun. In dieser Hinsicht hat der Staatsgerichtshof für das Deutsche Reich in seiner Entscheidung vom 17. Dez. 1927 festgestellt, daß das Verlangen von mehreren tausend Unterschriften zu weit geht und dem Grundsatz der Gleichheit der Wahlberechtigung widerspricht. Die in Abs. V geforderte Zahl ist durch G. v. 6. Febr. 1924 von 50 auf 20 herabgesetzt worden.

Die Wähler müssen im Wahlkreis stimmberechtigt sein. Behinderung nach Art. 2 III macht die Unterschrift nicht ungültig, wohl aber das Ruhen des Wahlrechts nach Art. 2 II. Jeder Wähler kann nur einen Wahlvorschlag unterzeichnen, sonst ist nach § 33 II LWO. zu verfahren. Auch die Bewerber selbst können als Unterzeichner auftreten. Die Unterschrift muß eigenhändig sein. Stellvertretung ist unzulässig. (Die Ausnahme nach § 44 LWO. gilt hier nicht; das Gesetz kennt hier keine Ausnahme von der Unterzeichnung.)

Die Form der Unterschrift muß so beschaffen sein, daß die Person des Unterzeichneten deutlich erkennbar ist. Es muß daraus ersichtlich sein, daß die Unterzeichner den Willen zu einem Wahlvorschlag haben. Wenn die Unterschriften nicht auf dem Wahlvorschlag selbst abgegeben sind, muß ihre Zugehörigkeit also auf andere Weise unzweifelhaft nachgewiesen werden.

Die Zurücknahme von Unterschriften ist wirkungslos. Die Nachholung von solchen ist während der Frist des Art. 47 zulässig. (S. § 31 I Z. 3 LWO.). Über die Zurückziehung des Wahlvorschlages im Ganzen s. Art. 50 II.

14. Hiefür ist keine Form vorgeschrieben; sie brauchen nicht beglaubigt zu sein. Ihr Inhalt ist durch § 31 I Z. 2 LWO. bestimmt. Sie können in der Frist des Art. 47 nachgebracht werden. Die Zurückziehung der Zustimmung ist in der gleichen Frist zulässig und bei der Beschlußfassung nach Art. 48 zu berücksichtigen. Es wäre zwecklos, jemand zur Wahl zu stellen, der nicht gewählt sein will. Die Zurückziehung kann nicht mehr zugelassen werden, wenn die Ergänzung des Wahlvorschlages nach Art. 47 I nicht mehr zulässig ist, weil sonst die Partei alle Stimmen aus dem betreffenden Stimmkreis verlieren würde, also nur bis zum 10. Tag vor dem Wahltag.

Die Zustimmungserklärung schließt die Ablehnung der Wahl nach Art. 59 nicht aus. Sie ist nur vorläufig. Durch das Verlangen einer solchen sollen nur solche Bewerber ausgeschieden werden, die von vornherein nicht gewählt werden wollen.

15. Für sie gelten gleichfalls die Fristen der Art. 46, 47. Sie können auf dem Wahlvorschlag selbst oder auf Listen enthalten sein.

16. Nach Abs. I u. VI, d. h. Wahlvorschläge im ganzen und Zustimmungserklärungen. Ein derartiger Wahlvorschlag muß auch in der telegraphischen Form alle wesentlichen Bestandteile enthalten, ist nur gültig, wenn und soweit er diese enthält (Wahlprüfungsgericht des Reichs v. 8. Juni 1925, PrVBl. 1926 S. 526) und muß binnen 2 Tagen schriftlich bestätigt werden, kann aber auch nur in dem Umfang des Art. 47 ergänzt werden. Die einzige Abweichung von dem regelmäßigen Verfahren besteht darin, daß die Originalunterschriften nachgebracht werden können. Die Bestimmung beruht auf § 20 RWG.

17. Die Bestätigung geht am besten in der Form der regelmäßigen Ausfertigung des Wahlvorschlages oder der Zustimmungserklärung vor sich. Es genügt auch die Erklärung: Wir bestätigen unser Telegramm vom ..... wegen ..... (mit allen Unterschriften).

Art. 47.

I Mängel[1] der Wahlvorschläge müssen spätestens am 10.[2] Tage vor dem Wahltage behoben[3] sein; sonst[4] ist der Wahlvorschlag, soweit der Mangel besteht, ungültig.[5]

II Bis zum gleichen Tage[6] sind die durch den Wegfall einzelner Bewerber veranlaßten Ergänzungen[7] der Wahlvorschläge zulässig.

Vgl. §§ 32 u. 33 LWO.

1. Als „Mangel" ist jede Abweichung von einer Mußvorschrift des LWG. oder der LWO., soweit diese hiezu durch das LWG. ermächtigt ist, anzusehen.

a) Umfang des Wahlvorschlags (nur für einen Wahlkreis) (Art. 46 Anm. 2).
b) Kennwort (Art. 46 Anm. 8).
c) Bewerber (Art. 46 Anm. 9—12, 14, 15).
d) Unterzeichner (Art. 43 Anm. 13). Fehlende Unterschriften können nachgeholt werden.

2. Am 9. Tag erfolgt die Entscheidung. Was am Beginn dieses Tages noch nicht in Ordnung ist, kann nicht mehr geordnet werden. Am 10. Tag 8 Uhr abends ist Schluß der Frist.

3. Die „Behebung" der Mängel erfordert, daß wesentliche Bestandteile des Wahlvorschlags, die fehlen, nachgebracht, und die unrichtig sind, berichtigt werden. Bei der Behebung der Mängel hat der Kreiswahlleiter nach § 32 LWO. mitzuwirken, indem er die Mängel feststellt und die Vertrauensmänner zu ihrer Beseitigung auffordert.

4. Sonst d. h. wenn der Mangel nicht rechtzeitig beseitigt wird.

5. Die Wahlvorschläge können ganz oder teilweise ungültig sein, ganz, wenn der Mangel sich auf den Wahlvorschlag im Ganzen erstreckt, z. B. wenn nicht genügend Unterschriften darauf enthalten sind, teilweise, wenn der Mangel sich nur auf einzelne Bewerber bezieht, z. B. wenn für sie kein Stimmkreis angegeben ist oder ihre Zustimmungserklärung fehlt. Im letzteren Fall ist der Wahlvorschlag für diese Bewerber ungültig, für die übrigen Bewerber gültig.

6. Bis zum 10. Tag vor dem Wahltag (Abs. I).

7. Änderungen und Ergänzungen sind bis zum Schlusse der Einreichungsfrist (17. Tag) jederzeit zulässig. Die Wahlvorschläge können bis dahin ja auch frei zurückgezogen und neu eingereicht werden. Von da an aber (und nur auf diesen Zwischenzeitraum bezieht sich Abs. II) sind Änderungen überhaupt nicht mehr, und Ergänzungen, d. h. die Ausfüllung von Lücken, nur dann zulässig, wenn und soweit die Lücken nachträglich, d. h. nach der Einreichung des Wahlvorschlages durch den Wegfall eines Bewerbers entstanden sind, also soweit es sich um die Besetzung verwaister Stimmkreise handelt. Der Wegfall eines auf dem Wahlvorschlag enthaltenen Bewerbers kann eintreten durch seinen Tod, den Verlust der Wählbarkeit (etwa durch Wegzug aus Bayern), und die Zurückziehung der Bewerbung durch Zurücknahme der Zustimmungserklärung. In solchen Fällen kann an dem Wahlvorschlag jede Ergänzung vorgenommen werden, die durch den Wegfall „veranlaßt“, also unmittelbar oder mittelbar verursacht ist. Das kann durch die Einsetzung eines neuen Bewerbers an die Stelle des weggefallenen geschehen, aber auch durch die Umgruppierung der vorhandenen Bewerber. Zulässig sind auch Änderungen in der Stimmkreisverteilung, die mit der Neubenennung nötig werden. Sonstige Verbesserungen, die bei den übrigen Bewerbern nur mit vorgenommen werden sollen, ohne daß sie durch die Sachlage veranlaßt sind, sind dagegen nicht zulässig. Der Wahlausschuß wird allerdings gut tun, sich in die inneren Erwägungen der Partei über die Notwendigkeiten bei solchen Fällen nicht zu stark einzumischen.

über die Zulässigkeit solcher Ergänzungen ist nach Art. 48 zu entscheiden.

Art. 48.

Die Kreiswahlausschüsse[1] entscheiden[2] am 9.[3] Tage vor dem Wahltag, vorbehaltlich der Wahlprüfung durch den Landtag,[4] endgültig[5] über die Zulassung und Gültigkeit der Wahlvorschläge.

Vgl. §§ 34, 35 LWO.

1. S. Art. 6 und § 19 LWO.

2. Durch diese Entscheidung soll erreicht werden, daß nur solche Wahlvorschläge zur Wahl gestellt werden, die der Form nach einwandfrei sind, damit nicht wegen Verstößen gegen Formvorschriften, die bei Aufstellung der Wahlvorschläge vorkommen, die Stimmen einer größeren Anzahl von Wählern für ungültig erklärt werden müssen.

Die Entscheidung ist nur eine vorläufige. Über die Gültigkeit der Stimmen entscheidet nach ihrer Abgabe der Wahlvorstand. Wenn sich also z. B. nachträglich herausstellt, daß ein zugelassener Bewerber nicht wählbar ist, kann und muß der Wahlvorstand trotz der Zulassung die auf ihn gefallenen Stimmen für ungültig erklären. Der Wahlausschuß ist bei seiner 2. Entscheidung nach Art. 54 an die Beschlüsse der Wahlvorstände in dieser Hinsicht gebunden. Der Landtag ist bei der Wahlprüfung nicht an die Entscheidung der Wahlausschüsse gebunden.

Bei der Entscheidung ist der Vertrauensmann des Wahlvorschlags, über den entschieden wird, von der Stimmabgabe nicht ausgeschlossen, da dies nur durch Gesetz bestimmt werden könnte. So auch die Praxis.

3. Vom Beginn des 9. Tages an sind die Wahlvorschläge jeder Einwirkung durch die Einreicher entrückt.

4. S. Art. 62 und § 33 VU.

5. „Endgültig" bedeutet angesichts des freien Entscheidungsrechtes der Wahlvorstände und des Landtages keine formelle und materielle Rechtskraft und Unabän-

derlichkeit dieser Entscheidungen, sondern nur den Ausschluß jeder Beschwerde hiegegen im Wahlvorbereitungsverfahren. Eine solche gibt es für derartige Entscheidungen nirgends. Die Objektivität derselben ist durch die Zusammensetzung der Ausschüsse gewährleistet.

6. Durch die Zulassung ist die Beteiligung des Wahlvorschlages an der Wahl genehmigt und die Gültigkeit der hiefür abgegebenen Stimmen im Allgemeinen ausgesprochen. Die Entscheidung über die Gültigkeit stellt die Vorschriftsmäßigkeit der einzelnen Bestandteile des Wahlvorschlages fest.

Im einzelnen trifft noch Art. 49 über die vom Wahlausschuß zu fassenden Beschlüsse Bestimmung.

Art. 49.

Wahlvorschläge, die verspätet eingereicht sind oder den gesetzlichen oder den durch die Wahlordnung aufgestellten Anforderungen nicht genügen, sind zurückzuweisen.[1] Wenn die Anforderungen nur hinsichtlich einzelner Bewerber nicht erfüllt[2] sind, werden ihre Namen aus den Wahlvorschlägen gestrichen,[3] auch die Namen der über die zulässige Zahl hinaus vorgeschlagenen Bewerber werden gestrichen.[4]

Vgl. § 35 LWO.

1. Satz 1 behandelt die Wahlvorschläge, die im Ganzen ungültig sind,

a) weil sie verspätet eingereicht sind (Art. 46 Anm. 5)

b) weil der Mangel, der ihnen anhaftet, sich auf den ganzen Wahlvorschlag bezieht — es fehlt die nötige Anzahl gehörig belegter Unterschriften stimmberechtigter Personen, oder die Anforderungen des Art. 46 und der §§ 30 u. 31 LWO. sind hinsichtlich aller Bewerber nicht erfüllt.

2. Satz 2 enthält die Bestimmung über die teilweise ungültigen Wahlvorschläge.

a) Wenn die Anforderungen des Art. 46 und der §§ 30 und 31 LWO. hinsichtlich einzelner Bewerber nicht erfüllt sind, werden die Namen dieser Bewerber gestrichen. Die übrigen Namen bleiben gültig.

b) Wenn zuviele Namen auf dem Wahlvorschlag enthalten sind, werden die Namen der überschüssigen Bewerber gestrichen. Die übrigen Namen bleiben gleichfalls gültig.

3. Damit entfällt die Möglichkeit in dem Stimmkreis, für den sie aufgestellt sind, überhaupt für die Partei zu stimmen. Denn die Ergänzung der Wahlvorschläge ist in diesem Zeitpunkt nach Art. 47 II nicht mehr zulässig.

4. Gestrichen werden in solchen Fällen, da für jeden Stimmkreis nur ein Bewerber aufgestellt werden darf, während hier offenbar mehr als ein Bewerber in einzelnen Stimmkreisen aufgestellt worden ist, die Namen der Bewerber, die als zweite für einen Stimmkreis aufgestellt sind (Art. 46 II).

Art. 50.

I Die Kreiswahlleiter haben die von ihrem Wahlausschuß als gültig anerkannten[1] Wahlvorschläge am 9. Tage vor dem Wahltag öffentlich bekanntzugeben.[2]

II Nach der Bekanntgabe ist die Zurücknahme[3] der Wahlvorschläge unzulässig.

Vgl. § 36 LWO.

1. S. Art. 48.

2. Die Bekanntgabe muß unmittelbar nach der Entscheidung über die Wahlvorschläge erfolgen; sie muß daher schon entsprechend vorbereitet sein, damit nachträglich kein Aufenthalt entsteht. Die Notwendigkeit der Beschleunigung des Verfahrens nach der Entscheidung und die möglichste Hinausschiebung derselben im Interesse der Einreicher der Wahlvorschläge sind die Gesichtspunkte, die hier maßgebend sind.

Die Entscheidung ist dem Vertrauensmann nach § 34 II LWO. zu eröffnen.

3. Bis zur Bekanntgabe, d. h. bis zur Anordnung

derselben durch den Wahlleiter — denn von da sind sie sowohl technisch der Einwirkung auf sie entrückt, als auch durch den Beschluß des Wahlausschusses endgültig, d. h. unabänderlich festgelegt —, ist die Zurücknahme der Wahlvorschläge und zwar sowohl im Ganzen, als auch hinsichtlich einzelner Teile, vor allem einzelner Bewerber zulässig.

Zur Abgabe der bezüglichen Erklärung ist der Vertrauensmann allein nicht befugt. (Vgl. die Umgrenzung seiner Befugnisse in § 31 II LWO.). Zur Zurücknahme ist vielmehr die Erklärung von mehr als der Hälfte der Unterzeichner des Wahlvorschlages erforderlich (§ 33 IV). Die Erklärung muß ausdrücklich die Zurücknahme des Wahlvorschlages enthalten. Die Zurücknahme der Unterschriften allein genügt nicht. Die Zurücknahme einzelner Unterschriften durch einzelne Unterzeichner des Wahlvorschlags ist bedeutungslos, wenn nur bei Einreichung des Wahlvorschlages die nötige Zahl von Unterschriften vorhanden war oder später beigebracht wurde (§ 31 I Z. 3).

3. Abstimmung.

Art. 51.

I Jeder Wähler kann seine Stimme nur für einen[1] der Bewerber abgeben, die in einem von dem Kreiswahlleiter öffentlich bekanntgegebenen[2] Wahlvorschlag für den Stimmkreis[3] als Bewerber aufgestellt sind.

II Die Stimmabgabe erfolgt derart, daß der Wähler durch ein auf den Stimmzettel gesetztes Kreuz oder auf andere Weise kenntlich macht, welchem Bewerber er seine Stimme geben will.[4] Wird dabei der Name des Bewerbers gestrichen, so daß der Stimmzettel nur das Kennwort des gewählten Wahlvorschlages enthält, so wird die Stimme für diesen als Listenstimme gezählt.[5]

Vgl. § 49 LWO.

1. Das System des Landtagswahlrechtes ist das der „einnamigen Wahl" im Gegensatz zur „mehrnamigen Wahl" des Reichstagswahlrechtes. Der Wähler gibt seine Stimme zunächst nicht einer Liste, sondern einem einzelnen Bewerber. Zwecks Verteilung der Sitze im Wahlkreis unter die verschiedenen an der Wahl daselbst beteiligten Parteien werden jedoch die Stimmen, die auf die einzelnen zu einer Liste, einem Wahlvorschlag vereinigten Bewerber entfallen sind, zusammengezählt. Im Verhältnis dieser Gesamtstimmenzahlen der Wahlvorschläge werden die Sitze im Wahlkreis an sie verteilt. Die hienach auf die einzelnen Wahlvorschläge entfallenen Sitze fallen innerhalb des Wahlvorschlages an die Bewerber in der Reihenfolge ihrer eigenen Stimmenzahlen.

2. S. Art. 50 und § 36 LWO.

3. Diese Bestimmung ist vielleicht die wichtigste, jedenfalls die umstrittenste des ganzen Gesetzes. Sie enthält den Grundsatz der Stimmkreisbindung (vgl. Einleitung S. 12 ff.), über den die Parteien bei der Beratung im Landtag keine Einigung erzielen konnten. Der Wähler ist hienach nicht frei in der Auswahl seines Bewerbers, sondern an die für den Stimmkreis aufgestellten Bewerber (von jedem Wahlvorschlag einer!) gebunden. Dadurch soll die engere Verbindung zwischen Wähler und Gewählten erreicht, das „Herumwählen" des Wählers im ganzen Land oder Wahlkreis verhindert, die Zersplitterung vermieden, die Gruppenbildung erschwert und das Ansehen der politischen Parteien gestärkt werden.

Die Bestimmung führt dazu, daß die Parteien auf die örtliche Beliebtheit ihrer Bewerber Rücksicht nehmen müssen. Sie dient also auch der Verbindung zwischen Wählern und Gewählten.

4. Das LWG. hat in Art. 39 II die amtlichen Stimmzettel eingeführt. In Art. 51 II S. 1 ist bestimmt, wie hiebei der Wähler seine Abstimmung zu kennzeichnen hat. Dies geschieht in der gleichen Weise, wie bei andern Wahlen mit amtlichen Stimmzetteln. S. z. B. § 25 RWG. und § 44 RStO.

Die Kennzeichnung durch ein Kreuz ist nicht unerläßlich und nicht die einzige Möglichkeit. Es genügt jede Kennzeichnung („auf andere Weise"), die kenntlich macht, wen der Wähler wählen will. Ungültig wird die Stimme nach Art. 53 I Z. 3 nur dann, wenn aus deren Bezeichnung der Wille des Wählers nicht unzweifelhaft zu erkennen ist. Näheres bei Anm. 4 zu Art. 53.

5. Die „Listenstimme" ist geschaffen worden, um die Stimmkreisbindung leichter durchführbar zu machen, und um zu verhindern, daß die Unbeliebtheit eines Bewerbers dem Wahlvorschlag im Ganzen, der Partei schadet, indem sie dazu führt, daß ein Wähler zu einem andern Wahlvorschlag übergeht.

Der Wähler hat nach dem Schlußsatze die Möglichkeit, wenn ihm der von der Partei im Stimmkreis aufgestellte Bewerber nicht zusagt, dessen Namen auf dem Stimmzettel zu streichen und das Kennwort stehen zu lassen, worauf die Stimme als Listenstimme, nicht für eine Person, sondern nur für den Wahlvorschlag im Ganzen gilt, und diesem im Wettbewerb mit den anderen Wahlvorschlägen für die Sitzeverteilung zugute kommt. Die Stimmabgabe muß so beschaffen sein, daß „dabei" der Name des Bewerbers gestrichen wird. Sie soll also außer dieser Streichung auch noch die Kenntlichmachung nach Satz 1 durch ein „Kreuz oder auf andere Weise" enthalten. S. Anm. 4a zu Art. 53. Nach § 49 LWO. genügt die Streichung allein zur Kenntlichmachung nur dann, wenn kein Zweifel darüber bestehen kann, daß der Wähler eine Listenstimme für einen bestimmten Wahlvorschlag abgeben wollte. Eine andere Person kann nicht gewählt werden. Stimmzettel für andere, im Stimmkreis nicht aufgestellte Bewerber sind vielmehr ungültig (Art. 53 I Ziff. 4). Im Ausschusse wurde erwogen, ob es nicht angängig sei, solche Stimmzettel zwar nicht für die Person, aber wenigstens für den Wahlvorschlag als Listenstimme gelten zu lassen. Man sah davon ab, um bei dem Wähler keine Täuschung dahin aufkommen zu lassen, als wenn die Stimme für den Gewählten gelte.

Die Bestimmung hat bisher keine besondere Bedeutung erlangt. 1924 wurden nur 0,49 % der Stimmen als Listenstimmen abgegeben.

Voraussetzung für die Abgabe von Listenstimmen für für einen Wahlvorschlag ist aber, daß für den Stimmkreis in dem betroffenen Wahlvorschlag ein Bewerber aufgestellt ist. Für Wahlvorschläge, für die in einem Stimmkreis kein Bewerber aufgestellt ist, kann in diesem auch keine Listenstimme abgegeben werden. Nach dem Wortlaute des Schlußsatzes steht dies außer allem Zweifel.

4. Ermittlung des Wahlergebnisses.

Art. 52.

Nach Schluß[1] der Wahl stellt der Wahlvorstand[2] fest,[3] wie viele gültige[4] Stimmen insgesamt[5] und für jeden der im Stimmkreis aufgestellten Bewerber,[6] ferner wie viele Listenstimmen,[7] endlich wie viele Stimmen für jeden Wahlvorschlag[8] abgegeben sind.

Vgl. §§ 52—65 LWO.

1. Art. 33 II u. III, § 50 LWO.

2. Art. 32, §§ 22, 23 LWO. Die Sitzung des Wahlvorstands zur Feststellung der Ergebnisse ist öffentlich. §§ 38 I, 52 I LWO.

3. Das LWG. unterscheidet nach den Überschriften der Abschnitte die „Ermittlung" des Ergebnisses durch die Wahlvorstände (Abschn. 4) und die „Feststellung" des Ergebnisses durch die Wahlausschüsse (Abschn. 5). Wenn nun hier für die Tätigkeit der Wahlvorstände das Wort: feststellen gebraucht wird, so ist dies insofern berechtigt, als die Zahl der gültigen Stimmen tatsächlich endgültig von den Wahlvorständen festgestellt wird (Art. 56 I) während die Tätigkeit der Wahlvorstände bezüglich der Ergebnisse im übrigen ein Ermitteln darstellt. Über die Art der Ermittelung s. §§ 52, 53 LWO.

4. Der Wahlvorstand hat über die Gültigkeit jeder einzelnen Stimme zu beschließen (Art. 37) und zwar

soweit Anstände erhoben werden, ausdrücklich, im übrigen stillschweigend (§ 54 LWO.). Ungültig sind die in Art. 53 bezeichneten Stimmzettel (§ 55 LWO.).

An die Feststellung der Wahlvorstände in dieser Hinsicht sind die Wahlausschüsse gebunden (Art. 56 I).

5. D. h. für sämtliche amtlich zugelassenen und bekanntgegebenen Wahlvorschläge (s. § 56 LWO.).

6. Für andere Bewerber können nach Art. 51 I u. 53 I Z. 4 keine gültigen Stimmen abgegeben werden. Die auf die im Stimmkreis aufgestellten Bewerber entfallenen Stimmen werden im Gegensatz zu den Listenstimmen als „Bewerberstimmen" bezeichnet.

7. S. Art. 51 II S. 2 und Anm. 5 daselbst. Diese Stimmen gelten nur für den Wahlvorschlag im Ganzen und fallen für ihn im Verhältnis zu den übrigen Wahlvorschlägen bei der Verteilung der Sitze in den Wahlkreisen und der Sitze der Landesabgeordneten ins Gewicht.

8. Als Bewerberstimmen und als Listenstimmen.

Art. 53.

I Ungültig[1] sind Stimmzettel,

1. die als nicht amtlich hergestellt[2] erkennbar sind,
2. die mit einem besonderen Merkmale[3] versehen sind,
3. aus deren Bezeichnung der Wille des Wählers nicht unzweifelhaft zu erkennen ist,[4]
4. die an Stelle eines der in dem Stimmzettel enthaltenen, für den Stimmkreis aufgestellten Bewerber einen anderen Namen enthalten,[5]
5. die einen Zusatz, eine Verwahrung oder einen Vorbehalt enthalten,[6]
6. denen irgend ein von außen deutlich fühlbarer Gegenstand beigefügt ist.[7]

II Mehrere von einem Wähler zugleich abgegebene nicht verschieden gekennzeichnete Stimmzettel gelten als eine Stimme. Wenn sie verschieden gekennzeichnet sind, sind sie ungültig.[8]

Neufassung durch G. v. 18. Juli 1925 mit Rücksicht auf die Einführung der amtlichen Stimmzettel und den Wegfall der Wahlumschläge. Vgl. § 55 LWO.

1. Oberster Grundsatz bei der Beurteilung der Gültigkeit der Stimmzettel soll sein, ihre Gültigkeit anzuerkennen, soweit dies mit den Grundbestimmungen des Wahlrechtes vereinbar ist. Die in Art. 53 enthaltenen Ungültigkeitsgründe stellen keine ausschließende Aufzählung dieser Gründe dar, — auch die Stimmzettel Nichtstimmberechtigter sind z. B. selbstverständlich ungültig — und sind ferner nicht ausdehnend auszulegen. Im Zweifel sollte für die Gültigkeit entschieden werden. Die nachstehenden Ausführungen und Anm. 2—8 beruhen vielfach auf Urteilen des Wahlprüfungsgerichtes des Reiches; dessen Rechtsprechung ist für die amtlichen Stimmzettel auch nach dem LWG. anwendbar. Die Entscheidung über die Ungültigkeit trifft nach Art. 52 der Wahlvorstand. Über die Wirkung seiner Beschlüsse bestimmt Art. 56 I.

2. Ziff. 1. Wo amtliche Stimmzettel eingeführt sind, wird ihre Benützung immer zur unerläßlichen Bedingung der Gültigkeit der Abstimmung gemacht. Dadurch soll die Wahlbeeinflussung verhindert werden, die sonst möglich ist, und soll jeder Anreiz zur Herstellung eigener Stimmzettel durch die Parteien, die den geldstarken Parteien Vorteile gegenüber den geldschwachen Parteien gewähren würde, ausgeschlossen werden. S. Art. 39 II, 51 II. Erforderlich ist die Benützung des für den Stimmkreis vorgeschriebenen amtlichen Stimmzettels. Die Benützung eines amtlichen Stimmzettels aus einem andern Stimmkreis macht die Abstimmung ungültig.

3. Ziff. 2. Bis 1925 hieß es: „Kennzeichen". Durch die Änderung war eine Erschwerung der Ungültigkeitserklärung beabsichtigt. Es sollte nicht jedes Zeichen, das den Stimmzettel von andern unterscheidet, genügen, sondern es sollte vor allem ein äußeres Mal verlangt werden, das für den Beobachter das Merken der Abstimmung einer bestimmten Person ermöglicht. S. § 45 V LWO.: „ein Zeichen, das die äußerliche regelmäßige Beschaffenheit des Stimmzettels irgendwie verändert und geeignet ist, für jemand, der sich dieses Zeichen in Verbindung mit der Person des Abstimmenden merkt, dessen Abstimmung bei der späteren Ergebnisermittlung ersichtlich zu machen." Nicht hierunter fallen leichte Einrisse oder unbedeutende technische Herstellungsfehler, wohl aber das von außen erkennbare Abreißen eines wesentlichen Stückes des Stimmzettels. Werden äußere Merkmale eines Stimmzettels bei der Stimmabgabe bemerkt, so hat der Wahlvorstand den Stimmzettel zurückzuweisen und die Abgabe eines andern Zettels zu verlangen.

Flecken, die sich innen auf dem verdeckt abzugebenden Stimmzettel befinden, und von außen nicht sichtbar sind, können als solche äußere Merkmale nicht in Betracht kommen. Solche können auch auf Grund der Ziff. 5 die Gültigkeit der Stimmzettel nicht beeinträchtigen. Veränderungen der Stimmzettel, die sich auf deren verdeckter innerer Seite befinden, können nur dann als Merkmal erachtet werden, wenn daraus auf den Abstimmenden oder doch einen gewissen engeren Personenkreis, dem er angehört, geschlossen werden kann. (So das Wahlprüfungsgericht des Reiches.)

Der innere Grund der Ziff. 2 ist also der, das Wahlgeheimnis aufrecht zu erhalten.

4. Ziff. 3. Der Wähler muß auf dem amtlichen Stimmzettel nach Art. 51 II zum Ausdruck bringen, welchem Bewerber er seine Stimme geben will, oder wenn er keinem Bewerber seine Stimme geben, sondern nur für einen Wahlvorschlag als solchen stimmen will, dies durch Streichung des Namens des Bewerbers ausdrücken. Der Wahlvorstand darf nicht mangelhafte Bezeichnungen durch Vermutungen ergänzen. Der Stimm-

zettel ist also ungültig, wenn nicht zu erkennen ist, ob der Wähler eine Listenstimme oder eine Bewerberstimme abgeben will, ferner im letzteren Fall, für welchen der auf dem amtlichen Stimmzettel enthaltenen Bewerber er stimmen will. Die Kennzeichnung kann mit Bleistift, Tinte, Tintenstift, Buntstift erfolgen. Sie muß im allgemeinen in räumlichen Zusammenhang mit dem Felde eines bestimmten Wahlvorschlages gebracht werden. Wenn der Stimmzettel an dieser Stelle mit einem harten oder scharfen Gegenstand beschädigt ist, gilt dies nur dann als ordnungsmäßige Kennzeichnung, wenn trotzdem über den Willen des Wählers kein Zweifel bestehen kann, z. B. bei Durchlochung. Doch muß bei solchen Veränderungen der Zettel im wesentlichen unversehrt sein. Eine gültige Abstimmung liegt nicht vor, wenn die Beschädigung einen andern Anlaß haben kann und wenn die Beschädigung einen wesentlichen Teil des Stimmzettels betrifft, wenn also ein erheblicher Teil desselben fehlt oder zerrissen ist. Wenn das Zeichen über den für einen Wahlvorschlag bestimmten Raum hinausragt, muß von Fall zu Fall entschieden werden, ob der Wille des Wählers genügend bestimmt ist. Kleinere, unbedeutende Überschreitungen des Raumes machen die Abstimmung nicht ungültig.

a) Bei Listenstimmen ist die gewöhnliche Kenntlichmachung der Stimmabgabe nach Art. 51 II S. 1 und daneben noch die Streichung des Namens des Bewerbers nach Art. 51 II S. 2 erforderlich. Wenn letztere allein vorliegt, kann die Stimme nur dann als gültig angesehen werden, wenn der Wille des Wählers zur Abgabe einer Listenstimme für den betreffenden Wahlvorschlag als feststehend angenommen werden kann, also z. B. nicht, wenn mehrere Bewerber gestrichen sind. Wenn alle Namen bis auf einen gestrichen sind, ist eine Bewerberstimme für diesen anzunehmen, auch wenn er selbst nicht noch besonders gekennzeichnet ist.

b) Bei Bewerberstimmen genügt außer der Kennzeichnung durch ein Kreuz in dem hiefür bestimmten Raum auch eine solche durch ein Hakenkreuz, einen Strich, einen Kreis, durch Unterstreichen, durch Nachziehen der Ränder des Eintrags, durch Wiederholung des Namens des Gewählten am richtigen Platz. Der Eintrag des Namens an einem beliebigen andern Platz, etwa gar auf der Rückseite, ohne Zusammenhang mit dem Felde des Vorschlags genügt nicht, weil nicht feststeht, für welchen Wahlvorschlag der Zettel gelten soll.

Gültig ist ein Stimmzettel, auf dem eine oder mehrere Stimmabgaben ausgestrichen oder sonst ungültig gemacht sind, wenn er eine weitere unzweifelhafte, gültige Stimmabgabe enthält. Ungültig ist dagegen ein Stimmzettel, der zerrissen abgegeben wurde; denn in solchen Fällen steht der wirkliche Wille des Abstimmenden nicht fest. Vielmehr ist denkbar, daß der Abstimmende seine erst beabsichtigte Stimmabgabe hat zurücknehmen wollen. Ungültig ist ein Stimmzettel, der ordnungsgemäß gekennzeichnet, aber in zwei Teile zerrissen ist, weil die Möglichkeit sehr nahe liegt, daß der Wähler durch das Zerreißen, die zuerst beabsichtigte Abstimmung selbst zurücknehmen wollte.

5. Ziff. 4. Da nach Art. 51 I die Abstimmung — von den Listenstimmen abgesehen — nur für einen der in dem Stimmkreis aufgestellten Bewerber erfolgen kann, ist die gültige Ersetzung des Namens einer dieser Bewerber durch einen andern Namen unmöglich, auch dann, wenn es sich um einen Bewerber aus dem gleichen Wahlvorschlag für einen andern Stimmkreis des Wahlkreises handelt. Auch die Zulassung einer solchen Abstimmung wenigstens als Listenstimme für den Wahlvorschlag im ganzen, wenn auch ohne Geltung für den Bewerber, wurde vom Landtag abgelehnt. (S. Art. 51 Anm. 5.)

6. Ziff. 5. Durch solche wird die Abstimmung gleichfalls unsicher. Während Ziff. 4 die Ersetzung eines Namens durch einen andern behandelt, behandelt Ziff. 5 die Hinzufügung irgendwelcher Worte zu der an sich den Vorschriften entsprechenden Kennzeichnung der Abstimmung, wenn der Abstimmende damit offenbar irgendeine Willensäußerung hinsichtlich der Wahl kundgeben will. Die Zusätze können in der Beifügung von weiteren Bewerbern oder des Namens des Wählers, von Angriffen gegen Bewerber oder Beleidigungen gegen solche, oder in sonstigen Worten bestehen, wie sie manchmal zu Demonstrationszwecken zu beliebt werden: Hoch ...!, oder: Nieder mit ...!, wenn sie mit der Wahl irgendwie in Verbindung oder Beziehung stehen. Nicht als Zusatz in diesem Sinne ist ein irgendwo außerhalb des Vordrucks angebrachter Strich oder sonstiges Zeichen anzusehen; auch nicht sonstige Äußerungen, die offensichtlich nicht in Verbindung mit der Wahl stehen, etwa Notizen des Abstimmenden zu beliebigen anderen Zwecken. Derartiges macht den Stimmzettel nicht ungültig, wenn nicht Ziff. 2 oder 3 eingreifen. Unter „Verwahrung und Vorbehalt" sind Zusätze besonderen Inhaltes zu verstehen, die eine Einflußnahme auf die Abstimmung versuchen. Unmöglich ist die Abstimmung unter Bedingungen oder mit der Erteilung eines Auftrags zu einer bestimmten Stellungnahme des Gewählten in irgendeiner Angelegenheit. Jeder Versuch, die Abstimmung irgendwie mit einer Verwahrung gegen Folgerungen hieraus oder mit einem Vorbehalt des Abstimmenden in irgendeiner Richtung zu verknüpfen, ist nutzlos und führt nur zur Ungültigkeit einer solchen Stimme.

Gleichgültig ist es, ob Zusatz, Verwahrung oder Vorbehalt auf dem Stimmzettel selbst enthalten sind, oder auf einer Anlage, die zusammen mit dem Stimmzettel (eingewickelt in diesen) abgegeben wird.

7. Ziff. 7. Es handelt sich hier um eine Unterart der Ziff. 2. Der Grund der Bestimmung liegt darin, daß aus der Art der Abstimmung möglicherweise die Person des Abstimmenden erkannt werden kann. Als solche beigefügte Gegenstände können z. B. Stecknadeln, Faden, Heftklammern usw. in Betracht kommen. Solche Stimmzettel sind schon bei ihrer Übergabe zu beanstanden und vom Wähler durch ordnungsmäßige Stimmzettel zu ersetzen. Weitere beigefügte nicht gekennzeichnete Stimmzettel fallen im allgemeinen nicht hierunter, wenn die Beifügung von außen nicht fühlbar oder erkennbar ist. Dann ist sie in diesem Fall ohne Bedeutung, macht den Stimmzettel also nicht ungültig, sondern ist einfach nicht

zu beachten. Wenn die beigefügten Stimmzettel jedoch gekennzeichnet sind, müssen sie als solche behandelt werden. Handelt es sich um Stimmzettel für die gleiche Wahl, so trifft Abs. II Bestimmung. Handelt es sich um gekennzeichnete Stimmzettel für eine andere damit verbundene Wahl, so sind beide Stimmzettel nach Ziff. 3 ungültig, wenn nicht aus der Farbe des äußeren Stimmzettels unzweifelhaft ersichtlich ist, für welche Wahl ein gültiger Stimmzettel abgegeben wurde. Dann ist nur der innere Stimmzettel ungültig, weil bei ihm die Wahlberechtigung des Wählers nicht geprüft werden konnte und weil hienach nicht feststeht, ob der Wähler für die andere Wahl nicht auch noch einen eigenen Stimmzettel abgegeben hat. Bei der Verwendung von Wahlumschlägen ist in solchen Fällen die Ausscheidung des ungültigen Stimmzettels stets möglich, wo Wahlumschläge nicht verwendet werden dagegen nur, wenn für die verschiedenen Wahlen verschiedenfarbige Stimmzettel vorgeschrieben sind. Übrigens wird gerade, wo keine Wahlumschläge vorgeschrieben sind, die gleichzeitige Abgabe mehrerer verschiedenfarbiger ineinander steckender Stimmzettel vom Wahlvorsteher leicht bemerkt und verhindert werden können.

8. Abs. II trifft die am Schlusse der Anm. 7 erwähnte Entscheidung über die Gültigkeit mehrerer für die gleiche Wahl gleichzeitig von einem Wähler abgegebener gekennzeichneter oder nicht gekennzeichneter Stimmzettel. Satz 1 behandelt den Fall, daß mehrere Stimmzettel, ineinander steckend, abgegeben wurden, von denen einer ordnungsgemäß gekennzeichnet ist, während die übrigen nicht gekennzeichnet sind, oder die sämtliche gleichmäßig gekennzeichnet sind. Sie gelten als eine Stimme, die weiteren Stimmen werden nicht beachtet. Anders im Fall des Satz 2. Hier handelt es sich um mehrere solche Stimmzettel, die für die gleiche Wahl verschieden gekennzeichnet sind. Sie sind sämtlich ungültig.

Zu beachten ist, daß feststehen muß, daß die mehreren Stimmzettel gleichzeitig von einem Wähler abgegeben wurden. Wenn feststeht oder wenigstens wahrscheinlich ist, daß die Stimmzettel sich erst später ineinander verschoben haben, sind sie als zwei getrennte Abstimmungen zu behandeln. Wenn der Wahlvorstand bei der Entgegennahme der Stimmzettel einigermaßen Obacht gibt, werden solche Fälle von gleichzeitiger Doppelabgabe von Stimmzetteln ohnehin kaum vorkommen können, so daß, wenn nicht der Augenschein entgegensteht, im allgemeinen anzunehmen sein wird, daß die Stimmzettel sich erst später in der Wahlurne ineinander verschoben haben.

5. Feststellung[1] des Wahlergebnisses.

Art. 54.

I Der Kreiswahlausschuß[2] stellt fest,[3] wie viele gültige Stimmen insgesamt und für die in jedem Stimmkreise des Wahlkreises aufgestellten einzelnen Bewerber, ferner wie viele Listenstimmen, endlich wie viele Stimmen für jeden Wahlvorschlag im Wahlkreis abgegeben worden sind.[4]

II Die Gesamtzahl der abgegebenen gültigen Stimmen wird sodann durch die um 1 vermehrte Zahl der im Wahlkreise zu vergebenden Sitze geteilt[5] (Verteilungszahl). Jeder Wahlvorschlag erhält so viele Sitze, als sich bei der Teilung seiner Gesamtstimmenzahl an Bewerberstimmen und Listenstimmen durch die Verteilungszahl ergibt.[6]

III Die Stimmreste[7] der einzelnen Wahlvorschläge werden samt der Zahl der im Wahlkreise noch nicht vergebenen Sitze[8] dem Landeswahlleiter mitgeteilt.[9]

Vgl. § 58 LWO.

1. Abschn. 5 behandelt in Ergänzung zu Abschn. 4, der die Ermittelung des Wahlergebnisses durch die Wahlvorstände an Ort und Stelle regelt, die Feststellung der

Ergebnisse für den Wahlkreis, also die Zusammenstellung und Auswertung der örtlichen Ergebnisse. Sie teilt sich in die Verfahren im Wahlkreis vor dem Kreiswahlleiter und dem Kreiswahlausschuß (Art. 54) und im Land (vor dem Landeswahlleiter und dem Landeswahlausschuß, Art. 55, 58).

2. Art. 6, § 19 LWO.

3. Die Feststellung erfolgt auf Grund der Beschlüsse der Wahlvorstände, an die der Wahlausschuß nach Art. 56 gebunden ist. Die Gebundenheit kann sich allerdings nicht auf die Berechnungen der Wahlvorstände erstrecken. Offenkundige Rechenfehler können berichtigt werden. Die Gebundenheit erstreckt sich nur auf die Beschlüsse über die Gültigkeit der Stimmen.

4. Die Feststellungen sind die gleichen, wie sie nach Art. 52 den Wahlvorständen aufgetragen sind. S. Anm. 5—8 daselbst. Nur hinsichtlich der Gültigkeit der Stimmen hat der Kreiswahlausschuß keine Entscheidung zu treffen, selbst wenn er in dieser Hinsicht einmal anderer Meinung als der Wahlvorstand sein sollte. (Ebenso § 28 RWG.) Die Nachprüfung dieser Art von Beschlüssen der Wahlvorstände ist nur im Wahlprüfungsverfahren durch den Landtag möglich.

5. Abs. II trifft Bestimmung darüber, in welcher Weise die in Art. 41 II den einzelnen Wahlkreisen zugeteilten Sitze auf die in den einzelnen Wahlkreisen an der Wahl beteiligten Wahlvorschläge unter Zugrundelegung der bei der Wahl für sie abgegebenen und nach Abs. I festgestellten Stimmen zu verteilen sind.

6. Das Verfahren ist nicht das bei der Reichstagswahl angewandte D'Hondtsche (Teilung durch 2, 3, 4, 5 usw.), sondern das Hagenbach-Bischoffsche, wie es vielfach in der Schweiz eingeführt ist. Es ermittelt die zur Zuteilung je eines Sitzes berechtigende „Verteilungszahl" durch die Teilung nicht mit der Sitzezahl, sondern mit der um 1 vermehrten Sitzezahl, weil sonst die Verteilungszahl und damit die Zahl der im Wahlkreis nicht verteilten Sitze zu groß würde, während bei Teilung mit dem um 1 vergrößerten Teiler die Wahrscheinlichkeit der

Verteilung der Sitze im Wahlkreis selbst steigt. Nur nebenbei sei bemerkt, daß die Verteilung nach den beiden Verfahren (des RWG., wie des LWG.) zu dem gleichen Ergebnis führen würde, wenn die Verteilung nach dem LWG. nicht unterbrochen und die Verteilung der Restsitze nicht auf Grund der Stimmreste aus dem ganzen Lande vorgenommen würde.

Beispiel: Wenn in einem Wahlkreis bei der Wahl von 10 Abgeordneten 6 Parteien, Partei A 50000, B 20000, C 7000, D 8000, E 15000 und F 10000, zusammen 110000 Stimmen erhalten haben, würde die Teilung von 110000 : 10 = 11000 als Verteilungszahl ergeben, so daß A 4, B 1 und E 1 Sitz bekämen, die übrigen 4 Sitze aber nicht verteilt werden können, weil mit Rücksicht auf die Zersplitterung und die Stimmreste der Teiler zu groß ist. Wird dagegen mit 10 + 1 = 11 geteilt (110000 : 11 = 10000) und damit eine Verteilungszahl von 10000 zugrund gelegt, so ergäben sich für A 5, B 2, E 1 und F 1, zusammen 9 Sitze. Es bliebe also nur 1 Sitz unverteilt. Die Stimmreste 7000, 8000 und 5000 würden für die Restsitzeverteilung durchs ganze Land, zu der im eben gegebenen Beispiel der Wahlkreis 1 Sitz, den noch nicht verteilten 10. Sitz, beisteuern würde, zum Zug kommen.

Das Teilungsverfahren nach dem RWG. würde folgendes Bild ergeben:

50000 (1. Sitz)	20000 (3. Sitz)	7000	8000	15000 (5. Sitz)	10000 (9. Sitz)
25000 (2. Sitz)	10000 (8. Sitz)	3500	4000	7500	5000
16667 (4. Sitz)	6667	2333	2667	5000	3333
12500 (6. Sitz)	5000	1750	2000	3750	2500
10000 (7. Sitz)	4000	1400	1600	3000	2000.

Bei Verteilung von 9 Sitzen ergäbe sich also auch hiebei die Verteilungszahl 10000.

7. Stimmrest ist der Rest, der sich bei den Stimmen des einzelnen Wahlvorschlages, bei Teilung der Gesamtziffern des Wahlvorschlages mit der nach Abs. II errechneten Verteilungszahl ergibt. In dem Beispiel liegen solche vor bei C (7000), D (8000) und E (5000).

8. Die vollständige Verteilung der Sitze in den Wahlkreisen wäre auf Grund des Art. 54 II nur dann

möglich, wenn keine Stimmenzersplitterung einträte und eine ganz regelmäßige Stimmenverteilung vorläge, die nicht zu Reststimmen führt. Wo diese von vornherein unmöglichen Voraussetzungen nicht gegeben sind, könnten die Restsitze im Wahlkreis nur durch eine Veränderung (Verkleinerung) der Verteilungszahl in weiteren Verteilungsgängen verteilt werden, wie sie für die Verteilung der Restsitze jetzt Art. 55 III (in der neuen Fassung) vorschreibt. Dann könnten die sämtlichen Sitze im Wahlkreis vergeben werden. So geht jedoch das LWG. nicht vor. Es zieht es vor, nach dem ersten Verteilungsgang das Verfahren im Wahlkreis abzubrechen, die Restsitze für das ganze Land zusammenzuwerfen und nach Maßgabe der Stimmreste (nach ihrer Zusammenfassung für das ganze Land) unter die hieran beteiligten Parteien zu verteilen. Wären die Sitze 1924 vollständig in den Wahlkreisen verteilt worden, ohne Übertragung der Restsitze, so wäre dies vor allem den großen Parteien zugute gekommen, während die vielfach erst bei der Restsitzeverteilung zum Zug gekommenen kleinen Parteien ausgefallen wären.

9. Der Landeswahlleiter hat diese Verteilung nach Art. 55 vorzunehmen.

Art. 55.

I Der Landeswahlausschuß[1] verteilt die bei der Sitzeverteilung nach Art. 54 in den Wahlkreisen nicht verteilten Sitze[2] nach Maßgabe der bei dieser Verteilung verbliebenen Stimmreste.[3] Dabei werden Kreiswahlvorschläge, die das gleiche Kennwort ohne jede Abweichung tragen, als Gesamtwahlvorschlag[4] behandelt und ihre Stimmreste zusammengezählt. Jede Abweichung der Kennworte schließt die Zusammenrechnung aus.

II Der Landeswahlausschuß teilt die Gesamtsumme der Stimmreste aller Gesamtwahlvorschläge und der nicht an einem Gesamtwahlvorschlage beteiligten selbständigen Kreiswahlvorschläge durch die um 1 vermehrte Zahl der noch zu besetzenden Sitze (Restverteilungszahl).[5] Jeder Gesamtwahlvorschlag und jeder selbständige Kreiswahlvorschlag erhält vorbehaltlich der Bestimmung in Abs. IV so viele Sitze, als sich bei der Teilung seines Stimmrestes durch die Restverteilungszahl ergibt.[6]

III Werden hierdurch nicht alle Sitze vergeben, so wird der Stimmrest jedes Gesamtwahlvorschlages und jedes selbständigen Kreiswahlvorschlages durch die um 1 vermehrte Zahl der ihm hiernach zugewiesenen Sitze geteilt. Dem Gesamtwahlvorschlag oder selbständigen Kreiswahlvorschlage, bei dem sich hiernach die größte Zahl ergibt, wird dann vorbehaltlich der Bestimmung in Abs. IV ein weiterer Sitz zugewiesen. Dieses Verfahren wird nötigenfalls entsprechend wiederholt.[7]

IV Bei dieser Sitzeverteilung können nur Gesamtwahlvorschläge und selbständige Kreiswahlvorschläge, welche bei der Verteilung nach Art. 54 in den Wahlkreisen mindestens einen Sitz erhalten haben, weitere Sitze erhalten.[8]

V Innerhalb der Gesamtwahlvorschläge werden die Sitze den Kreiswahlvorschlägen zugewiesen, welche die größten Stimmreste aufweisen.[9]

Änderung und Neufassung durch G. v. 18. Juli 1925. Vgl. § 60 LWO.

1. Vgl. Art. 6 II und § 19 LWO.

2. Die Verteilung der gemäß Art. 41 II den Wahlkreisen zustehenden Sitze erfolgt zunächst durch die

Kreiswahlausschüsse nach Maßgabe des Art. 54. Hiebei bleiben stets einige Sitze unverteilt (s. Art. 54 Anm. 8).

3. Den Maßstab für die verhältnismäßige Verteilung dieser Restsitze bilden die in den Wahlkreisen unberücksichtigt gebliebenen Stimmreste (s. Art. 54 Anm. 7). Beteiligt an der Verteilung sind sämtliche Kreiswahlvorschläge die Stimmreste haben aus sämtlichen Wahlkreisen, wobei die einzelnen Kreiswahlvorschläge zur gemeinsamen Verwertung der Stimmreste zusammengefaßt werden. S. Satz 2.

4. Als Gesamtwahlvorschlag bezeichnet das LWG. die Mehrheit von Kreiswahlvorschlägen, die in den verschiedenen Wahlkreisen das gleiche Kennwort (Art. 46 II) ohne jede Abweichung tragen. Es handelt sich dabei nicht, wie bei den Reichswahlvorschlägen um eigene neue Wahlvorschläge, sondern nur um die Zusammenfassung der Ergebnisse der mit dem gleichen Kennwort versehenen Wahlvorschläge zwecks Verteilung gewisser Sitze unter die vorhandenen Kreiswahlvorschläge.

Die Zusammenfassung der Kreiswahlvorschläge zu diesem Zwecke (zu Gesamtwahlvorschlägen) geschieht automatisch durch die Wahl des gleichen Kennwortes. Art. 55 I hat schon in der Fassung von 1920 unter den Gesamtwahlvorschlägen, die „mit dem gleichen Kennwort versehenen" Wahlvorschläge verstanden. Bei der Auslegung der Worte „gleiches Kennwort" gab es mehrfach Unstimmigkeiten, so vor allem bei der Wahl 1924; hiebei hatte die S.P.D. in einzelnen Wahlkreisen das Kennwort „Vereinigte Sozialdemokratische Partei in Bayern", in andern „Vereinigte Sozialdemokratische Partei", wieder in einem andern „Vereinigte Sozialdemokratische Partei Deutschlands" (VSPD.) oder „Vereinigte Sozialdemokratische Partei (VSPD.)". Bei der Entscheidung darüber, ob hier das gleiche Kennwort anzunehmen sei, kam es darauf an, ob die Gleichheit des Kennworts als Wortgleichheit oder als Sinngleichheit aufzufassen sei Im letzteren Fall lag bei den sämtlichen sozialdemokratischen Wahlvorschlägen ein Gesamtwahlvorschlag vor, im ersteren Fall dagegen nicht. Der Landeswahlausschuß entschied mit knapper Mehrheit für das Erfordernis der Sinngleichheit, welcher Entscheidung der Landtag bei der Wahlprüfung zwar beipflichtete, jedoch mit dem Wunsche, daß für die Zukunft durch einen Zusatz zu Art. 55 I solche Auslegungsschwierigkeiten abgeschnitten werden sollten und Wortgleichheit verlangt werden möge. Diesem Erfordernis ist durch das G. v. 18. Juli 1925 Rechnung getragen worden, das den Abs. I in Satz 3 und 4 umgestaltet hat. Nunmehr steht fest, daß jede, auch die geringste Abweichung der Kennworte die Zusammenrechnung der betreffenden Kreiswahlvorschläge zu einem Gesamtwahlvorschlag unmöglich macht, und diese nur bei völliger Wortgleichheit der Kennworte möglich und zulässig ist. Bei der Wahl der Kennworte der zusammengehörigen Kreiswahlvorschläge ist daher hierauf unbedingt Rücksicht zu nehmen, wenn sehr unliebsame Überraschungen bei der Verteilung der Restsitze und der Landesmandate vermieden werden sollen.

5. Die Verteilung der Restsitze erfolgt nach dem Verhältnis der nicht verwendeten Reststimmen sämtlicher Kreiswahlvorschläge aus sämtlichen Wahlkreisen. Soweit die Kreiswahlvorschläge nach Abs. I zu einem Gesamtwahlvorschlag gehören, werden zunächst ihre Reststimmen aus den 8 Wahlkreisen für sich zusammengezählt. Die Reststimmen sämtlicher Gesamtwahlvorschläge und sodann die Reststimmen der weiter vorhandenen einzelnen Kreiswahlvorschläge, die nicht zu einem Gesamtwahlvorschlag gehören, weil ihr Kennwort sich sonst in keinem andern Wahlkreis wiederholt, sind hierauf zusammenzuzählen und ergeben die Gesamtsumme der Stimmreste. Unter diese werden die in den Wahlkreisen bei der Verteilung nach Art. 54 nicht verteilten Sitze, die Restsitze, verteilt und zwar zunächst in gleicher Weise wie dies nach Art. 54 II in den Wahlkreisen geschehen ist. Die Aussichten der selbständigen Teilnehmer an der Sitzeverteilung sind allerdings gegenüber den Gesamtwahlvorschlägen nicht besonders günstig.

6. S. Art. 54 Anm. 6. Die Verteilung der Restsitze erfolgt im Gegensatz zu Art. 54 nicht bedingungs-

los an die beteiligten Wahlvorschläge, sondern nur unter der in Abs. IV aufgestellten Bedingung, daß sie bei der ersten Sitzeverteilung in den Wahlkreisen schon wenigstens einen Sitz erhalten haben. Wahlvorschläge, die diese Voraussetzung nicht erfüllen, die also bei der Sitzeverteilung nach Art. 54 in den Wahlkreisen noch keinen Sitz erhalten haben, können auch bei der Restsitzeverteilung keinen solchen bekommen. S. Anm. 8.

7. Abs. III ist durch das G. v. 18. Juli 1925 geändert. Bis dahin hat Abs. III die Sitze, die bei der Restsitzeverteilung nach Abs. I S. 2 (jetzt Abs. II) nicht vergeben waren, ohne Wiederholung der Teilung mit einem größeren Teiler (zwecks Ermittelung der richtigen, zur Verteilung aller Restsitze führenden Restverteilungszahl) an die größten Stimmreste vergeben. Dies entsprach dem Muster, das bei der Abfassung des LWG. zugrunde gelegt wurde. Doch führt die Anwendung dieser Bestimmung dazu, daß die Verteilung der Sitze, vom Standpunkte der vollständigen Verhältnismäßigkeit aus betrachtet, nicht ganz richtig vor sich geht. Deshalb hat das G. v. 18. Juli 1925 diese frühere Bestimmung des Abs. III fallen lassen und an ihrer Stelle die Vorschrift des jetzigen Abs. III gesetzt, die die richtige Restverteilungszahl zu ermitteln vorschreibt und damit die völlige Verhältnismäßigkeit der Verteilung gewährleistet.

Der Unterschied der beiden Vorschriften ist in der Begr. z. G. v. 18. Juli 1925 durch ein Beispiel erläutert, das auch das jetzige Verfahren beleuchtet:

„Bei einer Wahl seien 210 000 Stimmen abgegeben worden. Zu verteilen seien 20 Sitze. Die Verteilungszahl ist dann zunächst 210 000 : 21 = 10 000. An der Wahl seien 6 Parteien mit folgenden Stimmenzahlen beteiligt:

A	136 000	D	9 000
B	35 000	E	8 000
C	17 000	F	5 000
		Summe	210 000

Bei der Teilung mit der Verteilungszahl 10000 ergibt sich, daß A 13, B 3, C 1 Sitz erhält. 3 Sitze bleiben zunächst unbesetzt. Werden diese an die größten Stimmreste vergeben, so fallen sie an D, E und C. E erhält also dann schon auf 8000 Stimmen einen Sitz. Würde nun, um die Richtigkeit der Verteilung zu erproben, der gleiche Maßstab bei A und B angelegt, sollten also auch diese schon auf je 8000 Stimmen 1 Sitz erhalten, so müßte A 17 und B 4 Sitze erhalten, was aber unmöglich ist, weil soviele Sitze nicht zu vergeben sind. Nur dann wäre jedoch der Grundsatz der Verhältnismäßigkeit bei der Verteilung der Sitze ganz eingehalten. Zu einem anderen, der Verhältnismäßigkeit entsprechenden Ergebnisse kommt man, wenn man das Hagenbach-Bischoffsche Verteilungsverfahren bei der Verteilung der Restsitze in seiner vollen Auswirkung anwendet, indem der Teiler vergrößert wird, wie dies z. B. auch bei der Verteilung der Landesabgeordnetensitze in Art. 58 vorgesehen ist. Dann würde in dem oben angegebenen Beispiele der 18. Sitz an A, der 19. an A und der 20. an D fallen. Die letzte Verteilungszahl wäre dann 9000. Wird, um die Probe auf die richtige Verhältnismäßigkeit der Berechnung zu machen, mit dieser Zahl in die Stimmenzahlen sämtlicher Parteien geteilt, so ergibt sich, daß A 15, B 3, C 1, D 1, E und F keinen Sitz zu beanspruchen haben, wie die Verteilung auch tatsächlich vor sich gegangen ist. Jede andere Verteilung bringt den Gedanken möglichster Verhältnismäßigkeit nicht zum Ausdruck, sondern stört diesen Gedanken.

Deshalb sieht Abs. III die weitere Verteilung der bei der ersten Verteilung nicht vergebenen Sitze nicht mehr an die Wahlvorschläge mit den größten Reststimmenzahlen, sondern unter nochmaliger Anwendung des im ersten Verteilungsgange vorgesehenen Verfahrens, also in der Weise vor, wie sie auch bei der Verteilung der Landesabgeordnetensitze in Art. 58 bisher schon in voller Folgerichtigkeit vorgesehen war."

Die in dem obigen Beispiel erwähnte Vergrößerung des Teilers und die dadurch bewirkte Verkleinerung der Restverteilungszahl würde zu folgendem Ergebnis führen:

Wahlvorschlag	A	136 000 : 10 000 = 13	Sitze
"	B	35 000 : 10 000 = 3	"
"	C	17 000 : 10 000 = 1	"
"	D	9 000 : 10 000 = —	"
"	E	8 000 : 10 000 = —	"
"	F	5 000 : 10 000 = —	"

Zwecks Vergebung der noch nicht besetzten 3 Sitze sind die Stimmenzahlen der sämtlichen Wahlvorschläge durch die um 1 vermehrte Zahl der ihnen zugewiesenen Sitze (D, E, F also durch 1) zu teilen. Dies führt zu folgenden Ergebnissen:

Wahlvorschlag	A	136 000 : 14 = 9 714
"	B	35 000 : 4 = 8 750
"	C	17 000 : 2 = 8 500
"	D	9 000 : 1 = 9 000
"	E	8 000 : 1 = 8 000
"	F	5 000 : 1 = 5 000

Der erste von den 3 noch zu vergebenden Sitzen fällt nach Abs. III dem Wahlvorschlag mit dem größten, sich hiebei ergebenden Teilungsergebnis, d. h. A, zu. Nun wird das Verfahren wiederholt. Eine Veränderung der Ergebnisse tritt allerdings nur bei A ein, weil hier bei nunmehr 14 Mandaten mit 15 zu teilen ist.

Wahlvorschlag A 136 000 : 15 = 9060.

Wahlvorschlag B—F unverändert wie oben.

Das größte Teilungsergebnis weist auch bei diesem Stande wieder der Wahlvorschlag A auf. Auch der nächste Sitz fällt also diesem Wahlvorschlag zu.

Bei der nächsten Wiederholung des Verfahrens ergibt sich:

Wahlvorschlag A 136 000 : 16 = 8500,

Wahlvorschlag B—F unverändert wie oben.

In dieser Zusammenstellung hätte Wahlvorschlag D das größte Teilungsergebnis mit 9000 aufzuweisen und deshalb den letzten Sitz zu beanspruchen.

Dieses Verfahren ist übrigens dasselbe, wie es bei den bayr. Gemeindewahlen schon von 1908—1918 für die größeren Gemeinden mit Verhältniswahl vorgeschrieben war.

8. S. zunächst Anm. 6. Die Bestimmung ist gleichfalls durch das G. v. 18. Juli 1925 in das LWG. hineingekommen. Die Begr. führte hiezu folgendes aus:

„Diese Bestimmung will der Auflösung der politischen Parteien in Zwergparteien, der Atomisierung des politischen Lebens entgegenarbeiten. Der Grundgedanke des bayerischen Landtagswahlrechts ist die möglichste örtliche Bindung der Abgeordneten an ihre Bezirke und ihre Wähler. Dem widerstreitet es aber, wenn Gruppen im Landtage vorhanden sind, die nirgends örtlich verankert sind, sondern nur eine zentralisierte Vertretung verstreut wohnender Wähler darstellen. Die Stimmrestverwertung nach Art. 55 strebt die gerechte Verwertung überschießender Stimmen an, nicht aber die Zusammenfassung der Stimmen von Gruppen, die nirgends so stark sind, daß sie von sich aus in einem Wahlkreise schon einen Abgeordnetensitz erringen konnten."

Der RegEntw. wollte sogar noch weitergehen und den Wahlvorschlägen bei dieser Verteilung nur soviele Sitze zubilligen, als sie bei der Verteilung nach Art. 54 in den Wahlkreisen insgesamt bereits erhalten haben. Der Landtag lehnte jedoch diese weitere Einschränkung ab und begnügte sich mit der nunmehr in Abs. III vorgesehenen Beschränkung. Sie hätte sich z. B. bei der Wahl 1924 dahin ausgewirkt, daß eine kleine Partei und 2 Einzelvertreter nicht in den Landtag eingezogen wären. Bei der Aufstellung der Wahlvorschläge wird hierauf Rücksicht genommen werden müssen, wenn nicht Stimmenverluste eintreten sollen. Wahlvorschläge, die bei der Sitzeverteilung in den einzelnen Wahlkreisen keine Aussicht auf Erfolg haben, können sich in Zukunft an der Landtagswahl überhaupt nicht mehr beteiligen. Diese Bestimmung wird sich daher in der Richtung der Förderung des Zusammenschlusses der Splitterparteien auswirken.

Übrigens ist auch die Aussicht selbständiger Kreiswahlvorschläge, einen Restsitz zu erobern, gering. Die Resteverteilungszahl war 1920: 28 443, 1924: 31 769, also erheblich höher als die Verteilungszahlen der Wahlkreise. Es ist daher nicht wahrscheinlich, daß bei selbständigen Kreiswahlvorschlägen aus einem einzigen Wahlkreis ein Stimmrest übrig bleibt, der der Restverteilungszahl entspricht.

9. Abs. V trifft schließlich die Bestimmung, wie die den Gesamtwahlvorschlägen zufallenden Restsitze unter den zugehörigen Kreiswahlvorschlägen zu verteilen sind, die Stimmreste zu dem Gesamtwahlvorschlag geliefert haben. Hier entscheidet einfach die Größe des Stimmrestes. Der Kreiswahlvorschlag, der den größten Stimmrest zu dem Gesamtstimmrest des Gesamtwahlvorschlags beigesteuert hat, erhält den ersten Restsitz, der dem Gesamtwahlvorschlag zugefallen ist, der nächste Kreiswahlvorschlag den zweiten Restsitz des Gesamtwahlvorschlags usw.

Ursprünglich wurde bei den Beratungen zum LWG. 1920 beabsichtigt, die Zuteilung an die einzelnen Wahlvorschläge stets davon abhängig zu machen, daß der Wahlkreis, in den der Sitz zu fallen hätte, nach der Austeilung der Sitze an die Wahlkreise in Art. 41 auch noch einen Anspruch auf einen Sitz hätte, andernfalls aber den Sitz neuerdings zu vergeben. Dadurch wäre die Möglichkeit entstanden, daß ein Sitz, auf den eine bestimmte Partei nach ihrer Stimmenzahl Anspruch hätte, nicht dieser Partei, sondern einer anderen Partei mit dem nächstkleineren Stimmrest zugefallen wäre. Der Sitz hätte also zum Schaden der Partei aus dem Wahlkreis und aus der Partei abwandern können. In der 2. Lesung beschloß jedoch der Ausschuß insoweit eine Ausnahme von dem starren System der Sitzeverteilung nach Art. 41 zu machen, um die Verhältnismäßigkeit besser zu wahren und jeder Partei die Sitze zu gewährleisten, auf die sie nach ihrer Stimmenzahl Anspruch hat. Deshalb ist Art. 55 in Art. 41 als Anlaß zu Ausnahmen von der daselbst bestimmten Sitzeverteilung auf die Wahlkreise eigens aufgeführt.

Über den Fall der Erledigung solcher Sitze s. Art. 61 Anm. 7.

Art. 56.

I Die Wahlausschüsse [1] sind an die Feststellungen der Wahlvorstände hinsichtlich der Gültigkeit der Stimmen [2] gebunden.

II Ergibt sich bei der Feststellung des Ergebnisses, daß ein Bewerber entgegen seiner abgegebenen Erklärung und Versicherung (Art. 46 Abs. VI) in mehreren Wahlkreisen aufgestellt[3] worden ist, so hat der Kreiswahlausschuß[4] oder nachträglich der Landeswahlausschuß die sämtlichen für diesen Bewerber abgegebenen Stimmen für ungültig zu erklären. Das Wahlergebnis ist hienach gegebenenfalls neu festzustellen.

1. Die Bestimmung gilt sowohl für die Kreiswahlausschüsse wie für den Landeswahlausschuß. S. Art. 54 Anm. 3 und Art. 58.

2. S. Art. 52. Rechenfehler bei der Zusammenstellung der Stimmen können berichtigt werden (§ 65 II LWO.).

3. Nach Art. 46 IV darf jeder Bewerber nur in einem Wahlkreis aufgestellt und nur in einem Wahlvorschlag benannt sein. Die Nachprüfung der Einhaltung dieser Bestimmung kann im Vorverfahren nach Art. 47 nicht mit völliger Sicherheit erfolgen, da die Kreiswahlleiter von den bei andern Kreiswahlleitern eingereichten Wahlvorschlägen erst nach der Zulassung und Bekanntgabe Kenntnis erhalten. Es ist also möglich, daß ein Bewerber entgegen der Vorschrift in Art. 46 IV in mehreren Wahlkreisen aufgestellt wird.

Im Landtagsausschuß entspann sich eine längere Aussprache darüber, welche Folgen es haben müsse, wenn ein Bewerber entgegen der Vorschrift des Art. 46 IV sich in mehreren Wahlkreisen aufstellen läßt. Die Entscheidung der Frage ist von Bedeutung, weil bei günstiger Regelung die Möglichkeit des „Stimmensammelns" in allen 8 Wahlkreisen durch den gleichen Bewerber entstünde. Die Abneigung hiegegen führte dazu, daß alle auf solche Doppelbewerber abgegebenen Stimmen für ungültig erklärt wurden.

4. Diese Ungültigkeit kann bei der Entscheidung der Wahlvorstände über die Gültigkeit der Stimmen noch nicht berücksichtigt werden. Denn die Wahlvorstände können am Wahltag kaum wissen, welche der bei ihnen vom Kreiswahlleiter zugelassenen Bewerber auch anderwärts aufgestellt worden sind. Jedenfalls würde ihnen die Kontrolle hierüber die Entscheidung über die Gültigkeit der Stimmen erschweren. Deshalb ist die Prüfung der Stimmen nach dieser Richtung hin, als Ausnahme von Art. 56 I, den Kreiswahlausschüssen, in letzter Instanz dem Landeswahlausschuß übertragen und das Recht gegeben worden, Stimmen, die die Wahlvorstände für gültig erklärt haben, aus diesem Grunde zu beanstanden. Mit Rücksicht auf diese schweren Folgen werden Doppelkandidaturen wohl kaum vorkommen, zumal da nach § 31 I Ziff. 2 LWO. jeder Bewerber zufolge einem Antrag Giermann die Kenntnis hievon bei seiner Zustimmungserklärung bestätigen muß.

Wenn ein Wahlvorstand von einer solchen Doppelkandidatur rechtzeitig erfährt, ist auch er berechtigt und verpflichtet, die Folgerung aus Abs. II zu ziehen und die Stimmen für solche Bewerber für ungültig zu erklären.

Art. 57.

I Innerhalb der Wahlvorschläge[1] werden die Sitze auf die einzelnen Bewerber nach der Zahl der auf jeden Bewerber in den Stimmkreisen, für die er innerhalb des Wahlkreises aufgestellt ist, entfallenen Stimmen[2] verteilt.

II Entfallen auf einen Wahlvorschlag mehr Sitze, als er wählbare Bewerber enthält,[3] so fallen sie den Bewerbern zu, die auf den übrigen Wahlvorschlägen des gleichen Gesamtwahlvorschlages nach der Zahl ihrer Stimmen an erster Stelle berufen sind.[4] Sind solche nicht vorhanden, so bleiben die Sitze unbesetzt.[5]

III Haben mehrere Wahlvorschläge infolge gleicher Teilungsergebnisse oder Reststimmen auf einen Sitz gleichen Anspruch und würde bei voller Befriedigung der sämtlichen Ansprüche die verfügbare Zahl der Sitze überschritten, so fällt der Sitz an den Wahlvorschlag, dessen in Betracht kommender Bewerber die größte Stimmenzahl aufweist.[6] Bei Stimmengleichheit entscheidet das Los.

IV Haben in einem Wahlvorschlage mehrere Bewerber die gleiche Stimmenzahl erhalten und reicht die verfügbare Zahl der Sitze nicht für alle aus, so entscheidet das Los.[7]

Vgl. §§ 58, 60 LWO.

1. Die Verteilung der Sitze unter die Wahlvorschläge regeln Art. 54, 56. Art. 57 I u. II regelt die Verteilung der dem einzelnen Wahlvorschlag auf Grund dieser Bestimmungen zugefallenen Sitze unter die Bewerber des Wahlvorschlages selbst.

2. Die Verteilung erfolgt nach der Reihenfolge der Bewerber, die sich nach ihren Stimmenzahlen richtet. Insofern haben die Wähler Einfluß darauf, welche der von der Partei aufgestellten Bewerber sie in den Landtag einziehen lassen wollen und welche nicht. Da die Bewerber nur in den ihnen zugeteilten Stimmkreisen gültige Stimmen bekommen können, hängt die Reihenfolge wesentlich davon ab, in welchen und in wievielen Stimmkreisen ein Bewerber aufgestellt worden ist. Dies ist für den Erfolg von größerer Bedeutung für ihn, als wenn er Standes- oder wirtschaftliche Interessen einer größeren Wählerzahl vertritt, die räumlich zerstreut lebt. Die Stimmkreisbindung mit ihrer Einschränkung der Wählerfreiheit beruht auch mit auf diesem Gegensatz zwischen politischen und wirtschaftlichen Interessen.

3. Der Fall ist möglich, wenn die Parteileitung zu sparsam in der Aufstellung der Bewerber war oder wenn mehrere Bewerber unvorhergesehen ausscheiden. Nach den ursprünglichen Ausschußbeschlüssen sollte zu-

nächst eine nochmalige Verteilung innerhalb des Wahlkreises stattfinden; bei der Restsitzeverteilung sollten die Sitze zunächst dem gleichen Gesamtwahlvorschlag belassen werden, wenn dies im Rahmen der Sitzezahlen der Wahlkreise nach Art. 41 Abs. II möglich wäre, sonst aber sollten die Sitze dem Wahlkreis erhalten bleiben, in den sie nach dieser Vorschrift zu fallen hätten. Aus den am Schluß der Anm. 9 zu Art. 55 dargelegten Gründen wurde jedoch auch hier von dieser Einschränkung der Verhältnismäßigkeit abgesehen und darnach getrachtet, den Sitz der gleichen Partei, durch Hinübergabe an andere zum gleichen Gesamtwahlvorschlag gehörige Wahlvorschläge, ohne Rücksicht auf die Sitzeausteilung nach Art. 41, zu erhalten, wo dies aber nicht möglich ist, den Sitz lieber unbesetzt zu lassen, als ihn einer anderen Partei zukommen zu lassen. Die Erwägungen, die hiezu führten, sind durchaus begründet. Deshalb ist in Art. 41 II auch Art. 57 aufgeführt.

4. In solchen Fällen sind daher nur die Stimmenzahlen der noch nicht gewählten Bewerber aus den sämtlichen Kreiswahlvorschlägen des gleichen Gesamtwahlvorschlages ausschlaggebend. Der Bewerber mit der höchsten Stimmenzahl kommt zum Zug, ganz ohne Rücksicht darauf, in welchem Wahlkreis er aufgestellt ist. Das Gleiche gilt auch, wenn ein solcher Fall bei der Restsitzeverteilung sich ergibt.

5. Ebenso Art. 61 II Schlußsatz.

6. Die Verteilung der Sitze unter die mehreren in einem Wahlkreis oder bei der Restsitzeverteilung beteiligten Wahlvorschläge nach Art. 54 u. 55 richtet sich nach den den Wahlvorschlägen zugefallenen Stimmenzahlen auf Grund der Verteilungszahl. Wenn die Ergebnisse der Teilung der Stimmenzahlen oder der Reststimmen durch die Verteilungszahl bei mehreren Wahlvorschlägen infolge Gleichheit der Stimmen oder Reststimmen gleich sind, können, solange genügend Sitze zu vergeben sind, sämtliche Wahlvorschläge berücksichtigt werden. Wenn dieses Ergebnis aber bei Verteilung des letzten Sitzes sich herausstellt, also nur ein Wahlvor-

schlag noch in Betracht kommen kann, ist für die Auswahl dieses Wahlvorschlages ausschlaggebend, welcher der in Betracht kommenden Bewerber die größte Stimmenzahl aufweist. Es muß also bei allen gleichberechtigten Wahlvorschlägen festgestellt werden, welcher Bewerber den strittigen Sitz gegebenenfalls erhalten würde. Dem Bewerber mit der größten Stimmenzahl und dem Wahlvorschlag, dem er angehört, wird er dann zugeteilt.

7. Dieser Fall kann, wie bei Anm. 6, auch nur da vorkommen, wo die Stimmengleichheit für die bei Vergebung des letzten Sitzes in Betracht kommenden Bewerber besteht.

Art. 58.

I Der Landeswahlausschuß[1] verteilt die Sitze für die Landesabgeordneten[2] unter die Gesamtwahlvorschläge[3] und die selbständigen Kreiswahlvorschläge[4] nach dem Verhältnis ihrer Stimmenzahlen.[5]

II Hierzu wird zunächst die gesamte Stimmenzahl durch die um 1 vermehrte Zahl der Landesabgeordneten geteilt. Durch diese Verteilungszahl werden sodann die Stimmenzahlen der Gesamtwahlvorschläge und der selbständigen Kreiswahlvorschläge geteilt.[6]

III Werden hierdurch nicht alle Sitze vergeben, so wird die Stimmenzahl jedes der Gesamtwahlvorschläge und selbständigen Kreiswahlvorschläge durch die um 1 vermehrte Zahl der ihm hiernach zugewiesenen Sitze geteilt. Dem Gesamtwahlvorschlag oder selbständigen Kreiswahlvorschlag, bei dem sich hiernach die größte Zahl ergibt, wird dann ein weiterer Sitz zugewiesen. Dieses Verfahren wird nötigenfalls entsprechend wiederholt.[7]

IV Haben mehrere Gesamtwahlvorschläge oder selbständige Kreiswahlvorschläge infolge gleichen Teilungsergebnisses auf einen Sitz gleichen Anspruch und würde bei voller Befriedigung der sämtlichen Ansprüche die verfügbare Zahl von Sitzen überschritten, so entscheidet das Los.[8]

V Der Landeswahlleiter eröffnet die Zahl der hiernach auf die Gesamtwahlvorschläge oder selbständigen Kreiswahlvorschläge treffenden Sitze dem Vertrauensmanne[9] mit der Anheimgabe, ihm die Namen der Landesabgeordneten im Benehmen[10] mit den Vertrauensmännern der Wahlvorschläge[11] binnen acht[12] Tagen zu bezeichnen. Die Abgeordneten müssen den auf einem Wahlvorschlage verzeichneten, noch nicht gewählten Bewerbern entnommen sein.[13]

VI Werden diese Abgeordneten nicht binnen acht[12] Tagen benannt oder ist für einen Gesamtwahlvorschlag oder selbständigen Kreiswahlvorschlag nicht mehr die entsprechende Anzahl von Bewerbern verfügbar, so bleiben die Sitze unbesetzt.[14]

Vgl. § 61 LWO.

1. S. Art. 6 II und § 19 LWO.

2. Nach Art. 42 15 Sitze.

3. S. Art. 55 Anm. 4.

4. Selbständige Kreiswahlvorschläge sind solche, die nicht durch das gleiche Kennwort nach Art. 55 I mit anderen Kreiswahlvorschlägen zu einem Gesamtwahlvorschlage zusammengefaßt sind, sondern, wie bei der Sitzeverteilung im Wahlkreise, auch bei der Restsitzeverteilung und bei der Verteilung der Sitze der Landesabgeordneten für sich allein stehen. Über ihre Aussichten siehe Art. 42 Anm. 3.

5. Während die Restsitze nach Art. 55 nach Maßgabe der in den Wahlkreisen noch nicht verwerteten Stimmreste vergeben werden, werden die „Landesmandate" nach dem Verhältnis ihrer Stimmenzahlen im ganzen Lande unter die beteiligten Wahlvorschläge verteilt. Ein anderer Verteilungsmaßstab kann nach der Art und dem Zweck dieser Mandate nicht in Frage kommen.

6. Das Verteilungsverfahren ist das Hagenbach-Bischoffsche Verfahren, wie es in Art. 55 für die Verteilung der Restsitze vorgeschrieben ist. Die Erläuterungen hiezu siehe in Art. 54 Anm. 5 u. 6 und Art. 55. Abs. II regelt den ersten Verteilungsgang, Abs. III den zweiten und die folgenden Verteilungsgänge. Die „gesamte Stimmenzahl" ist die Gesamtzahl aller gültigen Stimmen, die in den sämtlichen Wahlkreisen für alle Kreiswahlvorschläge, mögen sie an Gesamtwahlvorschlägen beteiligt sein oder nicht, abgegeben wurden.

Im Jahre 1924 ergab sich bei 2991685 gültigen Stimmen aus dem ganzen Land und bei Teilung mit (15 + 1 =) 16 eine Verteilungszahl von 186980. Bei der Teilung der Stimmenzahlen der Gesamtwahlvorschläge und selbständigen Kreiswahlvorschläge durch diese Verteilungszahl ergaben sich für die bayr. Volkspartei 5, für die Sozialdemokratische Partei 2, für den Völkischen Block 2 Sitze, für die Nationale Rechte, die Kommunistische Partei und den Bauernbund je 1 Sitz; es waren also im ersten Verteilungsgang 12 Sitze verteilt.

7. Abs. III regelt die weiteren Verteilungsgänge für den Fall, daß der erste Verteilungsgang nach Abs. II, wie in dem Beispielsfall der Anm. 6, nicht zur Verteilung aller 15 Sitze führt. Näheres hierüber s. in Anm. 7 zu Art. 55.

Die Anwendung des Abs. III hat bei der Wahl 1924 zu folgendem Ergebnis geführt:

Bei der Teilung der Stimmenzahlen der Beteiligten durch die um 1 vermehrte Zahl ihrer Sitze ergab sich die größte Teilungszahl zunächst mit 171196 bei der Sozialdemokratischen Partei, die hiefür den 13. Sitz erhielt.

Bei Wiederholung der Teilung ergab sich als nächsthöchste Teilungszahl 170 757 beim Völkischen Block, dem damit der 14. Sitz zufiel und bei weiterer Teilung die Teilungszahl 163 724 für den 15. Sitz für die bayr. Volkspartei und damit waren sämtliche 15 Sitze besetzt.

8. Die Bestimmung entspricht dem Art. 57 III für die Verteilung der 113 Sitze des Art. 41. S. Anm. 6 zu Art. 57. Eine Abweichung liegt insofern vor, als nicht die Stimmenzahl des in Betracht kommenden Abgeordneten, sondern das Los entscheidet. Die Abweichung ist notwendig, weil zunächst noch keine Personen, sondern nur Wahlvorschläge in Betracht kommen, das Kriterium des Art. 57 III also fehlt.

9. Der Vertrauensmann der Gesamtwahlvorschläge ist nach § 31 III LWO. bei Einreichung der Wahlvorschläge mitzubestimmen. Im übrigen vgl. § 31 II, III LWO.

10. Betrifft nur den Fall des Gesamtwahlvorschlags. Das Benehmen mit den Vertrauensmännern der den Gesamtwahlvorschlag bildenden Kreiswahlvorschläge braucht dieser Gesamtvertrauensmann nicht nachzuweisen. Es handelt sich nur um eine Vorschrift zur Sicherung innerhalb der Wahlvorschläge. Die Vertrauensleute der übrigen Wahlvorschläge haben selbst dafür zu sorgen, daß die Vorschrift eingehalten wird. Vorgeschrieben ist übrigens nur „Benehmen", nicht „Einvernehmen" Ein Widerspruch eines Vertrauensmannes gegenüber dem Landeswahlausschuß wäre also bedeutungslos. Allein entscheidend ist die Bezeichnung durch den Gesamtvertrauensmann.

11. Der den Gesamtwahlvorschlag bildenden Kreiswahlvorschläge.

12. Die Anregung, gegen die Versäumung dieser Frist Wiedereinsetzung in den vorigen Stand zuzulassen, wurde im Ausschuß des Landtags 1920 besprochen, aber abgelehnt (s. auch Abs. VI). Dabei wurde überhaupt zum Ausdruck gebracht, daß es gegen die Versäumung der im LWG. gesetzten Fristen keine Wiedereinsetzung in den vorigen Stand gibt.

13. Unzulässig ist die Benennung von Landesabgeordneten, die nicht auf einem Kreiswahlvorschlag enthalten sind. Sie haben bei der Stimmabgabe durch die Wähler zur Wahl gestanden. Die Bestimmung, durch die sie ihr Mandat erhalten, ist nur eine Abweichung von Art. 54, 55, also von rein technischen Vorschriften über die Berechnung und Auswertung der für aufgestellte Bewerber abgegebenen Stimmen.

14. Wie bei Art. 41 II für die Wahlkreise gilt hier für das ganze Land der Grundsatz, daß ein Sitz, den eine Partei nicht besetzen kann, nicht einer andern Partei zugute kommen soll. Das verlangt der Grundsatz der Verhältnismäßigkeit der Sitzeverteilung. Während bei Art. 41 II aushilfsweise die Übertragung des in einem Wahlkreise nicht besetzbaren Sitzes in einen andern Wahlkreis zugelassen wird, erübrigt bei Art. 58 nur das Offenlassen des Sitzes. Etwaige Zweifel in dieser Hinsicht, z. B. bei verspäteter Bezeichnung eines Landesabgeordneten, entscheidet der Landeswahlausschuß nach § 61 IV LWO.

Art. 59.

I Die Wahlleiter[1] haben die Gewählten[2] stets sofort von der Wahl zu verständigen mit der Aufforderung, sich über die Annahme der Wahl binnen acht Tagen bei dem Landeswahlleiter[3] zu erklären.

II Wird die Annahme der Wahl nicht binnen acht Tagen nach dem Empfang der Verständigung hiervon diesem gegenüber erklärt, so gilt die Wahl als abgelehnt.[4] Annahme unter Vorbehalt oder Verwahrung[5] gilt als Ablehnung.

§§ 59, 60, 61 LWO.

1. a) Die Kreiswahlleiter verständigen gemäß § 59 I LWO., die nach Art. 54 vom Kreiswahlausschuß als gewählt festgestellten Bewerber.

b) Der Landeswahlleiter verständigt:

die bei der Restsitzeverteilung nach Art. 55 als gewählt festgestellten Bewerber (§ 60 III LWO.),

die nach Art. 58 als gewählt bezeichneten Bewerber (§ 61 IV LWO.),

Bewerber, die infolge von Ablehnungen als Ersatzleute in Betracht kommen.

2. Nach Art. 54, 55, 58.

3. Die Erklärung ist stets beim Landeswahlleiter abzugeben, da die Wahlverhandlungen aus den Wahlkreisen alsbald nach der Verständigung der Gewählten an den Landeswahlleiter zu übersenden sind. (§ 59 I S. 2 LWO.)

4. Es besteht keine Pflicht zur Annahme. Auch die Erklärung der Zustimmung zur Aufnahme in den Wahlvorschlag nach Art. 46 VI bindet nicht. Ausdrückliche Annahme ist nötig. Wer nicht ausdrücklich innerhalb der gesteckten Frist von 8 Tagen annimmt, gilt als ablehnend.

5. S. Art. 53 Anm. 6. Als Verwahrung oder Vorbehalt sind Zusätze zu der Annahmeerklärung anzusehen, die eine Bedingung oder ähnliche Erklärung damit verknüpfen wollen, etwa die Übernahme irgend welcher Referate usw. ablehnen. Nur dann, wenn derartige Erklärungen dem Landeswahlleiter gegenüber abgegeben werden, kommen sie nach Abs. II S. 2 in Betracht, nicht als Vorbehalte gegenüber der Partei. Vereinbarungen der letzteren Art, wie z. B. Verpflichtung zum Rücktritt für gewisse Fälle, sind für das öffentliche Recht ohne Belang, da sie in Widerspruch zu § 35 VU. stehen. (S. v. Jan, VU. Anm. 2, 3 zu § 35.)

Art. 60.

[1] Sobald die Namen aller Abgeordneten feststehen,[1] hat der Landeswahlleiter sämtliche Namen alsbald öffentlich bekanntzugeben,[2] ebenso die Namen der nichtgewählten Bewerber in der Reihenfolge ihrer Stimmenzahlen als Ersatzmänner[3] für

ausscheidende Abgeordnete. Bei gleicher Stimmenzahl ist die Reihenfolge durch das Los festzustellen.[4]

II Die drei ältesten Abgeordneten hat er von dieser ihrer Eigenschaft alsbald zu verständigen.[5]

§§ 63, 64 LWO.

1. Es müssen also die Annahmeerklärungen der sämtlichen, sowohl der nach Art. 54 u. 55 gewählten, als auch der nach Art. 58 bezeichneten Abgeordneten vorliegen. Vorher stehen die Namen noch nicht fest.

2. S. § 85 LWO.

3. Auch nach dem LWG., wie nach allen auf dem Verhältniswahlverfahren beruhenden Wahlgesetzen sind die nicht gewählten Bewerber ohne weiteres und zwar kraft Art. 60 I S. 1 die Ersatzmänner für die Gewählten. Für ihre Reihenfolge sind hier ihre Stimmenzahlen als maßgebend bezeichnet. Näheres hierüber bestimmt Art. 61 II u. III. Da die Reihenfolge der Ersatzmänner für ihr Einrücken in den Landtag von entscheidender Bedeutung ist, muß auch diese auf Grund der Feststellungen der Kreiswahlausschüsse nach Art. 54 I vom Landeswahlleiter bekannt gegeben werden. Die Staatsbürgerschaft kann dann die Bestimmung der Ersatzmänner nach Art. 61, die von Ausnahmefällen abgesehen, durch den Landeswahlleiter allein erfolgt, nachprüfen.

4. Durch den Landeswahlausschuß. § 62 LWO. Die Feststellung der Reihenfolge erfolgt bei der Feststellung des Wahlergebnisses, um dieses zu vervollständigen, also nicht erst im Bedarfsfall.

5. Sie haben nach § 30 II S. 2 BU. binnen 17 Tagen nach dem Tage der amtlichen Feststellung des Wahlergebnisses den Landtag einzuberufen. Deshalb hat der Landeswahlleiter die 3 ältesten Abgeordneten festzustellen. Der Geburtstag der Bewerber muß nach § 31 I S. 2 LWO. im Hinblick auf § 26 II BU. ohnehin im Wahlvorschlag angegeben werden. Die nach § 30 II S. 2 BU. maßgebende „amtliche Feststellung des Wahlergeb-

nisses" ist als abgeschlossen zu betrachten, sobald sämtliche Amtshandlungen des Landeswahlleiters und Landeswahlausschusses vorgenommen sind, die hiezu erforderlich sind, und sobald die Person aller Abgeordneten feststeht. Auch die Annahmeerklärungen müssen also vorliegen. Maßgebend ist der Zeitpunkt, in dem der Landeswahlleiter die Bekanntmachung nach Abs. I unterzeichnet.

6. Ersatz ablehnender oder ausscheidender Abgeordneter.

Art. 61.

I Die Feststellung des Ersatzmannes im Falle der Erledigung eines Abgeordnetensitzes[1] obliegt dem Landeswahlleiter. Die festgestellte Reihenfolge[2] der Ersatzmänner kann — vom Falle des Todes eines Ersatzmannes abgesehen[3] —, vorbehaltlich der Prüfung der Wahl durch den Landtag, nur durch Beschluß des Landeswahlausschusses geändert[4] werden.

II Wenn ein gewählter Abgeordneter die Wahl ablehnt[5] oder nachträglich aus dem Landtag ausscheidet,[6] tritt an seine Stelle ohne Ersatzwahl der Bewerber, der in dem gleichen Wahlvorschlag an erster Stelle unter den nicht gewählten Bewerbern berufen ist.[7] Wenn auf dem gleichen Wahlvorschlag kein Bewerber mehr vorhanden ist, tritt dafür der Bewerber ein, der aus den übrigen Wahlvorschlägen des gleichen Gesamtwahlvorschlags an erster Stelle berufen ist.[8] Ist kein solcher Bewerber mehr vorhanden, so bleibt der Sitz unbesetzt.[9]

III Wenn ein Landesabgeordneter die Wahl ablehnt oder nachträglich aus dem Landtag ausscheidet, ist der Ersatzmann gemäß Art. 58 neu zu benennen.[10]

§ 62 II LWO.

1. Die Fälle der Erledigung von Abgeordnetensitzen ergeben sich aus § 41 VU. und Art. 45. Hiezu kommt noch der Fall des Todes eines Abgeordneten und die Ablehnung der Wahl nach Art. 59.

Der Ersatzmann, der in solchen Fällen einzutreten hat, ergibt sich aus Abs. II und aus den Feststellungen über die Reihenfolge der Ersatzmänner bei der Ergebnisfeststellung. Die in Abs. I Satz 1 dem Landeswahlleiter übertragene „Feststellung" ist also eine reine Formsache, ohne die Notwendigkeit und die Möglichkeit einer sachlichen Entscheidung. Der Landeswahlleiter entnimmt den Ersatzmann der festgestellten Liste oder veranlaßt die Benennung nach Abs. III. Wenn eine sachliche Entscheidung etwa wegen Bedenken hinsichtlich der Wählbarkeit des in Betracht kommenden Ersatzmannes veranlaßt ist, ist die Entscheidung nach Satz 2 vom Landesausschuß zu treffen.

2. Nach Art. 60 I.

3. Durch Tod scheidet der Ersatzmann, wie der Abgeordnete aus. Der Landeswahlleiter greift dann ohne weiteres auf den nächsten Ersatzmann.

4. § 62 II LWO. Der Landeswahlausschuß kann die Reihenfolge nicht beliebig ändern, sondern nur die Abweichungen von der Reihenfolge der Ersatzmänner beschließen, die auf Grund des § 41 VU. und des Art. 45 erforderlich sind, wenn z. B. ein Ersatzmann in der Zeit seit der Wahl aus Bayern verzogen ist. Keine Änderung der Reihenfolge ist es, wenn nach Verzicht eines Ersatzmannes der nächste berufen wird, wohl aber, wenn ein aus Bayern verzogener und deshalb übergangener Ersatzmann später wieder Aufenthalt in Bayern nimmt. Die nachträgliche Einberufung eines solchen Ersatzmannes ist übrigens nicht zulässig.

Die Wahlprüfung steht dem Landtag auch für die nachträglich in den Landtag eintretenden Mitglieder zu. Hinsichtlich der Ersatzmänner in ihrer festgestellten

Reihenfolge wird sie bei der allgemeinen Wahlprüfung mit betätigt. Wird die Reihenfolge geändert, so liegt eine neue, vom Landtag noch nicht geprüfte Tatsache vor, so daß eine Wahlprüfung in solchen Fällen veranlaßt ist.

5. S. Art. 59.

6. S. § 41 BU. und Art. 45.

7. Abs. II bezieht sich auf die nach Art. 54—57 gewählten Abgeordneten. Für die Landesabgeordneten trifft Abs. III Bestimmung. Da jeder Abgeordnete in einem Wahlvorschlag enthalten sein muß, kann und muß er aus den Ersatzmännern seines Wahlvorschlages ersetzt werden. Dies gilt nicht nur für die nach Art. 54, sondern auch für die nach Art. 55 auf Grund der Stimmreste auf Restsitze gewählten Abgeordneten. Auch diese Sitze verbleiben also nach dem Wortlaut des Abs. II S. 1 dem Kreiswahlvorschlag, dem sie bei der Verteilung nach Art. 55 zugefallen ist. Die Reihenfolge richtet sich nach Art. 60 I nach den Stimmenzahlen.

Wegen einer Abweichung von der Reihenfolge s. Abs. I S. 2.

8. Wie in Art. 57 II ist auch hier bestimmt, daß nach Aufbrauchung der Ersatzmänner eines Kreiswahlvorschlages als weitere Ersatzmänner für diesen im Bedarfsfalle die Ersatzmänner der dem gleichen Gesamtwahlvorschlag (s. Art. 55 I) angehörenden Kreiswahlvorschläge einzutreten haben und zwar in der Reihenfolge ihrer Stimmenzahlen ohne Rücksicht auf die Kreiswahlvorschläge. Im Interesse der Verhältnismäßigkeit der Sitzeverteilung unter die Parteien wird also eher auf die Verteilung der Sitze auf die Wahlkreise nach Art. 41 II verzichtet. Der Sitz bleibt allerdings ein Sitz des ursprünglich berechtigten Kreiswahlvorschlages, er wird nicht zum Sitz des Kreiswahlvorschlages, aus dem er schließlich besetzt wird. Dies ergibt sich daraus, daß in S. 2 der Eintritt des „Bewerbers" mit der höchsten Stimmenzahl bestimmt ist, daß also der Wahlvorschlag als solcher nicht in Betracht kommt. Auch in S. 3 ist bestimmt: Ist kein solcher „Bewerber" „mehr" vorhanden. Auch hieraus ist zu folgern, daß nur die Bewerber

als Personen in Betracht kommen. Diese Entscheidung ist von Bedeutung bei späterer nochmaliger Erledigung des Sitzes. Auch dann tritt Satz 2, nicht Satz 1 in Wirksamkeit, d. h. es entscheidet die Stimmenzahl unter den Ersatzmännern sämtlicher, zu dem gleichen Gesamtwahlvorschlag gehörigen Kreiswahlvorschläge, nicht nur unter den Ersatzmännern des Kreiswahlvorschlages, dem der ersatzweise nach Satz 2 einberufene Bewerber angehört. Der Sitz kann also im Erledigungsfalle weiterwandern, auch wenn in dem Wahlkreis, in den er gemäß Abs. II S. 2 gelangt ist, noch Ersatzmänner vorhanden sind, und zwar dann, wenn ein Ersatzmann in einem andern Wahlkreis eine höhere Stimmenzahl aufweist.

9. Die Besetzung eines Sitzes, der einer Partei zugefallen ist, durch eine andere Partei, ist nicht möglich. Auch die nachträgliche Ergänzung der Wahlvorschläge durch die Benennung weiterer Bewerber hat das Gesetz nicht zugelassen.

10. Der Landeswahlleiter hat den Vertrauensmann zur Benennung eines Landesabgeordneten binnen 8 Tagen aufzufordern (Art. 58 V, VI, § 61 III LWO.).

7. Wahlprüfung.

Art. 62.

Der Landtag[1] prüft[2] die Gültigkeit[3] der Wahl seiner Mitglieder.[4]

1. Nach § 33 VU. prüft der Landtag das Recht der Mitgliedschaft und entscheidet über die Gültigkeit der Wahlen. Er hätte diese Aufgabe durch das LWG. einem Gerichtshof übertragen können. Art. 62 hält aber den bisherigen Rechtszustand (§ 50 der WO. v. 7. Dez. 1918, Art. 22 des alten Landtagswahlges. u. Art. 5 des Ges. v. 19. Jan. 1872 über den Geschäftsgang des Landtages) aufrecht.

2. Die Prüfung und Entscheidung des Landtags ist endgültig. Sie erfolgt:

a) allgemein unmittelbar nach der Wahl und nach dem Zusammentritt des Landstags, und zwar sowohl von

Amts wegen als auch im Hinblick auf etwaige Wahlbeanstandungen nach Art. 63,

b) im Falle des Einzeleintrittes eines Abgeordneten, dessen Wahl bei der allgemeinen Wahlprüfung noch nicht nachgeprüft worden ist, d. h. bei Abweichungen von der Reihenfolge der Ersatzmänner (s. Art. 61 I S. 2),

c) in besonderen Fällen, wenn die Gültigkeit des Fortbestandes der Mitgliedschaft eines Abgeordneten, dessen Wahl zunächst für gültig befunden worden ist, nachträglich zweifelhaft geworden ist (s. Art. 45 Anm. 2).

3. Der Landtag kann

a) in den Fällen der allgemeinen Wahlprüfung (Anm. 2a) entweder die Wahl im ganzen für ungültig erklären, so daß eine vollständige Neuwahl nötig wird,

oder die Wahl in einem Wahlkreis für ungültig erklären, in welchem Fall eine Nachwahl nach Art. 64 in diesem Wahlkreis mit Neufeststellung des Gesamtergebnisses nötig wird,

oder die Wahl in einem oder mehreren Stimmbezirken für ungültig erklären, in welchem Fall, soweit nötig, eine Wiederholungswahl nach Art. 65 mit Neufeststellung des Gesamtergebnisses angeordnet werden kann,

oder die Wahl eines einzelnen Abgeordneten aus persönlichen Gründen für ungültig erklären, in welchem Fall der nächste Ersatzmann nach Art. 61 für ihn einzutreten hat,

oder das Ergebnis dahin richtig stellen, daß an Stelle eines Gewählten ein anderer Bewerber als gewählt bezeichnet wird.

b) In den auf einen einzelnen Abgeordneten sich beziehenden Fällen (Anm. 2b u. c) kann er dessen Wahl für ungültig erklären, worauf der nächste Ersatzmann nach Art. 61 für ihn einzutreten hat.

Es handelt sich hiebei um den Fall der Beendigung der Abgeordneteneigenschaft nach Art. 45 I Z. 4.

4. Die Abgeordneten sind durch das Feststellungsverfahren nach dem LWG. zunächst Mitglieder des Land-

tags geworden und bleiben dies solange, bis durch einen Beschluß des Landtags eine gegenteilige Entscheidung getroffen ist. Im Ausschuß des Landtags wurde 1920 festgestellt, daß Abgeordnete, deren Wahl nachträglich für ungültig erklärt wird, bis dahin vollgültig Mitglieder des Landtages waren. Dies wurde auch aus Art. 45 („verliert") gefolgert. S. auch Deutsche Juristenzeitung 1928, S. 228.

Art. 63.

Wahlbeanstandungen durch Wahlberechtigte[1] sind beim Landtage binnen einem Monate[2] nach seiner Eröffnung, bei Nachwahlen[3] und Wiederholungswahlen[4] binnen einem Monate nach der öffentlichen Bekanntgabe des Wahlergebnisses durch den Landeswahlleiter[5] anzubringen.[6]

1. Neben der von Amts wegen vorzunehmenden Wahlprüfung des Landtags besteht noch für jeden Wahlberechtigten die Möglichkeit, daß er eine „Wahlbeanstandung" einreicht, durch die er dem Landtag zur Berücksichtigung bei der Wahlprüfung Vorgänge mitteilen kann, die nach seiner Meinung zu einer Änderung des Wahlergebnisses führen können.

2. Durch diese Bestimmung soll die Beschleunigung des Beanstandungsverfahrens erzielt und verhütet werden, daß noch nach längerer Zeit eine Wahlanfechtung vorgebracht wird, wenn das Beweismaterial nicht mehr recht beizubringen ist. Im Ausschuß wurde festgestellt, daß das Wahlprüfungsrecht des Landtages hiedurch nicht beeinträchtigt wird.

Der Landtag selbst kann seine Wahlprüfung zu der von ihm für geeignet erachteten Zeit vornehmen. Es handelt sich bei ihm hiebei vor allem um ein Recht.

3. S. Art. 64.

4. S. Art. 65.

5. S. Art. 60.

6. In welcher Weise der Landtag diese Wahlbeanstandungen verbescheidet, ist Sache seines Ermessens. Gewöhnlich werden sie bei der allgemeinen Wahlprüfung nach Art. 62 mit gewürdigt. Gegen den Bescheid des Landtags gibt es keinerlei Rechtsmittel.

Art. 64.

I Wenn der Landtag das Wahlergebnis in einem Wahlkreise[1] für ungültig erklärt hat, ist eine Nachwahl[2] in diesem Wahlkreis anzuordnen.[3] Auf Grund dieser Nachwahl[2] ist das Wahlergebnis durch den Kreiswahlausschuß neu festzustellen.[4]

II In diesem Falle hat der Landeswahlausschuß auch die sämtlichen auf Stimmreste entfallenden Sitze neu zu verteilen.[5] Ergibt sich dabei, daß auf einen Wahlvorschlag weniger[6] Sitze als bei der früheren Verteilung entfallen, so scheiden die zuletzt eingetretenen[7] Abgeordneten in der Reihenfolge des Art. 57 zuerst aus.

III Auch über die Zuteilung der Landesabgeordneten an die Gesamtwahlvorschläge oder selbständigen Kreiswahlvorschläge hat der Landeswahlausschuß auf Grund der neuen Wahlergebnisse nochmals zu entscheiden.[8] Ergibt sich dabei, daß auf einen Gesamtwahlvorschlag oder selbständigen Kreiswahlvorschlag weniger Landesabgeordnete als bei der früheren Verteilung entfallen, so hat der Vertrauensmann die Person der Ausscheidenden zu bestimmen. Geschieht dies nicht binnen acht Tagen, so hat der Landesabgeordnete mit der geringsten Stimmenzahl auszuscheiden. Die Person stellt der Landeswahlausschuß fest.[9]

1. Über die verschiedenen Möglichkeiten der Entschei-

dung bei der Wahlprüfung vgl. Art. 62 Anm. 3: Ungültigkeit der ganzen Wahl, im Wahlkreis, in einem oder mehreren Stimmbezirken. In Art. 64 ist der Fall der Ungültigkeit der Wahl eines Wahlkreises behandelt und wie im RWG. (§ 36) geregelt. Die LWO. enthält zu Art. 64 u. 65 keine Vollzugsvorschriften. Sie werden im einzelnen Bedarfsfall nach Lage der Sache ergehen.

Der Grund, warum die Wahl im ganzen Wahlkreis für ungültig erklärt wird, kann darin liegen, daß das Verfahren für den ganzen Wahlkreis an einem wesentlichen Mangel (z. B. hinsichtlich der Behandlung der Wahlvorschläge) leidet, oder auch darin, daß das Verfahren in einer größeren Anzahl von Stimmbezirken Mängel aufweist, wenn der Landtag es für veranlaßt hält, im Hinblick auf das Gesamtergebnis von einer Wiederholung der Wahl nur in diesen Stimmbezirken abzusehen, und die ganze Wahl als ungültig zu erklären.

2. Von der Nachwahl unterscheidet sich

a) die Neuwahl, wenn die ganze Wahl in allen Wahlkreisen erneuert wird,

b) die Wiederholungswahl in einem oder mehreren Stimmbezirken (Art. 65).

Die Nachwahl erfolgt entweder auf Grund der alten Wählerlisten und Wahlvorschläge, oder, wenn diese nach Ansicht des Landtags Mängel aufweisen, nach seiner Anordnung auf Grund von neu anzulegenden Wählerlisten und neuen Wahlvorschlägen. Für das Bestehen des Wahlrechts bleibt aber der Tag der Hauptwahl maßgebend. Dies ist schon wegen der Zusammenfassung der Ergebnisse mit denen der andern Wahlkreise nötig. Sonst könnte ein in der Zwischenzeit aus einem andern Wahlkreis zugezogener Wähler doppelt wählen.

3. Die Anordnung der Nachwahl obliegt in sinngemäßer Anwendung des § 65 V VU. dem Gesamtministerium oder dem von ihm damit betrauten Minister.

Die Nachwahl beschränkt sich auf den einen Wahlkreis, in den übrigen Wahlkreisen bleiben die Wahlergebnisse unverändert. Die Schwierigkeit besteht dann nur darin, bei der Reststimmenverwertung die Angleichung der Ergebnisse der Nachwahl an die bestehen gebliebenen Ergebnisse aus den übrigen Wahlkreisen herbeizuführen. Hiefür trifft Abs. II die nötigen eingehenden Bestimmungen.

4. Die Neufeststellung der Ergebnisse im Wahlkreis, die Neuverteilung der Restsitze und die neue Entscheidung über die Zuteilung der Landesabgeordneten erfolgt auf Grund der bestehenden allgemeinen Bestimmungen (Art. 54—61). Neue Bestimmungen sind nur für das möglicherweise auf Grund der neuen Wahlergebnisse nötig werdende Ausscheiden von Abgeordneten erforderlich und in Abs. II u. III getroffen.

5. Die Verteilung nach Art. 55 ist unter Ausscheidung der für ungültig erklärten Ergebnisse und Einschaltung der neuen Ergebnisse aus dem betreffenden Wahlkreis neu vorzunehmen.

6. Erhält ein Wahlvorschlag bei der Neufeststellung mehr Sitze, als bei der ersten Verteilung, so tritt eine entsprechende Zahl von Ersatzmännern des betreffenden Wahlvorschlages ein.

7. Es hat der Abgeordnete auszuscheiden, der nicht eingetreten wäre, wenn die nunmehr maßgebende Berechnung schon bei der ersten Ergebnisfeststellung zugrund gelegt worden wäre, also in der Regel der Abgeordnete mit der geringsten Stimmenzahl. Maßgebend sind die Bestimmungen des Art. 57, die die Verteilung der Sitze innerhalb der Wahlvorschläge ordnen. Es handelt sich um den Fall der Beendigung der Abgeordneteneigenschaft nach Art. 45 I Z. 5. Nach Durchführung des Verfahrens beim Kreis- und Landeswahlleiter sind die Ausscheidenden und Neugewählten von den Vorgängen zu verständigen (§§ 59 I, 60 III, 61 IV LWO.). Die neuen Ergebnisse sind zu verkünden (§§ 58 IV, 60 II, 61 II LWO.) und schließlich, soweit Änderungen vorliegen, öffentlich bekanntzugeben (§ 63 LWO.).

8. Da die Gesamtstimmenzahlen der Gesamtwahlvorschläge infolge der Nachwahl sich ändern können, kann auch die Verteilung der Landesabgeordneten sich ändern. Der Landeswahlausschuß hat sie daher gemäß

Art. 58 nachzuprüfen und etwaige Änderungen den Vertrauensmännern der Gesamtwahlvorschläge zu eröffnen, damit sie ihnen neu zugefallene Sitze gemäß Art. 58 besetzen oder ihnen nicht zustehende Sitze freimachen.

9. Über die Freimachung zu Unrecht besetzter Sitze von Landesabgeordneten treffen Satz 2—4 Bestimmung. Zunächst kann der Vertrauensmann die Person des Ausscheidenden bestimmen. Unterläßt er die rechtzeitige Bestimmung, so erfolgt sie nach Maßgabe der eigenen Stimmenzahlen der für den Wahlvorschlag benannten Landesabgeordneten durch den Landeswahlausschuß. Nötigenfalls entscheidet das Los.

Art. 65.

I Wenn der Landtag das Wahlergebnis nur in einem oder mehreren Stimmbezirken für ungültig erklärt[1] und feststellt,[2] daß es nach der Wählerzahl des Stimmbezirkes oder der Stimmbezirke auf das Gesamtwahlergebnis von Einfluß sein kann, hat eine Wiederholungswahl in diesen Stimmbezirken auf Grund der alten Wahlvorschläge[3] und Wählerlisten[4] oder Wahlkarteien stattzufinden.[5] Kreiswahlausschuß und Landeswahlausschuß stellen auf Grund der Wiederholungswahl die Wahlergebnisse gemäß Art. 64 neu fest.[6]

II Das gleiche gilt,[7] wenn in einzelnen Stimmbezirken die Durchführung einer Wahl durch Gewalt gehindert[8] worden ist und das Gesamtwahlergebnis durch das Ergebnis dieser Wahlbezirke beeinflußt werden kann. Die gleiche Anordnung[9] kann bis zum Zusammentreten des Landtags vorbehaltlich der Wahlprüfung durch den Landtag das Staatsministerium des Innern[10] auf Antrag des Kreiswahlausschusses mit Zustimmung des Landeswahlausschusses treffen.

Siehe zunächst Anm. 1 u. 2 zu Art. 64.

1. Die Ungültigerklärung kann durch die Verletzung wesentlicher, auf die örtliche Wahlbehandlung im einzelnen Stimmbezirk bezüglicher Vorschriften oder durch Vorkommnisse gemäß Abs. II begründet sein.

2. Neben der Ungültigerklärung ist auch noch die Feststellung des Landtags über die Bedeutung der Wahl des Stimmbezirkes für das Gesamtergebnis erforderlich. Denn es ist denkbar, daß die Wahlergebnisse eines kleinen Stimmbezirkes nach den vorliegenden sonstigen Stimmenzahlen auf das Gesamtergebnis keinen Einfluß ausüben können. Dann wäre die Wiederholung der Wahl eine überflüssige Arbeit für alle Beteiligten. Es genügt dann, die Wahl in den einzelnen Stimmbezirken für ungültig zu erklären.

3. Neue Wahlvorschläge sind für einzelne Stimmbezirke nicht möglich.

4. Da die alten Wählerlisten noch verwendet werden, können Personen, die nach der Hauptwahl zugezogen sind, an der Wiederholungswahl nicht teilnehmen. Das ist auch wohl berechtigt, da sie zur Zeit der Hauptwahl in einer anderen Wählerliste eingetragen waren und an ihrem früheren Aufenthalt an der Wahl beteiligt waren. Ihre Stimme würde sonst doppelt gezählt. Auch Wahlscheine können nur innerhalb des Gebietes der Wiederholungswahl ausgestellt und benützt werden.

5. Die Anordnung erfolgt wie die der Nachwahl durch das Gesamtministerium oder das von ihm beauftragte Ministerium. (Anm. 3 zu Art. 64.)

6. Für die Feststellung gelten die allgemeinen Bestimmungen (Art. 54—60) und hinsichtlich der Einpassung der neuen Wahlergebnisse in das Ergebnis der früheren Wahl die des Art. 64.

7. D. h. es kann eine Wiederholungswahl auf Grund einer Beschlußfassung des Landtags unter den in Abs. I bestimmten Modalitäten stattfinden.

8. Abs. II entspricht teilweise dem § 37 II RWG., der die Anordnung einer Wiederholungswahl durch den Reichsminister des Innern zuläßt, wenn „die Verhinderung der ordnungsgemäßen Wahlhandlung in einzelnen

Wahlbezirken zweifelsfrei feststeht." Art. 56 II beschränkt die Anwendung der Wiederholungswahl demgegenüber auf die Fälle der Verhinderung der Durchführung einer Wahl in einzelnen Stimmbezirken „durch Gewalt", also nur auf einen Teil der nach dem RWG. möglichen Anlässe zu solchen Anordnungen, und erstreckt sie nicht auf die Verhinderung der Wahl durch Naturereignisse. In solchen Fällen ist nach dem LWG. nur das Verfahren nach Abs. I möglich und erforderlich und das vereinfachte Verfahren nach Abs. II nicht zulässig.

Die Durchführung der Wahl ist nicht schon dann „durch Gewalt" gehindert, wenn ein einzelner Wähler durch Gewalt an der Abstimmung gehindert worden ist. Es ist an Fälle zu denken, in denen z. B. die Wahlurne geraubt oder vernichtet, der Wahlvorstand verjagt worden oder den Wählern allgemein der Zutritt zum Wahlraum verwehrt wird.

9. D. h. die Anordnung einer Wiederholungswahl in einzelnen Stimmbezirken.

10. Das Staatsministerium des Innern ist für zuständig erklärt worden, damit möglichst rasch nach der Hauptwahl, etwa schon am nächsten Sonntag, die mit Gewalt verhinderte Wahl nachgeholt werden kann. Dann kann das Ergebnis gleich bei der allgemeinen Feststellung der Ergebnisse noch mit berücksichtigt werden. Ohne diese Bestimmung müßte erst der Zusammentritt des Landtages abgewartet werden.

Die Anordnung des Staatsministeriums des Innern kann im Wahlprüfungsverfahren vom Landtag auf ihre Zulässigkeit geprüft werden.

V. Besondere Bestimmungen für die Volksentscheidungen.

Die Begründung zum Gesetzentwurf enthielt folgende allgemeine Bemerkungen über die Volksentscheidungen, die auch jetzt noch von Interesse sind:

„Nach § 10 III BU. ist eine Volksentscheidung (Referendum) nur in den in der Verfassung ausdrücklich vorgesehenen Fällen zulässig.

1. Für die Volksentscheidung über die Auflösung des Landtags wird vorausgesetzt, daß zuvor ein Fünftel der Stimmberechtigten durch Volksbegehren die Auflösung begehrt. Die Volksentscheidung ist nur rechtswirksam, wenn mindestens die Hälfte der Stimmberechtigten daran teilgenommen hat. Die Auflösung ist beschlossen, wenn eine Mehrheit von mindestens zwei Dritteln der abgegebenen Stimmen sich dafür ausgesprochen hat. Die Auflösung ist dann vom Präsidenten baldigst zu vollziehen (§ 30 IV, V BU.).

2. Die Volksentscheidung über Gesetze kann auf dreierlei Weise veranlaßt werden:

a) durch einen Beschluß des Gesamtministeriums über ein Gesetz, dessen Verkündung nach § 77 II BU. auszusetzen ist;

b) auf Grund eines Volksbegehrens, das hinsichtlich eines solchen Gesetzes die Herbeiführung einer Volksentscheidung verlangt. Die Volksentscheidung ist anzuberaumen, sobald der Landtag das Volksbegehren als zulässig und rechtswirksam erklärt hat (§ 77 II);
Die Frist für die Anrufung der Volksentscheidung beträgt in den Fällen a und b zwei Monate;*)

c) ohne weiteres, sobald ein durch Volksbegehren verlangtes Gesetz vom Landtag abgelehnt oder verändert worden ist (§ 76 III).

Die Volksentscheidung ist in diesen Fällen rechtswirksam, wenn bei einfachen Gesetzen mindestens ein Fünftel, bei Verfassungsgesetzen mindestens zwei Fünftel der Stimmberechtigten daran teilgenommen haben. Es entscheidet einfache Mehrheit, bei Verfassungsänderungen zwei Drittel der abgegebenen gültigen Stimmen (§ 10 III). Die Abstimmung ist stets allgemein, gleich, unmittelbar und geheim. Sie kann nur bejahend oder verneinend sein.

Ehe der Landtag eine Vorlage der Volksentscheidung unterbreitet, hat er hierüber nach §§ 76 und 77 der Verfassung Beschluß zu fassen (§ 45 der Verfassung).

---

*) Siehe aber jetzt Art. 22 III LWG., der diese Frist auf drei Monate verlängert hat.

Die Volksentscheidung oder Volksabstimmung bewegt sich immer in den Formen der Stimmabgabe bei einer Wahl. So wird in der Schweiz eine allgemeine Abstimmung an einem vom Bundesrate bestimmten Tag angeordnet. Die Protokolle über die Abstimmungen werden dem Bundesrat übersandt. Er veröffentlicht das Ergebnis und erstattet der Bundesversammlung Bericht. Die Fragen, die der Abstimmung unterstellt werden, sind so zu stellen, daß sie mit „Ja" oder „Nein" beantwortet werden können."

Das RG. über den Volksentscheid vom 27. Juni 1921 sieht gleichfalls den Vollzug des Volksentscheids in der Form einer Abstimmung in der bei Wahlen üblichen Weise mit amtlichen Stimmzetteln vor, die nur auf Ja oder auf Nein lauten können. Auch die Feststellung des Ergebnisses erfolgt hienach in gleicher Weise wie bei Wahlen.

Art. 66.

Das Staatsministerium des Innern hat den Tag für die Volksentscheidungen[1] festzusetzen[2] und mit dem Gegenstande[3] der Volksentscheidung öffentlich bekanntzugeben.[4]

1. Eine Volksentscheidung ist eine vom Volk, d. h. vom stimmberechtigten Teil des Volkes in der vorgeschriebenen Form getroffene Entscheidung

a) im Verlauf einer Gesetzesinitiative des Volkes, d. h. eines vom Volk durch Volksbegehren gestellten Antrags auf Erlassung eines Gesetzes. Die Volksentscheidung ist nötig, wenn der Landtag das durch Volksbegehren beantragte Gesetz nicht unverändert angenommen hat (§ 76 III S. 1 VU.);

b) im Verlauf eines Referendums d. h. eines Verfahrens zur Nachprüfung eines vom Landtag beschlossenen, aber noch nicht verkündeten Gesetzes, wenn ein Volksbegehren oder das Gesamtministerium eine solche Volksentscheidung verlangen (§ 77 II VU.);

c) im Verlauf eines **Verfahrens zur Auflösung des Landtags**, wenn durch Volksbegehren Antrag hierauf gestellt wird und der Landtag sich nicht selbst auflöst (§ 30 V VU.).

2. Der Tag ist so anzusetzen, daß die Herstellung der Wählerlisten hiezu möglich ist und die weiteren Vorbereitungen (Festsetzung der Stimmbezirke, Bildung der Wahlvorstände, siehe Abschnitt III des LWG.), getroffen werden können, ferner, daß die Stimmberechtigten sich mit dem Gegenstand der Abstimmung vertraut machen können.

Die Begr. zum Entwurf führte hiezu aus:

„Der Tag der Abstimmung muß, wie bei den Wahlen, um einige Wochen hinausgeschoben werden, einmal, damit die Stimmberechtigten sich mit dem Gegenstande der Volksentscheidung vertraut machen können, sodann, damit die nötigen Vorbereitungen hiezu getroffen werden können. Die Gemeinden, die eine ständige Wählerliste führen, müssen eine Ausfertigung hiervon, andere Gemeinden eine Wählerliste überhaupt erst neu herstellen. Die Auflage- und Einspruchsfrist muß abgelaufen, die Einsprüche müssen erledigt sein, ehe mit der Abstimmung begonnen werden kann. Alle diese Geschäfte werden stets etwa 5—6 Wochen beanspruchen."

Nawiasky (b. Verfassungsrecht S. 313) überträgt die „Anordnung" der Volksentscheidung bei vorangehenden Volksbegehren dem Landtag. § 76 III S. 1 VU. kennt aber nur einen Beschluß des Landtags über das Volksbegehren. Auch sonst kennt weder die VU. noch das LWG. eine derartige Verwaltungsmaßnahme durch den Landtag. Auf Grund des Beschlusses des Landtages über den Gegenstand des Volksbegehrens setzt das Staatsministerium des Innern den Tag der Volksentscheidung ohne jede weitere Zwischenentscheidung fest.

3. „Gegenstand der Volksentscheidung" ist in den Fällen der Anm. 1 a u. b ein Gesetz, im Falle der Anm. 1 c die Auflösung des Landtags. Diesem Gegenstand der Volksentscheidung entspricht die nach Art. 67 der Volksentscheidung zu unterstellende Frage. Das

Staatsministerium des Innern gibt also gleichzeitig mit dem für die Volksentscheidung festgesetzten Tag bekannt, über welche Frage das Volk hiebei zu entscheiden hat.

4. Die Bekanntmachung erfolgt nach § 65 LWO. im bayr. Staatsanzeiger.

Art. 67.

I Die der Volksentscheidung zu unterstellende Frage[1] ist dabei so zu stellen, daß sie mit „Ja" oder „Nein" beantwortet werden kann.[2]

II Ist gleichzeitig über mehrere[3] Gesetzentwürfe abzustimmen, so ist festzusetzen, wie die Abstimmungen zu unterscheiden[4] sind.

1. Die Aufforderung an das Volk zur Entscheidung der in Art. 66 Anm. 1 aufgeführten Gegenstände erfolgt in der Form einer vom Staatsministerium des Innern an das Volk gestellten „Frage"; z. B. bei der Volksentscheidung am 6. April 1924: „Soll folgendes Verfassungsgesetz erlassen werden? ... folgt der Wortlaut des Gesetzes". Die Frage muß positiv gefaßt sein. Die Fragestellung erfolgt in der Bekanntmachung nach Art. 66 und nach § 42 III LWO. Auf dem Stimmzettel muß sie nicht wiederholt sein (s. jedoch Anm. 4).

2. Die Stellung von Alternativfragen ist also nicht zulässig. S. § 10 III S. 5 VU.

3. Die Gesetzentwürfe können verschiedene Gegenstände betreffen, in welchem Fall die Verbindung nur äußerlich ist, wenn sie z. B. mehrere verschiedene Gesetzesgegenstände behandeln. Ebenso wenn es sich neben einem oder mehreren Gesetzentwürfen, daneben um die Frage der Auflösung des Landtags handelt. Sie können aber auch den gleichen Gegenstand haben, sei es daß zwei Volksbegehren über den gleichen Gegenstand in Betracht kommen (Art. 24 III) oder daß der Landtag dem Gesetzentwurf des Volksbegehrens einen von ihm beschlossenen Entwurf gegenüberstellt (Art. 76 III S. 2 VU.). In diesen letzteren beiden Fällen liegt auch eine innere Verbindung vor, die in der Bestimmung des

Art. 69 I Z. 4 (Unmöglichkeit der gleichzeitigen Abstimmung mit Ja zu den mehreren Gesetzentwürfen) zum Ausdruck kommt.

4. Die Vorschrift über die Unterscheidung der Abstimmungen erläßt das Staatsministerium des Innern bei der Anordnung nach Art. 66. Die Unterscheidung kann bei der gleichzeitigen Abstimmung über verschiedene, nicht zusammenhängende Gegenstände auch durch verschiedene Farben der Stimmzettel, sonst nur durch Wiederholung der Fragen auf dem Stimmzettel erfolgen.

Art. 68.

Die Stimmzettel werden auf Staatskosten beschafft.

Vgl. §§ 27 IV, 42 I, 45 I LWO.

Die Stimmzettel werden wie bei der Landtagswahl amtlich beschafft, sind aber nicht als amtliche Stimmzettel bezeichnet. S. Art. 69 Anm. 2. Über ihre Beschaffenheit trifft für jede Volksentscheidung das Staatsministerium des Innern bei der Anordnung nach Art. 66 Bestimmung.

Im übrigen gelten für die Abstimmung die Vorschriften des Absch. III Art. 30—39 LWG. und der Absch. II, IV—VI, VIII LWO.

Art. 69.

I Ungültig[1] sind Stimmzettel,

1. die nicht die vorgeschriebene Beschaffenheit[2] haben,
2. die mit einem besonderen Merkmale[3] versehen sind,
3. die weder „Ja" noch „Nein" oder beides zugleich auf die gleiche Frage enthalten,[4]
4. die bei mehreren den gleichen Gegenstand betreffenden Gesetzentwürfen mehrmals „Ja" enthalten,[5]

5. die einen Zusatz, eine Verwahrung oder einen Vorbehalt enthalten,[6]
6. denen irgendein von außen deutlich fühlbarer Gegenstand beigefügt ist.[7]

II Mehrere gleichlautende gültige Stimmzettel für dieselbe Frage gelten als einer. Mehrere verschieden lautende Stimmzettel für dieselbe Frage sind ungültig.[8]

Neufassung durch G. v. 18. Juli 1925 mit Rücksicht auf die Änderung des Art. 53.

1. S. Anm. 1 zu Art. 53.

2. Nach Z. 1 genügt, abweichend von Art. 53 I Z. 1, „die vorgeschriebene Beschaffenheit", auch wenn ersichtlich ist, daß der Stimmzettel nicht amtlich hergestellt ist. Doch können nicht amtlich hergestellte Stimmzettel unter Umständen nach Z. 2 ungültig sein.

3. S. Anm. 3 zu Art. 53.

4. Damit ist der Wille des Wählers nicht unzweifelhaft zu erkennen (Art. 53 I Z. 3). Es handelt sich um Stimmzettel, auf denen keine Antwort gestrichen ist oder beide Antworten gestrichen sind. Gültig ist die Abstimmung nur, wenn sie Ja oder Nein enthält und die andere Antwort gestrichen oder auf sonstige Weise als nicht maßgebend erkenntlich gemacht ist. Es genügt das Unterstreichen oder sonstige Anmerken von Ja oder Nein. Zulässig ist auch das Ausstreichen einer Antwort mit Wiederholung der andern Antwort.

5. Es handelt sich um die in Art. 67 Anm. 3 besprochenen Fälle der gleichzeitigen Volksentscheidung über mehrere den gleichen Gegenstand behandelnde Gesetzentwürfe. Auch in solchen Fällen kann, wie wenn nur ein Entwurf zur Entscheidung steht, über den Gesetzesstoff im ganzen nur mit Ja oder Nein entschieden werden. Der Stimmberechtigte kann zwar beide Entwürfe ablehnen, aber nicht beide annehmen. Wo die Abstimmung für beide Entwürfe mit Ja lautet, ist der Wille des

Wählers nicht unzweifelhaft zu erkennen und daher seine Abstimmung im Ganzen ungültig.

6. S. Art. 53 Anm. 6. Nicht als Zusatz ist die Wiederholung der Antwort anzusehen (z. B. Nein und abermals Nein).

7. S. Art. 53 Anm. 7.

8. S. Art. 53 Anm. 8. Die Bestimmung ist hier anders gefaßt, hat aber nach dem Willen des Gesetzgebers den gleichen Sinn, s. auch § 55 III LWO. Wenn von mehreren gleichzeitig abgegebenen Stimmzetteln nur einer gültig gekennzeichnet ist, die weiteren aber überhaupt nicht gekennzeichnet sind, ist die Abstimmung auf dem gekennzeichneten Stimmzettel gültig. Ebenso wenn auf einem von mehreren Stimmzetteln beide Antworten durchstrichen sind. Auch ein solcher kann als Stimmzettel ohne Antwort gelten, „lautet" also überhaupt nicht. Zur Ungültigerklärung müssen also zwei wirkliche Abstimmungen, und zwar verschiedene Abstimmungen, vorliegen. S. § 55 III LWO. Abs. II wurde der Veränderung des Art. 53 II durch das G. v. 18. Juli 1925 bisher nicht angepaßt, kann aber nur den gleichen Sinn, wie Art. 53 II haben.

Art. 70.

Zur Ermittlung des Abstimmungsergebnisses stellt der Wahlvorstand nach dem Abschlusse[1] der Abstimmung für jede gestellte Frage[2] einzeln fest, wie viele gültige[3] Stimmen insgesamt[4] und wie viele hiervon mit „Ja" und wie viele mit „Nein" abgegeben worden sind.

Vgl. § 52 ff. LWO.

1. S. § 37, 50 LWO.

2. Die Abstimmung hat bestimmte Fragen zum Gegenstand (Art. 67 Anm. 1). Diese Fragen müssen daher auch die Grundlage für die Ergebnisfeststellung sein.

Die Abstimmungen über die verschiedenen Fragen sind vollständig getrennt festzustellen.

3. Wie bei der Landtagswahl (Art. 52, 56) entscheidet der Wahlvorstand auch hier über die Gültigkeit der Abstimmungen. Auch hier gibt es keine weitere Instanz hiefür. Nur dem Landtag steht eine dem Wahlprüfungsrecht (nach Art. 62) entsprechende Befugnis auf Grund des Art. 72 zu.

4. Da nur mit Ja oder Nein abgestimmt werden kann, entspricht die Gesamtzahl der Stimmen der Summe der mit Ja und Nein abgegebenen Stimmen. Vgl. § 56 LWO.

Art. 71.

Der Landeswahlausschuß[1] stellt das Ergebnis[2] fest, gibt es öffentlich bekannt[3] und übersendet die Verhandlungen samt den Unterlagen[4] dem Landtag.[5]

Vgl. § 65 LWO.

1. Die Abstimmungsergebnisse gehen bei Volksentscheidungen nach § 57 II LWO. unmittelbar an den Landeswahlleiter. Die Zwischenschaltung der Kreiswahlleiter würde das Verfahren nur aufhalten.

2. Der Landeswahlausschuß hat hier die gleiche Stellung, wie bei Landtagswahlen. Er hat also nur die äußere Ordnungsmäßigkeit der Verhandlungen zu prüfen, ist aber bezüglich der Gültigkeit der Stimmen an die Beschlüsse der Wahlvorstände gebunden und kann auch offenbar unrichtige Beschlüsse nicht abändern (Art. 70: Der Wahlvorstand „stellt fest".) Rechenfehler kann er jedoch berichtigen (§ 65 II LWO.).

3. S. Art. 85 LWO.

4. D. h. die bei ihm erwachsenen Verhandlungen. Die Unterlagen sind die ihm vorgelegten Verhandlungen der Wahlvorstände nach § 57 II LWO.

5. Der Landtag prüft die Verhandlungen nach Art. 72.

Art. 72.

I Der Landtag[1] stellt[2] die Rechtswirksamkeit[3] der Volksentscheidung fest.

II Wenn er das Ergebnis in einem oder mehreren Stimmbezirken für ungültig erklärt, ist Art. 65 entsprechend anzuwenden.[4]

III Bei Gleichheit der Stimmen für die Bejahung und für die Verneinung einer Frage gilt die Frage als verneint.[5] Bei Gleichheit der Stimmen für die Bejahung zweier Fragen entscheidet das Los, das der Präsident des Landtags zieht.[6]

Abs. III eingefügt durch G. v. 18. Juli 1925.

1. Über die Rechtswirksamkeit der Volksentscheidungen trifft § 10 III S. 2 BU. Bestimmung dahin, welche Beteiligung und Mehrheitsverhältnisse nötig sind.

Die Begr. zum Entwurf führte hiezu aus:

„In der Verfassung ist keine Bestimmung vorgesehen, wie die Rechtswirksamkeit der Volksentscheidungen festgestellt wird. Eine Entscheidung über die Zulässigkeit der Volksentscheidungen erübrigt sich. Hierüber ist durch die amtliche Anordnung und Durchführung der Volksentscheidung entschieden. Dagegen wird nach dem Abschlusse der Volksentscheidung über deren Rechtswirksamkeit noch entschieden werden müssen. Denn es muß festgestellt werden, ob die nötige Teilnahme der Stimmberechtigten und die nötige Mehrheit sich gefunden hat und welche Folgerungen für die Gesetzgebung hieraus zu ziehen sind.

Die einzig mögliche Stelle für diese Entscheidung ist der Landtag. Er wird namentlich auch festzustellen haben, in welcher Fassung die der Volksentscheidung unterstandenen Gesetze endgültig zu verkünden sind.

Wird die Auflösung des Landtags durch Volksentscheidung rechtswirksam verlangt, so hat sie der Präsident des Landtags baldigst zu vollziehen (§ 30 Abs. V der Verfassung)."

Wenn der Landtag nicht versammelt ist, wird die Entscheidung bis zu seinem Zusammentritt verschoben. Es handelt sich bei dieser Bestimmung um eine Ergänzung der Verfassung; s. die Eingangsworte zum LWG.

2. Zunächst entfaltet der Landtag eine der Wahlprüfung (Art. 62) entsprechende Tätigkeit.

a) Er kann dabei die Abstimmung im Ganzen für ungültig erklären, worauf sie zu wiederholen wäre.

b) Er kann das Ergebnis in einem oder mehreren Stimmbezirken wegen Verletzung wesentlicher Förmlichkeiten für ungültig erklären. Dann greift nach Abs. II Art. 65 ein. Es ist möglich, daß das Ergebnis dieser Stimmbezirke auf den Ausfall der Gesamtabstimmung ganz ohne Einfluß ist, dann wird sich der Landtag mit der Ungültigkeitserklärung begnügen, im andern Fall aber die Wiederholung der Abstimmung in den betreffenden Stimmbezirken verlangen.

Die Wahlkreise spielen hier keine Rolle. Art. 64 kommt also nicht in Betracht.

3. Außerdem aber hat der Landtag auch noch in eine sachliche Prüfung der Volksentscheidung insofern einzutreten, als er festzustellen hat, ob die verfassungsmäßigen Voraussetzungen einer rechtsgültigen Volksentscheidung erreicht worden sind, namentlich hinsichtlich der Höhe der Abstimmungsbeteiligung und der erforderlichen Zahl von Zustimmungen oder Ablehnungen (vgl. auch Art. 73). Würde nicht noch eine Feststellung des Landtages eingeschaltet, so hätte die Staatsregierung die in Art. 73 angeordnete Ausfertigung und Verkündung des Gesetzes ohne weiteres zu veranlassen. Statt des Landtages würde also dann nach § 62 I der VU. das Gesamtministerium und der Landtagspräsident darüber zu befinden haben, ob eine rechtsgültige Volksentscheidung und damit ein Gesetz zustande gekommen ist. Um dies auszuschließen, überträgt das Gesetz diesen Feststellungsakt, der übrigens auch in § 77 III VU. vorausgesetzt wird, dem Landtag. Daß er sich nicht über eine Volksentscheidung hinwegsetzen wird, dafür wird schon die Befugnis der Staatsbürgerschaft, die Auflösung des Landtags zu beschließen, sorgen.

Rechtswirksam ist eine Volksentscheidung dann, wenn sie den §§ 10 III S. 2, 77 I VU. entspricht. Aus den Feststellungen des Landeswahlausschusses nach Art. 71, die der Landtag nachprüft und entweder bestätigt oder abändert, zieht der Landtag schließlich die Folgerung,

a) ob das durch Volksbegehren nach § 10 I VU. verlangte Gesetz angenommen ist, und ob es gegebenenfalls in der Fassung des Volksbegehrens oder des vom Landtag aufgestellten Gegenentwurfes Annahme gefunden hat,

b) bei einem Referendum, ob das vom Volk oder Gesamtministerium im Gegensatz zu einem Landtagsbeschluß verlangte Gesetz angenommen worden ist.

Unter dem Begriff der Rechtswirksamkeit sollen nach den Verhandlungen im Landtag 1920 alle Verhältnisse verstanden werden, die „bedingt sind durch die Einhaltung der Vorschriften über die Unterstützung der Anträge, über die Mindestziffern, die die Verfassung bei einfachen Gesetzen und bei Verfassungsgesetzen verlangt, dann über die Einhaltung des Verfahrens, auch bei den Vorschriften, die nicht in der Verfassung gegeben sind, sondern erst im LWG. gegeben werden".

4. Eine Wiederholungswahl in den fraglichen Stimmbezirken hat also nur stattzufinden, wenn der Landtag feststellt, daß das Ergebnis nach der Wählerzahl, die in Betracht kommt, auf das Gesamtergebnis von Einfluß sein kann, also bei knapper Mehrheit für oder gegen den Antrag.

Neben der Ungültigkeit nach Art. 65 I kann auch die Ungültigkeit nach Art. 65 II wegen gewaltsamer Verhinderung der Abstimmung in Frage kommen.

Die Anwendung des Art. 64 kommt nicht in Betracht, da die Wahlkreise bei Volksentscheidungen keine Rolle spielen (s. Anm. 2).

5. Bei Stimmengleichheit gilt auch im Landtag ein Antrag als abgelehnt (§ 40 der Geschäftsordnung für den Landtag).

6. Es handelt sich um die in Art. 67 Anm. 3 besprochenen Fälle der gleichzeitigen Volksentscheidung über mehrere, den gleichen Gegenstand behandelnde Gesetzentwürfe (s. auch Art. 69 Anm. 5).

In gleicher Weise behandelt solche Fälle § 21 IV des RG. über den Volksentscheid v. 27. Juni 1921.

Art. 73.

I Wird ein durch Volksbegehren verlangtes Gesetz durch Volksentscheidung angenommen,[1] so ist es als Gesetz auszufertigen und zu verkündigen.

II Ein durch Volksentscheidung abgelehntes[2] Gesetz darf nicht als Gesetz ausgefertigt oder verkündigt werden.

1. Eine Sonderbestimmung ist für die durch ein Volksbegehren nach § 10 I VU., durch Initiative verlangten und, entgegen einem Landtagsbeschluß gemäß § 76 III VU., durch Volksentscheidung angenommenen Gesetze nötig. Denn in diesen Fällen liegt noch kein Landtagsbeschluß mit der Zustimmung zu diesem Gegenstande vor. In sonstigen Fällen (Art. 77 II VU., Referendum) liegt bereits ein Landtagsbeschluß vor, der im Falle der Bestätigung durch die Volksentscheidung als Gesetz ausgefertigt und verkündet werden kann, während in den im ersten Satz dieser Anmerkung besprochenen Fällen des Art. 73 LWG. die Volksentscheidung als Gesetz auszufertigen und zu verkünden ist. Da dieser Fall in der Verfassung nicht vorgesehen ist, liegt hier eine Ergänzung der Verfassung vor. Art. 73 ist nach den Eingangsworten zum LWG. mit der Mehrheit des § 92 VU. angenommen worden.

2. Satz 2 enthält den umgekehrten Fall, daß ein vom Landtag beschlossenes Gesetz durch eine Volksentscheidung gemäß Art. 76 II VU. abgelehnt worden ist. Ein solches Gesetz darf nicht als solches ausgefertigt und verkündet werden.

Beide Absätze binden die mit der Ausfertigung und Verkündigung der Gesetze nach § 62 I VU. betrauten Organe.

VI. Schlußbestimmungen.

Art. 74.

Wird eine Abstimmung[1] gleichzeitig[2] mit einer vom Reich ausgeschriebenen Abstimmung[3] vorgenommen, so sind die Vorschriften anzuwenden, die durch Anordnungen des Reiches[4] über die Wählerlisten[5] und Wahlkarteien, die Zusammensetzung der Wahlvorstände[6] und die Abstimmung[7] erlassen werden. Für die Beschaffenheit und den Inhalt der Stimmzettel bleiben die landesgesetzlichen Vorschriften maßgebend.[8] Die Herstellung einer eigenen Wählerliste für die Landtagswahl ist dann nicht erforderlich.[9]

Vgl. §§ 66—71 LWO.

1. Wahl oder Volksentscheidung.

2. An einem Tag und in einem Abstimmungsverfahren.

3. Auf Grund des RWG. v. 6. März 1924, ReichspräsidentenWG. v. 6. März 1924, des RG. über den Volksentscheid v. 27. Juni 1921, des RG. z. Vollzug des Art. 18 RV. v. 8. Juli 1922.

4. Diese Reichsgesetze nehmen auf die Verbindung mit Landesabstimmungen keine Rücksicht. Es ist also Sache des Landesrechts, die Bestimmungen zu treffen, die die Zusammenlegung von Reichs- und Landesabstimmungen ermöglichen. Gewisse Dinge müssen, wenn die Zusammenlegung einen Sinn haben und zu einer Vereinfachung des Verfahrens führen soll, gemeinsam sein. Andrerseits verbietet die Verschiedenheit des Zweckes und der Systeme in manchen Beziehungen die Gemeinsamkeit. Hier trifft Art. 74 die Anordnung, wonach auch für Landesabstimmungen in einzelnen Beziehungen die Vorschriften des Reiches gelten. Als solche sind 3 Gruppen von Bestimmungen, nämlich über die Wählerlisten, die Wahlvorstände und die Abstimmung hervorgehoben. Im übrigen gelten die Landesbestimmungen auch bei Zusammenlegung von Reichs- und Landesabstimmungen. Die Bestimmungen in den genannten 3 Gruppen sind übrigens ohnehin für Reich und Land fast ganz gleich.

5. S. Art. 7—17 LWG. und §§ 4—18 LWO. Hieher gehören die Vorschriften über die Anlage, Auslegung, Änderung und den Abschluß der Wählerlisten, auch über die Wahlscheine als Ersatz der Wählerlisten.

Die in dem Schlußsatz des Art. 74 gezogene Schlußfolgerung gilt auch für Volksentscheidungen. Die zur gemeinsamen Benützung der Listen nötigen Anordnungen trifft § 66 LWO.

6. S. Art. 31, 32 LWG. u. §§ 22, 23 LWO. Der nach den Reichsvorschriften geschaffene Wahlvorstand kann ohne weiteres auch bei Landesabstimmungen tätig werden.

7. Hiezu gehören die Einteilung der Stimmbezirke und die äußeren Formen der Abstimmung mit allen Einzelheiten, soweit sie sich nicht auf die Art der Stimmabgabe auf dem Stimmzettel bezieht (Art. 30, 33—38 LWG.; §§ 20, 21, 24—26, 28, 37, 43—48, 50, 51 LWO.).

8. Diese Vorschriften hängen mit dem System des LWG. zusammen, können also, brauchen aber auch nicht durch Reichsvorschriften ersetzt werden (Art. 51 LWG., § 49 LWO.).

9. S. Schluß der Anm. 5.

Art. 75.

Die Gemeinden haben die zum Vollzuge des Gesetzes und der Vollzugsbestimmungen erforderlichen Bestätigungen kostenfrei auszustellen.

Solche Bestätigungen weist das LWG. auf in:

1. Art. 13 (Wählerlisten),
2. Art. 14—16 (Wahlscheine),

3. Art. 22 I (Volksbegehren),
4. Art. 46 (Wahlvorschläge);

die Landeswahlordnung in

1. § 12 (Wählerlisten),
2. §§ 14—18 (Wahlscheine),
3. §§ 30—36 (Wahlvorschläge),
4. §§ 72, 76, 77, 79, 81 (Volksbegehren).

Art. 76.

Das Staatsministerium des Innern erläßt die zum Vollzuge dieses Gesetzes erforderlichen Vorschriften.

Die Landeswahlordnung ist zunächst am 12. Mai 1920 ergangen und im GVBl. S. 241 veröffentlicht. Eine Neufassung erfolgte am 6. Februar 1924 (GVBl. S. 46), die letzte Neufassung am 30. März 1928.

Art. 78.[1]

Dieses Gesetz wird als dringend im Sinne des § 77 Abs. I Ziff. 6 der Verfassung bezeichnet und tritt mit der Verkündigung in Kraft.

---

[1]) Durch Art. 4 des G. v. 18. Juli 1925 ist das Staatsministerium des Innern ermächtigt worden, den Wortlaut des LWG. in seiner jetzigen Fassung unter Ausscheidung der Art. 77, 77a und 80, die nur für frühere Wahlen Bedeutung hatten, bekannt zu geben.

Art. 77 traf eine Bestimmung zwecks Abkürzung der Fristen, wenn die erste Wahl im Jahre 1920 vor dem 13. Juni 1920 stattfinden sollte. Art. 77a wurde durch das G. v. 21. Juli 1921 für die nächste Wahl im Gebiet des ehemaligen Freistaates Coburg eingeschaltet. In Art. 80 traf das G. v. 6. Februar 1924 eine Sonderbestimmung für die Wahl 1924 wegen der Besetzung der Pfalz. Alle 3 Bestimmungen sind überholt, daher nach Art. 4 des G. v. 18. Juli 1925 auszuscheiden.

Art. 79.

Das Landeswahlgesetz gilt als Verfassungsgesetz.

Über die Rechtswirksamkeit dieser Bestimmung s. Anm. 2 zur Präambel des Gesetzes S. 24. Die Gültigkeit der Bestimmung ist nicht zu bestreiten. Der Landtag ist auch bei den Abänderungsgesetzen stets von dem Charakter des LWG. als Verfassungsgesetz ausgegangen.

Stimmkreiseinteilung für die Landtagswahl.

I. Wahlkreis Oberbayern.

25 Stimmkreise.

1. Stimmkreis München I: Stadtbez. 1, 2, 3, 4, 5, von Stadtbez. 13 die Distr. 1 bis 6.

2. Stimmkreis München II: Stadtbez. 7, 26.

3. Stimmkreis München III: Stadtbez. 6, 8, 21, von Stadtbez. 9 Distr. 1 und 2.

4. Stimmkreis München IV: Stadtbez. 23, 27, 28, von Stadtbez. 25 die Distr. 1, 4, mit Ausnahme der Guldeinstraße und Distrikt 7.

5. Stimmkreis München V: Stadtbez. 20, 9 mit Ausnahme von Distr. 1 und 2, von Stadtbez. 10 die Distr. 1, 2, 4, 5, 12, von Stadtbez. 25 Distr. 2 und von Distr. 4 die Guldeinstraße.

6. Stimmkreis München VI: Stadtbez. 19, 24, 25 mit Ausn. der Distr. 1, 2, 4, 7, Pasing.

7. Stimmkreis München VII: Stadtbez. 11, 12, von Stadtbez. 10 die Distr. 3, 6, 7, 8, 9, 10, 11.

8. Stimmkreis München VIII: Stadtbez. 16, 18, von Stadtbez. 15 die Distr. 3, 4, 6, 7, 8, 10.

9. Stimmkreis München IX: Stadtbez. 14, 17, von Stadtbez. 15 die Distr. 1, 2, 5, 9, 11.

10. Stimmkreis München X: Stadtbez. 22, 29, von Stadtbez. 13 die Distr. 7 bis 19.

11. Stimmkreis Berchtesgaden-Traunstein: AG. Berchtesgaden, Reichenhall, Stadt Traunstein, AG. Traunstein-Land (ohne Gemeinden unter 13. Stimmkreis), vom AG. Laufen 12 Gemeinden.

12. Stimmkreis Altötting-Laufen: AG. Altötting, Burghausen, Tittmoning, Laufen (ohne Gemeinden unter 11. Stimmkreis).

13. Stimmkreis Mühldorf: AG. Mühldorf, Neumarkt a. R., Trostberg, vom AG. Traunstein-Land 15 Gemeinden.

14. Stimmkreis Rosenheim: Stadt Rosenheim, AG. Rosenheim-Land, Prien.

15. Stimmkreis Aibling-Miesbach: AG. Aibling, Miesbach, Tegernsee.

16. Stimmkreis Garmisch-Tölz-Wolfratshausen: AG. Garmisch, Tölz, Wolfratshausen.

17. Stimmkreis Starnberg-Weilheim: AG. Starnberg, Weilheim.

18. Stimmkreis Landsberg-Schongau: Stadt Landsberg, AG. Landsberg, Schongau, vom AG. Fürstenfeldbruck 12 Gemeinden.

19. Stimmkreis Aichach-Friedberg: AG. Aichach, Friedberg, vom AG. Fürstenfeldbruck 32 Gemeinden.

20. Stimmkreis Dachau-Fürstenfeldbruck: AG. Dachau (ohne Gemeinden unter 21. Stimmkreis), Fürstenfeldbruck (ohne Gemeinden unter 18. und 19. Stimmkreis), vom AG. München 14 Gemeinden.

21. Stimmkreis Pfaffenhofen-Schrobenhausen: AG. Pfaffenhofen, Schrobenhausen, vom AG. Dachau 13 Gemeinden, AG. Geisenfeld (ohne Gemeinden unter 22. Stimmkreis).

22. Stimmkreis Ingolstadt: Stadt Ingolstadt, AG. Ingolstadt-Land, vom AG. Geisenfeld 10 Gemeinden.

23. Stimmkreis Freising-Erding: Stadt Freising, AG. Freising-Land, Moosburg, Erding (ohne Gemeinden unter 24. und 25. Stimmkreis).

24. Stimmkreis Ebersberg: AG. Ebersberg, München (ohne Gemeinden unter 20. Stimmkreis und ohne Pasing), vom AG. Erding 9 Gemeinden.

25. Stimmkreis Wasserburg: AG. Wasserburg, Haag, Dorfen, vom AG. Erding 11 Gemeinden.

II. Wahlkreis Niederbayern.

12 Stimmkreise.

1. Stimmkreis Passau: Stadt Passau, AG. Passau-Land.

2. Stimmkreis Wegscheid-Wolfstein: AG. Wegscheid, Waldkirchen, Freyung, vom AG. Grafenau 21 Gemeinden.

3. Stimmkreis Grafenau-Regen-Viechtach: AG. Grafenau (ohne Gemeinden unter 2. Stimmkreis), Regen, Viechtach, (ohne Gemeinden unter 6. Stimmkreis).

4. Stimmkreis Bogen-Kötzting: AG. Bogen, Mitterfels, Kötzting, Neukirchen.

5. Stimmkreis Straubing-Landau a. J.: Stadt Straubing, AG. Straubing-Land, Landau a. J. (ohne Gemeinden unter 6. Stimmkreis).

6. Stimmkreis Deggendorf: Stadt Deggendorf, AG. Deggendorf-Land, Hengersberg, vom AG. Viechtach 3 Gemeinden, vom AG. Landau a. J. 13 Gemeinden.

7. Stimmkreis Griesbach-Vilshofen: AG. Griesbach, Vilshofen, Osterhofen.

8. Stimmkreis Pfarrkirchen: AG. Pfarrkirchen, Simbach, Rotthalmünster.

9. Stimmkreis Eggenfelden: AG. Eggenfelden, Arnstorf, vom AG. Dingolfing 5 Gemeinden, vom AG. Vilsbiburg 22 Gemeinden.

10. Stimmkreis Landshut-Vilsbiburg: Stadt Landshut, AG. Landshut-Land (ohne Gemeinden unter 11. Stimmkreis), AG. Vilsbiburg (ohne Gemeinden unter 9. Stimmkreis).

11. Stimmkreis Dingolfing-Mallersdorf: AG. Dingolfing (ohne Gemeinden unter 9. Stimmkreis), Mallersdorf, vom AG. Landshut-Land 20 Gemeinden, vom AG. Rottenburg 21 Gemeinden.

12. Stimmkreis Kelheim-Mainburg-Rottenburg: AG. Kelheim, Abensberg, Mainburg, Rottenburg (ohne Gemeinden unter 11. Stimmkreis).

III. Wahlkreis Pfalz.

14 Stimmkreise.

1. Stimmkreis Zweibrücken: Stadt Zweibrücken, AG. Zweibrücken-Land, Waldmohr, Homburg.

2. Stimmkreis Pirmasens: Stadt Pirmasens, AG. Pirmasens.

3. Stimmkreis Bergzabern: AG. Bergzabern, Annweiler, Dahn, vom AG. Waldfischbach 3 Gemeinden, vom AG. Landau-Land 10 Gemeinden.

4. Stimmkreis Germersheim: AG. Germersheim, Kandel, vom AG. Speyer-Land 3 Gemeinden.

5. Stimmkreis Landau: Stadt Landau i. Pf., AG. Edenkoben, Landau-Land (ohne Gemeinden unter 3. Stimmkreis).

6. Stimmkreis Speyer-Haßloch: Stadt Speyer, AG. Speyer-Land (ohne Gemeinden unter 4. Stimmkreis), vom AG. Ludwigshafen a. Rh.-Land 2 Gemeinden, vom AG. Neustadt a. H.-Land 6 Gemeinden.

7. Stimmkreis Dürkheim-Neustadt a. H.: AG. Dürkheim, Stadt Neustadt a. H., AG. Neustadt a. H.-Land (ohne Gemeinden unter 6. Stimmkreis).

8. Stimmkreis Ludwigshafen a. Rh. I: Stadt Ludwigshafen südlicher und nördlicher Stadtteil (ohne Stadtteile Mundenheim und Friesenheim).

9. Stimmkreis Ludwigshafen a. Rh. II: Stadt Ludwigshafen a. Rh. (Stadtteile Mundenheim und Friesenheim), AG. Ludwigshafen a. Rh. (ohne Gemeinden unter 6. Stimmkreis).

10. Stimmkreis Frankenthal: Stadt Frankenthal, AG. Frankenthal, vom AG. Grünstadt 16 Gemeinden.

11. Stimmkreis Kirchheimbolanden-Rockenhausen: AG. Kirchheimbolanden, Rockenhausen, Obermoschel, Grünstadt (ohne Gemeinden unter 10. Stimmkreis).

12. Stimmkreis Kusel: AG. Kusel, Wolfstein, Lauterecken, vom AG. Landstuhl 24 Gemeinden.

13. Stimmkreis Kaiserslautern: Stadt Kaiserslautern, vom AG. Kaiserslautern 4 Gemeinden.

14. Stimmkreis Kaiserslautern-Landstuhl: AG. Kaiserslautern (ohne Gemeinden unter 13. Stimmkreis), Otterberg, Winnweiler, Waldfischbach ohne Gemeinden unter 3. Stimmkreis), Landstuhl (ohne Gemeinden unter 12. Stimmkreis).

IV. Wahlkreis Oberpfalz.

10 Stimmkreise.

1. Stimmkreis Kemnath-Tirschenreuth: AG. Kemnath (ohne Gemeinden unter 3. Stimmkreis), Erbendorf, Tirschenreuth, Waldsassen.

2. Stimmkreis Weiden-Nabburg-Neustadt a. W.-N.: AG. Nabburg (ohne Gemeinden unter 5. Stimmkreis), Neustadt a. W.-N., Stadt Weiden, AG. Weiden-Land.

3. Stimmkreis Eschenbach-Sulzbach: AG. Eschenbach, Auerbach, Sulzbach, Vilseck, vom AG. Kemnath 16 Gemeinden.

4. Stimmkreis Beilngries-Neumarkt-Riedenburg: AG. Beilngries, Stadt Neumarkt i. Opf., AG. Neumarkt i. Opf., Kastl (ohne Gemeinden unter 5. Stimmkreis), Riedenburg.

5. Stimmkreis Amberg: Stadt Amberg, AG. Amberg-Land, Stadt Schwandorf, vom AG. Schwandorf 8 Gemeinden, vom AG. Nabburg 3 Gemeinden, vom AG. Kastl 9 Gemeinden.

6. Stimmkreis Oberviechtach-Vohenstrauß-Waldmünchen: AG. Oberviechtach, Vohenstrauß, Waldmünchen, vom AG. Neunburg v. W. 23 Gemeinden.

7. Stimmkreis Cham-Neunburg v. W.-Roding: AG. Cham, Furth i. W., Neunburg v. W. (ohne Gemeinden unter 6. Stimmkreis), Roding, Nittenau.

8. Stimmkreis Burglengenfeld-Parsberg: AG. Burglengenfeld, Regenstauf (ohne Gemeinden unter 9. Stimmkreis), Schwandorf (ohne Gemeinden unter 5. Stimmkreis), Parsberg, Hemau.

9. Stimmkreis Regensburg-Land: AG. Regensburg, Wörth, Stadtamhof (ohne Gemeinden unter 10. Stimmkreis), vom AG. Regenstauf 12 Gemeinden.

10. Stimmkreis Regensburg-Stadtamhof: Stadt Regensburg, vom AG. Stadtamhof 4 Gemeinden.

V. Wahlkreis Oberfranken.

12 Stimmkreise.

1. Stimmkreis Bamberg-Land-Höchstadt a. A.: AG. Bamberg-Land II, Burgebrach, Höchstadt a. A., Herzogenaurach.

2. Stimmkreis Bamberg: Stadt Bamberg, AG. Bamberg I.

3. Stimmkreis Lichtenfels-Staffelstein: AG. Lichtenfels, vom AG. Weismain 17 Gemeinden, AG. Staffelstein, Seßlach, Scheßlitz.

4. Stimmkreis Ebermannstadt-Forchheim: AG. Ebermannstadt, Hollfeld (ohne Gemeinden unter 6. Stimmkreis), Stadt Forchheim, AG. Forchheim, Gräfenberg (ohne Gemeinden unter 5. Stimmkreis), Pottenstein (ohne Gemeinden unter 5. Stimmkreis).

5. Stimmkreis Bayreuth-Pegnitz: Stadt Bayreuth, vom AG. Bayreuth-Land 17 Gemeinden, AG. Pegnitz, vom AG. Pottenstein 6 Gemeinden, vom AG. Gräfenberg 10 Gemeinden.

6. Stimmkreis Kulmbach-Stadtsteinach: Stadt Kulmbach, AG. Kulmbach-Land, Thurnau, Weismain (ohne Gemeinden unter 3. Stimmkreis), vom AG. Bayreuth-Land 16 Gemeinden, vom AG. Stadtsteinach 13 Gemeinden, vom AG. Hollfeld 10 Gemeinden.

7. Stimmkreis Marktredwitz-Berneck-Wunsiedel: AG. Berneck, Stadt Marktredwitz, AG. Wunsiedel, Weidenberg, Bayreuth (ohne Gemeinden unter

5. und 6. Stimmkreis), vom AG. Kirchenlamitz 3 Gemeinden.

8. Stimmkreis Selb-Rehau: AG. Rehau, Stadt Selb, AG. Selb-Land, Thiersheim, Kirchenlamitz (ohne Gemeinden unter 7. Stimmkreis), vom AG. Hof 2 Gemeinden.

9. Stimmkreis Hof: Stadt Hof, AG. Hof (ohne Gemeinden unter 8. Stimmkreis).

10. Stimmkreis Münchberg-Naila: AG. Münchberg, Naila, Stadtsteinach (ohne Gemeinden unter 6. Stimmkreis).

11. Stimmkreis Kronach-Teuschnitz-Sonnefeld: AG. Kronach, Ludwigsstadt, Nordhalben, Sonnefeld.

12. Stimmkreis Coburg: Städte Coburg, Neustadt bei Coburg, Rodach, AG. Coburg, Rodach, Neustadt bei Coburg.

VI. Wahlkreis Mittelfranken.

15 Stimmkreise.

1.—6. Stimmkreis Nürnberg I—VI: Bei I die Gemeinden Laufamholz und Schwaig, AG. Nürnberg-Land; bei III die zum AG. Fürth-Land gehörigen Gemeinden Buch, Höfles, Kraftshof, Neunhof, Ronhof und Sack; bei VI die Gemeinden des AG. Fürth-Land Oberasbach und Zirndorf sowie die Gemeinden des AG. Nürnberg-Land, Stein bei Nürnberg und Weihersbuch.

7. Stimmkreis Fürth: Stadt Fürth (ohne Stadtteil Burgfarrnbach).

8. Stimmkreis Hersbruck-Lauf: AG. Hersbruck, Lauf, Altdorf.

9. Stimmkreis Erlangen-Cadolzburg-Markt-Erlbach: Stadt Erlangen, AG. Erlangen-Land, Fürth (einschl. des Stadtteils Burgfarrnbach der Stadt Fürth, aber ohne die der Stadt Nürnberg zugeteilten Gemeinden), AG. Markt-Erlbach, vom AG. Cadolzburg 8 Gemeinden.

10. Stimmkreis Schwabach: Stadt Schwabach, AG. Schwabach-Land, Roth, Heilsbronn, Cadolzburg (ohne Gemeinden unter 9. Stimmkreis).

11. Stimmkreis Neustadt a. A.-Scheinfeld-Uffenheim: AG. Neustadt a. A., Scheinfeld, Uffenheim, Windsheim.

12. Stimmkreis Ansbach-Rothenburg o. T.: Stadt Ansbach, AG. Ansbach-Land, Stadt Rothenburg o. T., AG. Rothenburg o. T.-Land.

13. Stimmkreis Dinkelsbühl-Feuchtwangen: Stadt Dinkelsbühl, AG. Dinkelsbühl-Land, Feuchtwangen, Herrieden, Schillingsfürst, vom AG. Gunzenhausen 24 Gemeinden.

14. Stimmkreis Weißenburg i. B.-Gunzenhausen: AG. Gunzenhausen (ohne Gemeinden unter 13. Stimmkreis), Heidenheim, Stadt Weißenburg i. B., AG. Weißenburg i. B.-Land (ohne Gemeinden unter 15. Stimmkreis), Pappenheim, Ellingen (ohne Gemeinden unter 15. Stimmkreis), Wassertrüdingen, vom AG. Greding 4 Gemeinden.

15. Stimmkreis Eichstätt-Hilpoltstein: Stadt Eichstätt, AG. Eichstätt-Land, Kipfenberg, Hilpoltstein, Greding (ohne Gemeinden unter 14. Stimmkreis), vom AG. Ellingen 14 Gemeinden, vom AG Weißenburg i. B. 4 Gemeinden.

VII. Wahlkreis Unterfranken.

12 Stimmkreise.

1. Stimmkreis Miltenberg-Obernburg: AG. Miltenberg, Amorbach, Obernburg, Klingenberg, Stadtprozelten.

2. Stimmkreis Aschaffenburg: Stadt Aschaffenburg, AG. Aschaffenburg (ohne Gemeinden unter 3. Stimmkreis).

3. Stimmkreis Alzenau-Lohr: AG. Alzenau, Schöllkrippen, Lohr, vom AG. Aschaffenburg 8 Gemeinden, vom AG. Marktheidenfeld 6 Gemeinden

4. Stimmkreis Gemünden-Karlstadt: AG. Gemünden, Karlstadt, Arnstein, Werneck.

5. Stimmkreis Marktheidenfeld-Würzburg-Land: AG. Marktheidenfeld (ohne Gemeinden unter 3. Stimmkreis), Würzburg (ohne Gemeinden unter 7. Stimmkreis).

6. Stimmkreis Würzburg I: Von der Stadt Würzburg die Bezirke Pleich, Haug, Grombühl, Neumünster, Dom, Rennweg, Zellerau.

7. Stimmkreis Würzburg II-Ochsenfurt: Von der Stadt Würzburg die Bezirke Peter, Sanderau, Burkard, vom AG. Würzburg 4 Gemeinden, AG. Ochsenfurt, Aub, Marktbreit (ohne Gemeinden unter 8. Stimmkreis).

8. Stimmkreis Kitzingen-Gerolzhofen: Stadt Kitzingen, AG. Kitzingen-Land, Dettelbach, vom AG. Marktbreit 8 Gemeinden, vom AG. Gerolzhofen 14 Gemeinden, AG. Volkach, Wiesentheid.

9. Stimmkreis Ebern-Haßfurt-Hofheim: AG. Ebern, Baunach, Haßfurt, Eltmann, Hofheim, Königsberg i. Fr.

10. Stimmkreis Schweinfurt: Stadt Schweinfurt, AG. Schweinfurt-Land, Gerolzhofen (ohne Gemeinden unter 8. Stimmkreis).

11. Stimmkreis Hammelburg-Kissingen: AG. Hammelburg, Euerdorf, Stadt Bad Kissingen, AG. Kissingen-Land, Münnerstadt.

12. Stimmkreis Rhön: AG. Brückenau, Neustadt a. S., Bischofsheim, Mellrichstadt, Königshofen.

VIII. Wahlkreis Schwaben.

13 Stimmkreise.

1. Stimmkreis Lindau: Stadt Lindau (i. B.), AG. Lindau-Land, Immenstadt, Weiler.

2. Stimmkreis Kempten-Sonthofen: Stadt Kempten, AG. Kempten-Land (ohne Gemeinden unter 4. Stimmkreis), Sonthofen.

3. Stimmkreis Kaufbeuren-Füssen-Markt Oberdorf: AG. Füssen, Markt Oberdorf, Obergünzburg, Stadt Kaufbeuren, vom AG. Kaufbeuren-Land 13 Gemeinden.

4. Stimmkreis Memmingen: Stadt Memmingen, AG. Memmingen-Land, Ottobeuren, vom AG. Kempten-Land 15 Gemeinden.

5. Stimmkreis Mindelheim: AG. Mindelheim, Türkheim, Kaufbeuren (ohne Gemeinden unter 3. Stimmkreis), Buchloe, vom AG. Schwabmünchen 13 Gemeinden.

6. Stimmkreis Neu-Ulm-Illertissen: AG. Illertissen, Babenhausen, Stadt Neu-Ulm, AG. Neu-Ulm-Land, Weißenhorn, vom AG. Krumbach 19 Gemeinden.

7. Stimmkreis Günzburg-Krumbach: Stadt Günzburg, AG. Günzburg-Land, Burgau, Krumbach (ohne Gemeinden unter 6. Stimmkreis), vom AG. Zusmarshausen 18 Gemeinden.

8. Stimmkreis Augsburg I: Die Stadtbezirke Litera A, B, C, D, G, H, Ostend, Südend, Südwestend, Pfersee, Siebenbrunn.

9. Stimmkreis Augsburg II: Die Stadtbezirke Litera E, F, Westend, Nordend, Vorstadt r. d. Wertach, Vorstadt l. d. Wertach, Oberhausen, Kriegshaber.

10. Stimmkreis Augsburg III-Schwabmünchen: Die Stadtteile Lechhausen und Hochzoll r. d. Lechs, AG. Augsburg-Land, Schwabmünchen (ohne Gemeinden unter 5. Stimmkreis).

11. Stimmkreis Dillingen-Donauwörth-Wertingen-Zusmarshausen: Stadt Dillingen, AG. Dillingen-Land, Lauingen, Stadt Donauwörth, vom AG. Donauwörth-Land 3 Gemeinden, AG. Zusmarshausen (ohne Gemeinden unter 7. Stimmkreis), vom AG. Wertingen 16 Gemeinden, vom AG. Höchstädt a. D. 16 Gemeinden.

12. Stimmkreis Neuburg a. D.: Stadt Neuburg a. D., AG. Neuburg a. D.-Land, Rain, vom AG.

Donauwörth 11 Gemeinden, AG. Wertingen (ohne Gemeinden unter 11. Stimmkreis), vom AG. Monheim 13 Gemeinden.

13. Stimmkreis Nördlingen: Stadt Nördlingen, AG. Nördlingen-Land, Oettingen, Monheim, (ohne Gemeinden unter 12. Stimmkreis), AG. Donauwörth (ohne Gemeinden unter 11. und 12. Stimmkreis), Höchstädt a. D. (ohne Gemeinden unter 11. Stimmkreis).

IV. Landeswahlordnung (LWO.).

Auf Grund des Art. 76 des Landeswahlgesetzes in der Fassung vom 30. März 1928 erläßt das Staatsministerium des Innern folgende Bestimmungen zum Vollzuge der Landtagswahlen, Volksbegehren und Volksentscheidungen.

Übersicht der Abschnitte.

I. Stimmrecht.

§ 1.

Stimmberechtigt bei Landtagswahlen, bei Volksbegehren und Volksentscheidungen sind alle reichsdeutschen Männer und Frauen, die am Tage der Stimmabgabe

1. das 20. Lebensjahr vollendet haben,
2. sich nicht bloß vorübergehend oder nur gelegentlich in Bayern aufhalten.

Wortlaut des Art. 2 LWG. S. die Erläuterungen S. 25 ff.

§ 2.

I Vom Stimmrecht ist ausgeschlossen:

1. wer entmündigt ist oder unter vorläufiger Vormundschaft oder wegen geistiger Gebrechen unter Pflegschaft steht,
2. wer rechtskräftig durch Richterspruch die bürgerlichen Ehrenrechte verloren hat.

II Die Ausübung des Stimmrechts ruht für die Soldaten während der Dauer der Zugehörigkeit zur Wehrmacht.

III Behindert in der Ausübung ihres Stimmrechts sind Personen, die wegen Geisteskrankheit oder Geistesschwäche in einer Heil- oder Pflegeanstalt untergebracht sind, ferner Straf- und Untersuchungsgefangene, sowie Personen, die infolge gerichtlicher oder polizeilicher Anordnung in Verwahrung gehalten werden. Personen, die sich aus politischen Gründen in Schutzhaft befinden, werden hievon nicht berührt.

Wortlaut des Art. 1 LWG. S. die Erläuterungen S. 32 ff.

§ 3.

I Abstimmen kann nur, wer in eine Wählerliste oder Wahlkartei eingetragen ist oder einen Wahlschein besitzt.[1]

II Die Stimmberechtigten können nur in dem Stimmbezirk abstimmen, in dessen Wählerliste oder Wahlkartei sie eingetragen sind. Inhaber von Wahlscheinen können in jedem beliebigen Stimmbezirke des Landes abstimmen.[2]

1. S. Art. 4 LWG. u. Anm. 1—3 daselbst.
2. S. Art. 16 LWG. u. die Erläuterungen S. 56.

II. Allgemeine Vorbereitungen für die Abstimmungen.

1. Anlegung der Wählerlisten und Wahlkarteien.

§ 4.

I Sobald der Tag einer Landtagswahl oder einer Volksentscheidung bestimmt ist, haben die Gemeindebehörden die Wählerlisten für die Gemeinde, oder, wenn die Gemeinde zu mehreren Stimmbezirken gehört, für die Stimmbezirke oder Teile von solchen nach Anlage 1 in einfacher Fertigung anzulegen.[1] Als Gemeindebehörde im Sinne dieser Wahlordnung gilt der erste Bürgermeister

II Vor dem Eintrage jeder Person ist ihr Stimmrecht zu prüfen.[2]

III In den Wählerlisten sind in alphabetischer Ordnung[3] unter fortlaufender Nummer alle Stimmberechtigten einzutragen, die in der Gemeinde oder dem Stimmbezirke sich nicht nur vorübergehend oder gelegentlich aufhalten,[4] und zwar nach Zu- und Vorname, Geburtstag[5] und Wohnort oder Wohnung.[6] In Gemeinden, die in mehrere Stimmbezirke eingeteilt sind, ist die Wohnung genau zu bezeichnen. Die Listen müssen ferner eine Spalte für Bemerkungen und möglichst Spalten für Vermerke über die Stimmabgabe (nicht vor, sondern nach den sonstigen Angaben) enthalten.

IV Die Wählerlisten dürfen auch nach Geschlechtern[7] getrennt oder nach Bezirken, Distrikten, Buchstaben, Straßen oder Hausnummern angelegt werden. Dann genügt es, wenn die Stimmberechtigten nach diesen Unterabteilungen fortlaufend beziffert werden.

V Personen, bei denen Stimmrechtsausschlußgründe (§ 2 I) bestehen oder deren Stimmrecht ruht (§ 2 II), sind in die Wählerlisten nicht aufzunehmen.[8]

VI Personen, die nach § 2 III an der Ausübung des Stimmrechts behindert sind, sind in die Wählerlisten einzutragen. In der Spalte für den Vermerk über die Stimmabgabe ist einzutragen: „behindert" oder „b". Besteht die Ursache der Behinderung am Abstimmungstage nicht mehr, so ist dieser Vermerk zu streichen und der Sachverhalt in der Spalte „Bemerkungen" zu erläutern.[9]

VII Es ist zulässig, ausgefüllte Haushaltungslisten oder Hausbogen, wenn sie alle für die Wählerlisten vorgeschriebenen Angaben enthalten, geordnet und geheftet als Wählerlisten zu verwenden.

1. S. Art. 7 LWG. u. die Erläuterungen S. 44 ff. Die Wählerliste ist für die Gemeinde, oder wenn sie in mehrere Stimmbezirke eingeteilt ist, für diese, oder wenn sie teilweise zu andern Stimmbezirken gehört, für diese Gemeindeteile anzulegen. Im letzteren Fall sind die Stücke aus den verschiedenen Gemeinden zu einer Wählerliste für den Stimmbezirk zusammenzustellen.

2. S. Art. 1, 2 LWG. Namentlich etwaige Ausschließungsgründe sind gemäß § 7 zu prüfen.

3. Die Anlage erfolgt entweder

a) alphabetisch nach dem Namen des Wählers, ohne Rücksicht auf die Wohnung (in kleinen Gemeinden) oder

b) nach Bezirken, Distrikten, Buchstaben, Straßen, Hausnummern.

Sie erfolgt entweder ohne Rücksicht auf das Geschlecht der Wähler oder getrennt für Männer u. Frauen.

4. S. Art. 1 Anm. 11, 12, 14.

5. Für Wahlrecht und Wählbarkeit erforderlich.

6. Hierunter ist der Raum oder die Räume zu verstehen, in denen der Wähler sein Hab und Gut verwahrt hat und sich aufhält, wenn er nicht an der Arbeitsstätte sich befindet, oder dem Vergnügen und der Erholung auswärts nachgeht, sondern „zuhause" sich aufhält.

7. S. § 22 III, 24 II. Die getrennte Anlage der Wählerliste ist die Voraussetzung für die nach Geschlechtern getrennte Abstimmung.

8. Bei nachträglichem Entstehen oder Wiederaufleben des Stimmrechtes kann der Eintrag in die Wählerliste durch Einspruch nach § 10 bewirkt werden. Wenn das Ereignis erst später eintritt, ist die Ausstellung eines Wahlscheines nicht zulässig. Art. 15 Z. 1 LWG. kommt nicht in Betracht, da zuvor kein Stimmrecht bestand, also auch kein Einspruchsrecht, und die Einspruchsfrist also auch nicht versäumt werden konnte.

Beim Ruhen des Stimmrechts ist in diesem Fall nach Art. 15 Z. 2 die Ausstellung eines Wahlscheines zulässig.

9. Der Behinderungsvermerk kann auch nach dem Abschluß der Wählerliste noch gestrichen werden. Er ist nach § 11 I LWO. nicht als „Änderung" im Sinne des Art. 13 LWG. anzusehen, da er nur die Feststellung einer Tatsache, nicht eines Rechtes bezweckt. Die „Be-

hinderten" sind nach dem Abschlußvermerk auf der Wählerliste in der Zahl der Stimmberechtigten inbegriffen. Die Streichung des Behinderungsvermerkes kann auch am Wahltag selbst vom Wahlvorsteher erfolgen. Es ist weiter kein Nachweis hiefür nötig, als daß der bisher Behinderte zur Wahl erscheint. Damit ist bewiesen, daß der tatsächliche Zustand der Behinderung nicht mehr besteht.

§ 5.

I Als nicht bloß vorübergehender Aufenthalt gilt ein solcher, dessen Ende zunächst nicht abzusehen ist oder der, wenn sein Ende sich absehen läßt, dann wenigstens auf einige Dauer, also nicht bloß auf einige Tage oder Wochen berechnet ist. Als gelegentlicher Aufenthalt ist ein Aufenthalt zu bestimmten vorübergehenden Zwecken (z. B. Erholung, Geschäfte, Besuche) anzusehen.

II Wenn der Aufenthalt infolge auswärtiger Arbeitsbetätigung an Sonn- und Werktagen verschieden ist, ist für den Eintrag in der Wählerliste der Aufenthalt am Sonntag maßgebend.

S. Art. 1 Anm. 11 LWG.

§ 6.

Wird eine Landtagswahl oder eine Volksentscheidung gleichzeitig mit einer vom Reich ausgeschriebenen Abstimmung vorgenommen, so gelten die vom Reich erlassenen Bestimmungen über die Anlegung der Wählerlisten[1] auch für die Anlegung der Wählerlisten zu den Landesabstimmungen. Doch ist bei der Anlage der Wählerlisten dabei für jeden Stimmberechtigten zu prüfen, ob er auch für die bayerische Landtagswahl oder

Volksentscheidung stimmberechtigt ist.[2] Soweit dies nicht der Fall ist, ist in der Spalte „Bemerkungen" einzutragen: „nicht für die Landtagswahl (oder Volksentscheidung)". Auch ist die Spalte, in welcher der Abstimmvermerk für diese Abstimmung zu machen wäre, im voraus mit Farbstift zu durchstreichen.[3]

1. Vgl. Art. 74 LWG.

2. Verschiedenheit des Wahlrechts für Reichstag und Landtag ist möglich, da zum Reichstag auch der vorübergehend in Bayern sich Aufhaltende wählen kann. Es ist also möglich, daß jemand nur zum Reichstag, nicht zum Landtag wählen kann. Der umgekehrte Fall ist ausgeschlossen.

3. Bei der Ausstellung von Wahlscheinen ist in solchen Fällen eine entsprechende Einschränkung des Umfanges ihrer Gültigkeit erforderlich.

§ 7.

Die Gemeindebehörden haben alles, was nach § 2 für die Anlegung der Wählerlisten von Bedeutung ist oder zur Aufdeckung von Unregelmäßigkeiten in den Wählerlisten führen kann, insbesondere bei der polizeilichen Abmeldung Wegziehender, ferner die Aberkennung der bürgerlichen Ehrenrechte, die Entmündigung und sonstige Wahlrechtsausschlußgründe mit Angabe des Beginns ihrer Wirksamkeit sich gegenseitig mitzuteilen.

S. Art. 2 LWG. Anm. 4—7 u. Art. 8 LWG. Anm. 3. Die Beachtung dieser Bestimmung ist für eine richtige Anlage der Wählerliste wichtig. Die Verpflichtung besteht fortlaufend; die Ausschlußgründe werden den Gemeinden von den Gerichten und Staatsanwälten mitgeteilt. Sie haben diese Mitteilungen zu verwahren und bei Abmeldung des Betreffenden weiterzugeben.

§ 8.

I An Stelle der Wählerliste kann eine Wahlkartei[1] verwendet werden. Sie muß in verschließbaren Kästen verwahrt werden und so beschaffen sein, daß die Karten durch eine Vorrichtung festgehalten[2] werden und daß nach dem Abschlusse der Kartei die willkürliche Herausnahme und Einfügung von Karten unmöglich ist. Jede Karte muß möglichst viele Spalten zu Vermerken für die Stimmabgabe enthalten.

II Alle Bestimmungen über die Wählerlisten gelten entsprechend auch für die Wahlkarteien.[3]

1. S. Art. 7 LWG. Anm. 4.

2. Lose Karteien sind also nicht zulässig. Am besten ist die Aufreihung auf eine Stange.

3. Die Karten müssen also, wie die Einträge in der Wählerliste beziffert werden, dann ist die Herausnahme und Einfügung von Karten unmöglich. S. weiter § 12 III wegen des Abschlusses.

2. Auslegung der Wählerlisten; Einsprüche; Änderungen und Abschluß der Wählerlisten.

§ 9.

I Die Gemeindebehörden haben die Wählerlisten vom 21. bis 14. Tage vor dem Wahltage an einem allgemein zugänglichen Ort in der Gemeinde zu jedermanns[1] Einsicht öffentlich auszulegen.[2]

II Einsprüche hiergegen sind bei Meidung des Ausschlusses in der gleichen Frist bei den Gemeindebehörden einzulegen.[3]

III Die Gemeindebehörden bestimmen die Stunden für die Auslegung der Listen und für die Entgegennahme der Einsprüche. Hierfür sind zunächst die ortsüblichen Amtsstunden maßgebend. Abgesehen hiervon sind die Stunden so zu bestimmen, daß die Einsichtnahme in die Listen und die Einspruchserhebung jedermann möglich ist. Insbesondere muß beides auch an den in die Frist fallenden Sonn- und Feiertagen in entsprechend nach dem örtlichen Bedürfnisse zu bestimmenden Stunden ermöglicht werden.

IV Die Gemeindebehörden haben Ort und Zeit der Auslegung der Wählerlisten (nach Tagen und Stunden) vor dem Beginne der Auslegungsfrist in ortsüblicher Weise öffentlich bekanntzugeben und dabei darauf hinzuweisen, daß Einsprüche gegen die Wählerlisten während der Auslegungsfrist einzulegen sind, und wo solche Einsprüche entgegengenommen werden.

V In der Bekanntmachung über die Auslegung der Wählerlisten ist darauf hinzuweisen, daß Stimmberechtigte, die vor dem Ablauf der Auslegungsfrist in einen anderen Stimmbezirk innerhalb der Gemeinde verzogen sind, die Übertragung ihres Namens in die Wählerliste des neuen Aufenthaltsortes zu beantragen haben.

VI Die Gemeindebehörden sollen die Anfertigung von Abschriften der Wählerlisten zulassen, soweit der Dienstbetrieb hierdurch nicht gestört wird, oder, soweit möglich, gegen Erstattung der Auslagen Abschriften der Wählerlisten erteilen.

1. S. Art. 10 LWG.

2. S. Anm. 2 zu Art. 10 LWG.

3. S. Art. 11 LWG.

§ 10.

I Wer eine Wählerliste für unrichtig oder unvollständig hält, kann dies innerhalb der Auslegungsfrist bei der Gemeindebehörde durch Einspruch schriftlich oder mündlich selbst oder durch einen Bevollmächtigten geltend machen. Hierdurch kann die Aufnahme eines neuen Eintrags, sowie die Streichung oder Berichtigung eines vorhandenen Eintrags beantragt werden.[1] Die Angaben sind nötigenfalls glaubhaft zu machen. Den Beteiligten ist Gelegenheit zur Äußerung hiezu zu geben.

II Wenn die Gemeindebehörde einem Einspruche nicht stattgibt, hat sie ihn sofort ihrer Aufsichtsbehörde vorzulegen. Diese hat ihre Entscheidung spätestens am achten Tage vor der Abstimmung und so rechtzeitig zu treffen, daß der Bürgermeister unter allen Umständen am siebenten Tage vor der Abstimmung im Besitze der Entscheidung ist.[2]

III Die Entscheidungen sind den Beteiligten durch die Gemeindebehörden zu eröffnen und in den Wählerlisten vorzumerken.

1. S. Art. 11 LWG.

2. Verspätete Entscheidungen, die erst nach Abschluß der Wählerliste in die Hand des Bürgermeisters gelangen, sind unvollziehbar. Auch Wahlscheine können in solchen Fällen nicht ausgestellt werden. Für solche würde die Rechtsgrundlage fehlen.

§ 11.

I Änderungen in den Wählerlisten sind vom Beginne der Auslegungsfrist an bis zum Abschlusse der Listen nur noch auf rechtzeitig erhobenen Einspruch hin zulässig.[1] Als Änderung gilt nicht die Streichung eines Vermerkes nach § 4 VI[2] und der Vermerk nach § 17 III.

II Ergänzungen[3] sind als Nachträge in die Wählerlisten aufzunehmen. Änderungen und Streichungen nach § 4 VI müssen den Grund ersehen lassen und mit Datum und Unterschrift des vollziehenden Beamten versehen sein.[4] Die Belege hiezu sind zu den gemeindlichen Akten zu nehmen.

1. S. Art. 12 LWG.

2. S. § 4 Anm. 9. Ebensowenig bedeutet der Vermerk über die Ausstellung eines Wahlscheins (§ 17 III), eine Änderung im Sinne des § 11 I. Der Vermerk hierüber in der Wählerliste ist bis zum Abschluß der Liste noch zulässig, von da an mit Rücksicht auf den Wortlaut des Abschlußvermerkes nicht mehr. Nachträglich ausgestellte Wahlscheine hat nach § 18 II der Wahlvorsteher in der Wählerliste vorzumerken. Die Streichung von Behinderungsvermerken ist bis zur Abgabe der Liste an den Wahlvorsteher zulässig.

3. Wenn auf Einspruch gemäß Art. 11 LWG. auf Anordnung der Gemeindebehörde oder der Aufsichtsbehörde hin ein neuer Eintrag zu erfolgen hat.

4. In der Spalte „Bemerkungen". Dies gilt auch für den Vermerk: Wahlschein W.

§ 12.

I Am siebenten Tage vor der Abstimmung schließen die Bürgermeister die Wählerlisten ab[1] mit der Bestätigung, daß und wie lange sie ausgelegt waren,[2] und daß die Bekanntmachung[3] über die Auslegung rechtzeitig erfolgt war, endlich wie viele Stimmberechtigte in die Listen eingetragen sind, deren Namen nicht mit dem Vermerk W (Wahlschein) versehen wurde.[4]

II Die Behälter der Wahlkarteien sind durch Schlösser, Plomben oder Siegel so zu verschließen, daß die Entnahme oder Einfügung von Karten unmöglich ist.[5]

III Kurz vor der Wahl stellen die Bürgermeister die Wählerlisten den Wahlvorstehern zu.[6]

1. S. Art. 13 LWG.
2. S. § 9 III.
3. S. § 9 IV.
4. Von der Gesamtzahl der Stimmberechtigten sind diejenigen abzuziehen, denen die Gemeindebehörde einen Wahlschein ausgestellt hat. Dieser Abzug ist erforderlich, da sie sonst in der Gesamtzahl der Stimmberechtigten doppelt gezählt würden. Dies muß schon mit Rücksicht auf § 10 II, III der Verfassungsurkunde verhindert werden.
5. S. § 8.
6. Sie haben die Wählerlisten nach § 39 durch Vormerkung der nachträglich ausgestellten Wahlscheine noch zu ergänzen und neuen Abschlußvermerk beizufügen.

§ 13.

Wird die Landtagswahl oder Volksentscheidung gleichzeitig mit einer vom Reich ausgeschriebenen Abstimmung vorgenommen, so gelten die vom Reich erlassenen Bestimmungen über die Auslegung und den Abschluß der Wählerlisten, sowie über die Einsprüche auch für jene Abstimmungen. Beim Abschluß der Wählerliste ist genau festzustellen, wie viele Stimmberechtigte für jede der verbundenen Wahlen in Betracht kommen.

S. Art. 74 LWG.

Die Bestimmungen sind denen des RWG. und der Reichsstimmordnung ohnehin angeglichen. Nur bezüglich der Auflagefrist hat das RWG. Besonderheiten. Sie ist nach § 13 nicht gesetzlich festgelegt. Der Abschluß der Wählerliste erfolgt nach § 22 RStO. kurz vor der Wahl. Bis dahin kann auch die Ausstellung von Wahlscheinen noch von der Gemeinde vorgemerkt werden.

3. Wahlscheine.

§ 14.

Ein Stimmberechtigter, der in eine Wählerliste oder Wahlkartei eingetragen ist, erhält auf Antrag einen Wahlschein,

1. wenn er sich am Abstimmungstage während der Abstimmungszeit aus zwingenden Gründen außerhalb seines Stimmbezirkes aufhält,
2. wenn er nach Ablauf der Einspruchsfrist seinen Aufenthalt in einen anderen Stimmbezirk verlegt hat,
3. wenn er infolge eines körperlichen Leidens oder Gebrechens in seiner Bewegungsfreiheit behindert ist und durch den Wahlschein die Möglichkeit erhält, einen für ihn günstiger gelegenen Wahlraum aufzusuchen.

S. Art. 14 LWG. u. Anm. 1—6 S. 53.

§ 15.

Ein Stimmberechtigter, der nicht in eine Wählerliste oder Wahlkartei eingetragen oder darin gestrichen ist, erhält auf Antrag einen Wahlschein,

1. wenn er nachweist, daß er ohne sein Verschulden die Einspruchsfrist versäumt hat,
2. wenn er wegen Ruhens des Stimmrechts nicht eingetragen oder gestrichen war, der Grund hierfür aber nach Ablauf der Einspruchsfrist weggefallen ist,
3. wenn er Auslandsdeutscher war und seinen Aufenthalt nach Ablauf der Einspruchsfrist nach Bayern verlegt hat.

S. Art. 15 LWG. u. Anm. 1—5 S. 55.

§ 16.

Stimmberechtigte, die nach der Anlage der Wählerlisten nur innerhalb des Gemeindebezirkes ihres Aufenthaltsortes in einen anderen Stimmbezirk verzogen sind, sind auf Antrag in dem Stimmbezirke zur Abstimmung zuzulassen, in dessen Wählerliste oder Wahlkartei sie eingetragen sind.

S. Art. 17 LWG. u. Anm. 1, 2 S. 57.

§ 17.

I Zuständig zur Ausstellung des Wahlscheines ist die Gemeindebehörde[1] des Ortes, in dessen Wählerliste der Stimmberechtigte eingetragen ist oder einzutragen wäre.[2]

II Den Grund[3] für die Ausstellung eines Wahlscheines hat der Antragsteller auf Erfordern[4] glaubhaft zu machen. Über seine Berechtigung,[5] den Antrag zu stellen und den Wahlschein in Empfang zu nehmen, muß er sich gehörig ausweisen.

III Die Ausstellung von Wahlscheinen ist in einem Verzeichnisse in alphabetischer Reihenfolge vorzumerken. Bei der Ausstellung von Wahlscheinen nach § 14 ist in der Wählerliste in der Spalte für den Abstimmvermerk für die Landtagswahl oder Volksentscheidung einzutragen: W (d. h. Wahlschein). Bei der Ausstellung von Wahlscheinen nach § 15 ist Vorsorge zu treffen, daß die mehrfache Ausstellung von Wahlscheinen an eine Person verhindert wird. Hiezu ist die Ausstellung der Wahlscheine an einer einzigen Stelle in jeder Gemeinde und die alphabetische Vormerkung[6] der Wahlscheinempfänger erforderlich.

IV Die Wahlscheine sind nach Anlage 2 auszustellen.[7] Verlorene Wahlscheine werden nicht ersetzt.

V Gegen die Versagung eines Wahlscheines ist Einspruch an die Aufsichtsbehörde zulässig.[8] Deren Entscheidungen sind mit möglichster Beschleunigung zu erlassen. Die Entscheidungen sind den Beteiligten durch die Gemeindebehörden zu eröffnen und, wenn der Wahlschein auszustellen ist, nach Abs. III vorzumerken.

1. Gemeindebehörde ist nach Art. 17 GO. für diesen Fall der 1. Bürgermeister. Polizeiliche Bestätigungen über den Aufenthalt genügen nicht.

3. Am Orte ihres Aufenthaltes in Bayern (Art. 1

LWG.). „Eingetragen ist" = § 14, „einzutragen wäre" = § 15.

3. S. §§ 14 u. 15.

4. Wenn der Grund nicht amtsbekannt ist oder ohne weiteres glaubhaft ist.

5. Durch Stimmrecht in der Gemeinde oder Bevollmächtigung durch einen Stimmberechtigten zur Antragstellung für diesen.

6. In dem Verzeichnis nach Satz 1.

7. Auch wenn das Muster nicht wörtlich benützt ist, ist der Schein gültig, sofern er alle nötigen Angaben enthält.

8. Hiefür gibt es keine Ausschlußfrist, da auch für die Anträge auf Ausstellung von Wahlscheinen nach § 18 keine Frist läuft. Durch den Bescheid der Aufsichtsbehörden wird nicht über das Stimmrecht selbst, sondern in den Fällen des § 14 nur über die Frage seiner Ausübung an einem andern als dem regelmäßigen Ort, in den Fällen des § 15 über die Frage der schuldhaften oder unverschuldeten Versäumung der Einspruchsfrist und ähnliche Tatbestände entschieden.

§ 18.

I Die Ausstellung von Wahlscheinen ist bis zu dem Tage vor dem Wahltage zulässig. Am Wahltage selbst ist sie unzulässig.[1]

II Wenn nach Abschluß der Wählerlisten[2] noch Wahlscheine ausgestellt werden, ist dem Wahlvorsteher bis zum Beginne der Abstimmungshandlung ein Auszug aus dem Verzeichnis nach § 17 III für diese Stimmberechtigten auszuhändigen, damit er bei ihnen die nachträgliche Ausstellung von Wahlscheinen in der Wählerliste noch vormerken kann. Der Wahlvorsteher hat die Liste dann vor dem Beginne der Wahlhandlung hiernach zu berichtigen, indem er bei den in dem ihm übermittelten Verzeichnis vorgetragenen Stimmberechtigten in der Wählerliste in der Spalte für den Abstimmvermerk einträgt: W (d. h. Wahlschein)[3] und im Vermerk über den Abschluß der Wählerliste die Zahl der verbleibenden Stimmberechtigten richtigstellt.[4]

III Wird die Abstimmung mit einer vom Reich ausgeschriebenen Abstimmung verbunden, so gelten für die Ausstellung[5] der Wahlscheine die Reichsvorschriften. Auf den Wahlscheinen ist genau ersichtlich zu machen, für welche Abstimmung sie gelten.

1. Weil die Sachbehandlung sonst technisch unmöglich würde.

2. S. Art. 13 LWG. Am siebenten Tag vor dem Wahltag. Die Gemeindebehörde hat also hinsichtlich der nachträglich ausgestellten Wahlscheine in der Wählerliste keinen Vermerk zu machen, sondern dies dem Wahlvorsteher zu überlassen. Nur er hat nach dem Vordruck zur Wählerliste noch eine Berichtigung derselben vorzunehmen. Doch kann die Gemeindebehörde den Eintrag für den Wahlvorsteher vorbereiten.

3. Für den Eintrag ist nach § 11 I u. II Datum und Unterschrift nicht erforderlich.

4. Von der durch die Gemeindebehörde im Abschlußvermerk der Wählerliste bestätigten Zahl ist die Zahl der nachträglich ausgestellten Wahlscheine abzuziehen.

5. Nur für Zeit, Form und Art der Ausstellung. Nicht für das Wahlrecht. Da nach § 22 RStO. die Wählerliste erst kurz vor der Übermittlung an den Wahlvorsteher abgeschlossen wird, kann die Gemeindebehörde in diesem Falle bis dahin auch die Wahlscheinausstellung noch in der Wählerliste vermerken.

4. Wahlausschüsse.

§ 19.

I Vertrauensmänner von Wahlvorschlägen, die zurückgezogen oder zurückgewiesen werden, scheiden damit aus dem Wahlausschuß aus.[2]

II Die Wahlausschüsse beschließen mit Stimmenmehrheit; bei Stimmengleichheit entscheidet der Wahlleiter[3] oder sein Stellvertreter. Sie sind beschlußfähig, wenn außer dem Wahlleiter oder seinem Stellvertreter mindestens die Hälfte der Beisitzer anwesend ist.

III Ort und Zeit der Sitzungen der Wahlausschüsse sind öffentlich bekanntzugeben.[4] Die Sitzungen sind öffentlich. Der Wahlleiter ist befugt, Personen, welche hierbei die Ruhe und Ordnung stören, aus dem Sitzungsraume zu verweisen.

IV Über die Verhandlungen führt ein vom Wahlausschusse bestimmtes Mitglied eine Niederschrift und unterzeichnet sie mit dem Wahlleiter.

1. Über die Zusammensetzung der Wahlausschüsse (Kreiswahlausschüsse und Landeswahlausschuß) vgl. Art. 6 LWG. Nach Abs. III bleiben die Vertrauensmänner solange Mitglieder, bis sie ersetzt werden. (§ 39 II, III LWO.).

2. Sie scheiden weiter aus durch Verlust der Wahlberechtigung (§ 31 II mit I Z. 3 LWO.) und endlich nach § 19 I. Die Zurückziehung der Wahlvorschläge ist nach Art. 50 II LWG. bis zur amtlichen Bekanntgabe derselben zulässig. Über die Zurückweisung s. Art. 48 LWG. Die Vertrauensmänner können auch über ihre eigenen Wahlvorschläge mit entscheiden. Über Hilfsarbeiter der Wahlausschüsse s. Art. 6 V LWG.

3. Der Wahlleiter hat als Mitglied des Wahlausschusses (Art. 6 I, II LWG.) in allen Fällen Stimmrecht.

4. Neben der in § 85 I vorgeschriebenen Bekanntmachung wird auch sonst für möglichstes Bekanntwerden der Sitzungen zu sorgen sein.

5. Stimmbezirke.

§ 20.

I Die Stimmbezirke[1] sollen so abgegrenzt werden, daß allen Stimmberechtigten die Teilnahme an der Abstimmung möglichst erleichtert wird. Die Einwohnerzahl eines Stimmbezirkes darf aber auch nicht so gering sein, daß die Geheimhaltung der Abstimmung dadurch ernstlich gefährdet wird. In Bezirken, die zu mehreren Stimmkreisen gehören, dürfen nicht Teile von verschiedenen Stimmkreisen zu einem Stimmbezirk vereinigt werden.

II Kein Stimmbezirk soll mehr als 2500 Einwohner zählen. Gemeinden, die mehr als 2500 Einwohner zählen, sind in mehrere Stimmbezirke einzuteilen. Auch bei kleineren Gemeinden ist unter der Voraussetzung des Abs. I die Zerlegung in mehrere Stimmbezirke zulässig.

III Wenn die Abstimmung auf Grund des Landeswahlgesetzes mit einer Gemeinde-, Bezirks- oder Kreiswahl verbunden wird, ist auf die hiebei für die Einteilung der Stimmbezirke geltenden Bestimmungen entsprechend Rücksicht zu nehmen.[2]

1. S. Art. 30 LWG.

2. S. §§ 23, 24 der Gemeinde-, Bezirks- und Kreiswahlordnung. Für die Verbindung mit Reichsabstimmungen sind keine besonderen Vorschriften nötig, da die Reichsvorschriften mit den Landesvorschriften völlig übereinstimmen.

§ 21.

Für Kranken- und Pflegeanstalten[1] (öffentliche oder private Krankenhäuser oder Kliniken, Lazarette, Entbindungsanstalten, Wöchnerinnenanstalten, Pfründneranstalten, Erholungsheime usw.) mit einer größeren[2] Anzahl von Stimmberechtigten, die wegen ihres körperlichen Befindens nicht imstande sind, einen allgemeinen Wahlraum persönlich aufzusuchen, kann die nach Artikel 30 I LWG. zuständige Behörde eigene Stimmbezirke bilden, und zwar entweder eigene Stimmbezirke für jede Anstalt oder einen Stimmbezirk für mehrere Anstalten; doch darf dabei die Zahl der Stimmberechtigten nicht so klein sein, daß hierdurch das Wahlgeheimnis gefährdet wird.

1. Durch Art. 38 LWG. ist die abweichende Regelung für Kranken- und Pflegeanstalten zugelassen. Über den Begriff s. Anm. 1 zu Art. 38 LWG.

2. Die Zahl der Kranken in der einen Anstalt oder den mehreren Anstalten muß so groß sein, daß das Wahlgeheimnis gewahrt bleibt. S. Schlußsatz.
S. § 44 RWG. und § 111 RStO.

6. Wahlvorstände.

§ 22.

[1]Der nach Art. 31 LWG. bestimmte Wahlvorsteher[1] beruft aus den Stimmberechtigten seines Stimmbezirkes[2] unter Berücksichtigung der

verschiedenen Parteien oder Interessentengruppen des Stimmbezirkes einen Schriftführer und drei bis sechs Beisitzer. Unter den Beisitzern soll sich auch der Vertreter des Wahlvorstehers befinden. Der Wahlvorsteher ladet die Mitglieder des Wahlvorstandes kurz vor dem Abstimmungstage zu rechtzeitigem Erscheinen zur Abstimmungshandlung ein.

II Die Mitglieder des Wahlvorstandes haben bei der Führung der Geschäfte die strengste Unparteilichkeit zu beobachten. Sie erhalten keine Vergütung.

III Wenn in einer Gemeinde für Männer und Frauen getrennte Wählerlisten angelegt[3] und getrennte Abstimmungsräume oder verschiedene Tische desselben Abstimmungsraumes zur Stimmabgabe für Männer und Frauen bestimmt werden (§ 24 II), sind auch eigene Wahlvorstände[4] hiefür zu bilden. Der Vollzug des Art. 34 I Satz 2 LWG.[5] steht dann dem an Lebensjahren älteren Wahlvorsteher zu.

1. S. Art. 31 LWG. Der Wahlvorsteher ist Beamter im Sinne des StGB. (RG. 40, 201).

2. S. Art. 32 LWG. Nach § 35 I RStO. braucht der Schriftführer nicht im Stimmbezirk stimmberechtigt zu sein. Bei Verbindung mit einer Reichstagswahl gilt diese Bestimmung.

3. S. § 4 IV und Anm. 7 daselbst.

4. Also auch eigene Wahlvorsteher.

5. Die Aufrechterhaltung der Ordnung im gemeinsamen Abstimmungsraum.

§ 23.

I Erscheinen bei Beginn der Abstimmung nicht mindestens sechs Mitglieder des Wahlvorstandes, so ergänzt[1] ihn der Wahlvorsteher aus den anwesenden Stimmberechtigten auf diese Zahl.

II Die Mitglieder des Wahlvorstandes unterstützen den Wahlvorsteher bei der Durchführung der Abstimmungshandlung und bei der Ermittlung und Feststellung des Abstimmungsergebnisses.

III Während der ganzen Dauer der Abstimmungshandlung müssen stets mindestens vier[2] Mitglieder des Wahlvorstandes anwesend sein, darunter stets der Wahlvorsteher oder sein Vertreter. Nötigenfalls ist der Wahlvorstand während der Abstimmung auf diese Zahl der Mitglieder zu ergänzen. Ist der Schriftführer vorübergehend abwesend, so ist ein anderes Mitglied des Wahlvorstandes mit seiner Vertretung zu betrauen.

IV Der Wahlvorstand entscheidet mit Stimmenmehrheit. Bei Stimmengleichheit gibt der Wahlvorsteher oder sein Vertreter den Ausschlag. Die Beschlüsse sind endgültig[3] vorbehaltlich der Nachprüfung im Wahlprüfungsverfahren.[4]

V Über die Abstimmungshandlung hat der Schriftführer eine Niederschrift aufzunehmen. Die vom Wahlvorstand gefaßten Beschlüsse sind darin niederzulegen; soweit sie nicht einstimmig gefaßt wurden, ist das Stimmenverhältnis anzugeben. Sie ist von sämtlichen Mitgliedern des Wahlvorstandes zu unterzeichnen.

VI Wenn eine Abstimmung mit einer vom Reich angeordneten Abstimmung verbunden wird, gelten die hiebei maßgebenden Bestimmungen über die Wahlvorsteher und Wahlvorstände auch für die Landesabstimmung.

1. Durch einfache Aufforderung des Wahlvorstehers an die betreffenden Personen. Diese sind zur Folgeleistung verpflichtet. (Art. 132 RVerf.)

2. Wie nach der Reichsstimmordnung (§ 37 III).

3. Die Wahlausschüsse können die Beschlüsse nicht ändern. Sie sind, soweit die Beschlüsse wenigstens die Gültigkeit der Stimmen betreffen, hieran gebunden. (Art. 56 I LWG.).

4. Der Landtag (Art. 62 LWG. und § 33 der Verf.) kann auch Beschlüsse der Wahlvorstände abändern.

7. Abstimmungsorte und räume.

§ 24.

I Bei der Bestimmung der Wahlvorsteher bestimmt die nach Art. 31 LWG. zuständige Behörde auch den Abstimmungsort und den Abstimmungsraum, in denen die Abstimmung vorzunehmen ist.

II In Stimmbezirken, in denen die Wählerlisten nach dem Geschlechte getrennt angelegt sind, kann die nach Art. 31 LWG. zuständige Behörde anordnen, daß die Abstimmung für Männer und Frauen in verschiedenen Räumen oder an verschiedenen Tischen desselben Raumes vorgenommen wird (§ 22 III). Dann sind hierfür alle vorgeschriebenen Einrichtungen gesondert zu treffen.

III Soweit erforderlich, stellen die Gemeinden Räume in Gemeindeanstalten und Gemeindegebäuden zur Verfügung.

8. Wahlurnen.

§ 25.

Zur Sammlung und Verwahrung der Stimmzettel während der Stimmabgabe dient die Wahlurne. Sie muß rechteckig und mit einem Deckel versehen sein. Ihre innere Höhe muß mindestens 90 cm und der Abstand jeder Wand von der gegenüberliegenden Wand mindestens 35 cm betragen. Im Deckel muß die Wahlurne einen Spalt haben, der nicht weiter als 2 cm sein darf. In Kranken- und Pflegeanstalten (§ 21) können kleinere Urnen verwendet werden.

9. Abstimmungsschutzvorrichtungen.

§ 26.

I In jedem Abstimmungsraum stellt die Gemeindebehörde einen oder mehrere Tische mit Abstimmungsschutzvorrichtungen auf, die so beschaffen sein müssen, daß jeder Stimmberechtigte unter ihrem Schutze seinen Stimmzettel unbeobachtet behandeln kann.[1]

II In den Schutzvorrichtungen sollen Bleistifte bereitliegen, die an Bindfaden oder sonstwie befestigt sind.

III In der Schutzvorrichtung soll sich, von den Fällen des § 44 abgesehen, stets nur ein[2] Stimmberechtigter befinden. Dieser soll nur solange darin verweilen, als unbedingt erforderlich ist.[3]

1. Die Bestimmung dient der Durchführung des Wahlgeheimnisses. S. Art. 36 LWG. Ob eine oder mehrere Vorrichtungen in einem Wahlraum anzubringen sind, hängt von der Zahl der Stimmberechtigten des Stimmbezirkes und der Zahl der Abstimmungen ab, die gleichzeitig vor sich gehen. Die Entscheidung trifft zunächst die Gemeindebehörde. Die Aufsichtsbehörde hat aber zu prüfen, ob das Erforderliche in dieser Hinsicht geschehen ist.

2. Die Einhaltung dieser Bestimmung ist sehr wichtig.

3. Auf beschleunigte Abwicklung des Aufenthalts des Einzelnen in der Zelle muß der Wahlvorsteher hinwirken. Dies gehört mit zur Aufrechthaltung der Ordnung im Wahlraum.

10. Äußere Beschaffenheit und Beschaffung der Stimmzettel.

§ 27.

I Die Stimmzettel sollen von weißem oder weißlichem Papier ohne Kennzeichen sein. Auch Zeitungspapier ist zulässig.

II Bei Verbindung mehrerer Wahlen oder Abstimmungen bestimmt das Staatsministerium des Innern die Unterscheidung durch die Farbe.

III Bei Landtagswahlen bestimmt der Kreiswahlleiter die Größe und den Inhalt der amtlichen Stimmzettel[1] für die einzelnen Stimmkreise. Die Kreisregierung läßt sie amtlich herstellen und überweist sie den Gemeinden zur Weitergabe an die Wahlvorsteher. Einzelne Stücke der amtlichen Stimmzettel können zwecks Unterweisung der Wähler vorher an vertrauenswürdige Personen abgegeben werden, jedoch nur, nachdem sie durch Aufdruck oder Aufschrift für die Stimmabgabe unbrauchbar gemacht wurden. Die Stimmzettel müssen die sämtlichen für den Stimmkreis[2] aufgestellten Bewerber mit dem Kennworte und der Nummer des Wahlvorschlages enthalten, dem die Bewerber angehören, und zwar in der Reihenfolge des Einlaufs der Wahlvorschläge beim Kreiswahlleiter, bei Verbindung mit anderen Wahlen in der angeordneten besonderen Reihenfolge (§ 36 I).

IV Bei Volksentscheidungen[3] bestimmt das Staatsministerium des Innern den Aufdruck der Stimmzettel. Sie enthalten die Worte: Ja und Nein, im Bedarfsfalle[4] auch die zu beantwortenden Fragen. Die Stimmzettel werden auch bei dieser Gelegenheit nach Maßgabe des Abs. III amtlich hergestellt.[5]

1. S. Art. 36, 39 II, 51 II LWG.
2. S. Art. 43 LWG.
3. S. Art. 66, 67 LWG.
4. Nämlich wenn gleichzeitig über mehrere Fragen abzustimmen ist (Art. 67 II LWG). Wenn nur über eine Frage abgestimmt wird, ist der Aufdruck der Frage auf dem Zettel nicht erforderlich. Es genügt der Anschlag der Frage nach § 42 III. Die Art der Abstimmung bei dieser Gelegenheit regelt § 49 II.
5. S. Art. 68 LWG.

11. Abkürzung der Abstimmungsdauer.

§ 28.

I Die Abstimmung dauert vom 1. April bis 30. September von 8 Uhr vormittags bis 5 Uhr nachmittags, sonst von 9 Uhr vormittags bis 6 Uhr nachmittags.[1]

II In Stimmbezirken mit weniger als 1000 Einwohnern kann die Bezirksverwaltungsbehörde, in Städten mit Polizeidirektionen der Stadtrat, die Abstimmungszeit abkürzen. Die Wahlzeit darf jedoch nicht später als 10 Uhr vormittags beginnen.[2] Eine solche Anordnung ist mit der Bekanntmachung nach § 29 bekanntzugeben. Der frühere Schluß der Abstimmungshandlung ist unzulässig, abgesehen von dem Falle, daß alle in der Wählerliste eingetragenen Personen ihre Stimme abgegeben haben.[3]

1. S. Art. 33 II LWG. Das Reichsrecht (§ 112 RStO.) hat die gleiche Bestimmung.

2. Nach § 112 RStO. kann die Wahlzeit um 5 Uhr schließen. Die LWO. kennt diese Möglichkeit nicht. Sie kann aber nach Art. 74 LWG. geschaffen werden. Auch hier geht die Reichsvorschrift vor. Bei Verbindung mehrerer gleichzeitiger Abstimmungen ist aber an die Möglichkeit einer Abkürzung der Bestimmungszeit wohl ohnehin nicht zu denken.

3. S. Art. 33 II S. 2 LWG.

Für die Verbindung mit anderen Abstimmungen s. § 69.

12. Abstimmungsbekanntmachung.

§ 29.

I Spätestens am achten Tage vor der Abstimmung gibt die Bezirksverwaltungsbehörde, in Städten mit Polizeidirektionen der Stadtrat die Einteilung in Stimmbezirke, die Abstimmungsräume, die Namen der Wahlvorsteher und ihrer Vertreter, den Tag, die Stunde und die Dauer der Abstimmung in ihrem Amtsblatt und den auf die einzelnen Gemeinden bezüglichen Teil außerdem durch die Bürgermeister in ortsüblicher Weise bekannt. Auf eine etwaige Abkürzung[1] der Abstimmungsdauer ist dabei besonders aufmerksam zu machen. Ferner ist bekannt zu geben, daß die Stimmzettel amtlich[2] hergestellt werden, und wie die Stimmberechtigten nach § 49 abzustimmen haben.

II Diese Bekanntmachung ist dem Kreiswahlleiter unmittelbar nach ihrem Erscheinen im Amtsblatte zu übersenden.

1. S. § 28.

2. S. Art. 39 II, 51 II LWG.

III. Wahlvorschläge.

1. Frist für die Einreichung der Wahlvorschläge.

§ 30.

I Die Wahlvorschläge sind für die Wahlkreise aufzustellen und spätestens am siebzehnten Tage vor dem Wahltag abends acht Uhr bei dem Kreiswahlleiter einzureichen.[1] Dieser hat den Zeitpunkt der Einreichung bei ihm auf den Wahlvorschlägen zu vermerken.

II Bis zu dem in Abs. I bestimmten Zeitpunkt ist jede beliebige Änderung[2] an den Wahlvorschlägen zulässig; die Zurücknahme der Wahlvorschläge ist bis zur Bekanntgabe derselben zulässig. Sie erfordert die unterschriftliche Erklärung von mehr als der Hälfte der Unterzeichner des Wahlvorschlages.

1. S. Art. 46 LWG.

2. Bis zum Ablauf des 17. Tages vor dem Wahltage steht der Wahlvorschlag noch zur freien Verfügung der Einreicher. Sie können jede beliebige Änderung,

Umstellung, Vergrößerung, Verringerung daran vornehmen. Von da an kann der Wahlvorschlag zwar noch im Ganzen oder hinsichtlich einzelner Bewerber zurückgenommen werden. (Art. 50 II LWG.) Sonstige Änderungen oder Umstellungen sind jedoch dann nicht mehr beliebig möglich, da das LWG. in Art. 47 II vom 17. bis zum 10. Tage vor der Wahl nur noch die durch den Wegfall einzelner Bewerber veranlaßte Ergänzung des Wahlvorschlages zuläßt.

3. Die Zurücknahme kann nicht durch den Vertrauensmann allein erfolgen, erfordert aber auch nicht die Einstimmigkeit aller Unterzeichner, sondern nur die Erklärung der Mehrheit derselben. Im übrigen ist der Vertrauensmann aber zur Abgabe aller Erklärungen an den Wahlleiter für befugt zu erachten.

2. Inhalt der Wahlvorschläge.

§ 31.

[1] Jeder Wahlvorschlag muß[1] enthalten:

1. sein Kennwort[2] durch Angabe der Parteizugehörigkeit der Bewerber oder durch ein sonstiges einzelnes Wort. Nicht zu beanstanden sind im letzteren Fall allgemein gebräuchliche Wortzusammensetzungen.[3] Bei gemeinsamen Wahlvorschlägen mehrerer Parteien oder Gruppen kann das Kennwort aus mehreren Worten bestehen;
2. die Angabe der sämtlichen Bewerber[4] nach Vor- und Zunamen, Geburtstag, Stand oder Beruf, Wohnort oder Wohnung und des Stimmkreises oder der Stimmkreise, in denen jeder Bewerber aufgestellt wird. Kein Wahlvorschlag braucht sich auf alle Stimmkreise des Wahlkreises zu erstrecken. Er darf höchstens so viele Bewerber enthalten, als Abgeordnete im

Wahlkreise zu wählen sind. Beizugeben ist die Erklärung [5] der Bewerber, daß sie der Aufnahme ihrer Namen in den Wahlvorschlag zustimmen, sowie, daß sie in keinem weiteren Wahlkreis als Bewerber aufgestellt worden sind oder sich aufstellen lassen werden, [6] und ferner die gemeindliche Bestätigung über die Wählbarkeit [7] der Bewerber, über ihr Alter, die Dauer des Besitzes der Reichsangehörigkeit und des Aufenthalts in Bayern;

3. mindestens 20 Unterschriften [8] von Personen, die im Wahlkreis wahlberechtigt sind und den Wahlvorschlag einreichen, mit Angabe von Vor- und Zunamen, Stand oder Beruf, Wohnort oder Wohnung samt der gemeindlichen Bestätigung über ihren Eintrag in die Wählerliste. Die Unterschriften müssen gut leserlich sein. Sie müssen spätestens am 10. Tage vor der Wahl vorliegen. Die Zurückziehung oder der sonstige Wegfall einzelner Unterschriften ist wirkungslos. Jeder Wähler kann nur einen Wahlvorschlag unterzeichnen. Auch die Bewerber können den Wahlvorschlag unterzeichnen.

II Jeder Wahlvorschlag soll [9] weiter einen wenn möglich am Wohnorte des Kreiswahlleiters wohnhaften Unterzeichner als Vertrauensmann der übrigen Unterzeichner bezeichnen. Fehlt diese Angabe oder ist der Vertrauensmann behindert, so gelten die Unterzeichner der Reihenfolge nach als Vertrauensmänner. Soll ein Vertrauensmann später durch eine andere Person ersetzt werden, so ist hiezu die unterschriftliche Erklärung von mehr als der Hälfte der Unterzeichner erforderlich.[10] Der Vertrauensmann ist befugt, die zur Ergänzung oder Berichtigung des Wahlvorschlages nötigen Verfügungen des Kreiswahlleiters oder Kreiswahlausschusses entgegenzunehmen und alle hiezu erforderlichen Erklärungen abzugeben.[11]

III Wenn der Wahlvorschlag für die Restsitzeverteilung und für die Verteilung der Sitze der Landesabgeordneten einem Gesamtwahlvorschlag[12] angehört, ist in dem Wahlvorschlag ein weiterer für die sämtlichen an dem Gesamtwahlvorschlage beteiligten Wahlvorschläge gemeinsamer Vertrauensmann[13] und ein Stellvertreter hiefür zu bezeichnen. Wird unter den zu einem Gesamtwahlvorschlag gehörigen Wahlvorschlägen keine Einigung[14] über diese Person erzielt, so gelten als Vertrauensmann und als Stellvertreter hierfür die Personen, die von den meisten der Wahlvorschläge als solche bezeichnet worden sind. Bezüglich des Ersatzes dieses Vertrauensmannes gelten die Bestimmungen in Abs. II mit der Maßgabe, daß die Erklärungen durch die Vertrauensmänner der einzelnen Kreiswahlvorschläge abzugeben sind.[15]

1. Wahlvorschläge, die den Erfordernissen des Abs. I nicht entsprechen, sind ungültig. Diese Erfordernisse entsprechen dem Art. 46 II—VI LWG. Soweit Wahlvorschläge dem Abs. I nicht entsprechen, sind sie nach § 35 I, Art. 49 LWG. für ungültig zu erklären. Doch können die Mängel bis zum 10. Tag verbessert werden. Art. 49 LWG.

2. S. Art. 46 II LWG. Anm. 8—12.

Das Kennwort muß entweder die Parteibezeichnung, und zwar in beliebiger Form, darstellen, oder ein sonstiges Wort sein. Wenn es nicht die Parteibezeichnung darstellt, darf es nur ein einzelnes Wort sein. Ausnahmen in Anm. 3.

3. Mehrere Worte oder ganze Sätze sind unzulässig. Zulässig sind in diesem Fall nur allgemein gebräuchliche Wortzusammensetzungen, wie z. B. Schwarz-Rot-Gold, Schwarz-Weiß-Rot und ähnliche. Eine weitere Ausnahme ist für den Fall gemeinsamer Wahlvorschläge mehrerer Gruppen zugelassen; dann kann das Kennwort aus mehreren Worten bestehen.

4. Mindestens ein Bewerber, höchstens soviele, als der Wahlkreis Stimmkreise zählt. In jedem Stimmkreis kann für jeden Wahlvorschlag nur ein Bewerber aufgestellt werden. Jedem Bewerber muß mindestens ein Stimmkreis und können beliebig viele, im Höchstfall alle Stimmkreise des Wahlkreises zugeteilt werden. Der Wahlvorschlag braucht sich nicht auf alle Stimmkreise des Wahlkreises zu erstrecken, er kann sich auf die Stimmkreise beschränken, in denen der Wahlvorschlag sich Stimmen erhofft.

5. Die Erklärung kann auf dem Wahlvorschlag selbst oder auf einer Anlage abgegeben werden. S. Art. 46 LWG., Anm. 14. Sie braucht nicht amtlich beglaubigt zu sein.

6. S. Art. 46 LWG. Anm. 11.

7. S. Art. 44 LWG.

8. S. Art. 46 V LWG. und Anm. 13 daselbst. Auch die Bewerber können als Unterzeichner auftreten. Fehlende Unterschriften können in der Frist des § 43 II nachgebracht werden. Unterschriften, die wegfallen, brauchen nicht ersetzt zu werden. Über die Zurücknahme des Wahlvorschlages s. § 33 IV.

9. Sollvorschrift. Fehlt die Benennung, so wird sie nach Abs. II Satz 2 ersetzt. Über die Befugnisse des Vertrauensmannes bestimmt Satz 4. Er kann den Wahlvorschlag ergänzen und berichtigen. Im Verkehr mit dem

Wahlleiter gilt er als der Bevollmächtigte der Unterzeichner.

10. Der Ersatz kann nötig sein, wenn der Vertrauensmann gestorben ist, aber auch erwünscht sein, wenn er z. B. aus der Partei ausgetreten ist. Eine Tätigkeit der Vertrauensmänner der Kreiswahlvorschläge kann im Laufe der Dauer des Landtages nötig werden, wenn der Landesvertrauensmann, dessen Tätigkeit auch während dieser ganzen Zeit gewährleistet sein muß, ersetzt werden soll. (S. Abs. III.) Sind einzelne Unterzeichner in der Zwischenzeit weggefallen, so ist dies ohne Belang. Wenn mehr als die Hälfte weggefallen sind, genügt die Erklärung der Verbliebenen.

11. Der Vertrauensmann gilt im Verkehr mit dem Wahlleiter als der Bevollmächtigte der Unterzeichner. Er kann den Wahlvorschlag ergänzen und berichtigen, d. h. alles zulässige in dieser Hinsicht machen, nur nicht ihn zurückziehen. Über den Umfang dieser Tätigkeit s. Art. 47 LWG. Anm. 1—7.

12. S. Art. 55 LWG. Die Vereinigung zu einem Gesamtwahlvorschlag erfolgt durch die Wahl des gleichen Kennwortes für Wahlvorschläge aus verschiedenen Wahlkreisen.

13. Er gehört dem Landeswahlausschuß (Art. 6 LWG.) für den Gesamtwahlvorschlag an.

14. Landesvertrauensmann ist die Person, die auf den sämtlichen zu dem Gesamtwahlvorschlag gehörigen Kreiswahlvorschlägen für diese Aufgabe bezeichnet ist; wenn keine Einigkeit hierüber besteht, gelten als Vertrauensmann und Stellvertreter die Personen, die hiefür auf den Kreiswahlvorschlägen die meisten Stimmen erhalten haben. Wenn auch hiedurch keine Entscheidung zu erzielen ist, bleibt der Gesamtwahlvorschlag im Landeswahlausschuß unvertreten. Dies wird zu einer Zusammenfassung in dieser Hinsicht führen.

15. Nur wenn die Vertrauensmänner der Einzelwahlvorschläge zu ersetzen sind, müssen die Unterzeichner der Kreiswahlvorschläge in Aktion treten, sonst genügt die Unterschrift der Kreisvertrauensleute.

3. Mängelbeseitigung.

§ 32.

I Der Wahlleiter prüft die bei ihm rechtzeitig[1] eingereichten Wahlvorschläge und fordert die Vertrauensmänner zur Beseitigung der hiebei festgestellten Mängel[2] auf.

II Mängel der Wahlvorschläge müssen spätestens am zehnten Tage vor dem Wahltag abends acht Uhr behoben sein; sonst ist der Wahlvorschlag, soweit der Mangel besteht, ungültig.[3]

III Bis zum gleichen Zeitpunkte sind Änderungen[4] der Wahlvorschläge zulässig, jedoch nur soweit als sie durch die Zurücknahme der Zustimmungserklärung oder den sonstigen Wegfall einzelner Bewerber veranlaßt sind. Die Vermehrung der Zahl der Bewerber ist nicht mehr zulässig.

1. S. Art. 46 I LWG. Spätestens am 17. Tag vor der Wahl abends 8 Uhr.

2. S. Art. 47 I LWG. und Anm. 1—3 daselbst.

3. S. Art. 47 I LWG. und Anm. 4, 5 daselbst.

4. S. Art. 47 II LWG. und Anm. 6, 7 daselbst. Die Änderungen sind Ergänzungen, die Ausfüllung von Lücken, die nachträglich entstanden sind, nicht von solchen, die von vornherein bestanden haben. Die Vermehrung der Zahl der Bewerber ist nicht mehr möglich.

§ 33.

I Ein Bewerber, dessen Namen auf mehreren Wahlvorschlägen im gleichen Wahlkreis enthalten ist, muß auf Aufforderung hin dem Wahlleiter erklären, für welchen Wahlvorschlag er sich entscheidet. Unterläßt er diese Erklärung, so wird sein Name auf sämtlichen Wahlvorschlägen gestrichen.

II Dasselbe gilt, wenn ein Stimmberechtigter mehrere Wahlvorschläge unterzeichnet hat.

III Bewerber, deren Erklärung nach § 31 I Ziff. 2 fehlt, hat der Wahlleiter zur Erklärung aufzufordern. Wird diese nicht rechtzeitig beigebracht, so ist der Wahlvorschlag insoweit ungültig.

IV Die Zurücknahme eines Wahlvorschlages erfordert die unterschriftliche Erklärung von mehr als der Hälfte der Unterzeichner des Wahlvorschlages.

§ 33 I—III enthält Vorschriften für drei Mängel besonderer Art mit der Entscheidung, wie in solchen Fällen vorzugehen ist. Dafür, daß der Bewerber nicht in mehreren Wahlkreisen aufgestellt wird, muß er selbst sorgen. S. Art. 46 IV, 56 II LWG. Die Zurücknahme erfordert die ausdrückliche Erklärung hierüber. Es genügt nicht, wenn nur die Unterschriften zurückgezogen werden.

4. Beschlußfassung über die Wahlvorschläge.

§ 34.

I Am neunten Tage vor dem Wahltag entscheidet der Kreiswahlausschuß endgültig, unter Ausschluß jeder Beschwerde im Wahlvorbereitungsverfahren, über die Zulassung, die Gültigkeit und die Reihenfolge der bei dem Kreiswahlleiter eingereichten Wahlvorschläge.[1] Die Vertrauensmänner der Wahlvorschläge, über die entschieden wird, können an der Beschlußfassung teilnehmen.[2]

II Die Entscheidungen sind dem Vertrauensmanne des Wahlvorschlages unter Angabe der

Gründe, mündlich oder, wenn sie nicht anwesend sind, schriftlich zu eröffnen.

1. S. Art. 48 LWG. und Anm. 1—6 daselbst.

2. Sie sind nicht etwa als beteiligt von der Beschlußfassung ausgeschlossen. Die Bestimmung war in früheren Wahlordnungen nicht enthalten, entspricht jedoch der Praxis, vor allem des Landeswahlausschusses, und ist sachlich jedenfalls begründet.

3. Soll heißen: er nicht anwesend ist.

§ 35.

I Wahlvorschläge, die verspätet[1] eingereicht sind oder den allgemeinen Anforderungen nicht genügen,[2] sind bei der Entscheidung nach § 34 zurückzuweisen.

II Wenn die Anforderungen nur hinsichtlich einzelner[3] Bewerber nicht erfüllt sind, werden ihre Namen auf dem Wahlvorschlage gestrichen, ebenso die Namen der über die zulässige Zahl hinaus vorgeschlagenen Bewerber, und zwar in diesem Falle die Namen der zuletzt vorgeschlagenen Bewerber. Ist keine Reihenfolge der Bewerber ersichtlich, so ist der Wahlvorschlag im Ganzen ungültig.

1. S. Art. 46 I LWG.

2. S. Art. 49 LWG. Anm. 1.

3. S. Art. 49 LWG. Anm. 2–4.

5. Bekanntgabe der Wahlvorschläge.

§ 36.

I Unmittelbar nach der Entscheidung über die Wahlvorschläge,[1] noch am neunten Tage vor dem Wahltage, hat der Kreiswahlleiter die amtlichen von seinem Kreiswahlausschuß als gültig anerkannten Wahlvorschläge in der von ihm beschlossenen Zusammensetzung in der Reihenfolge[2] des Einlaufs mit den Angaben in § 31 I Ziff. 1 und 2 bekanntzugeben und darauf hinzuweisen, welche Rechte die Wähler gegenüber den Wahlvorschlägen haben. Für den Fall der Verbindung mehrerer Wahlen bleibt die Anordnung einer anderen[3] Reihenfolge vorbehalten.

II Die Bezirksverwaltungsbehörden haben ein alphabetisch geordnetes Verzeichnis der sämtlichen im Stimmkreis aufgestellten Bewerber aufzustellen und den Gemeindebehörden mitzuteilen. Diese haben es den Wahlvorstehern mit den Wählerlisten zu übermitteln.

1. Nach Art. 50 LWG. noch am 9. Tag vor dem Wahltag. S. Anm. 2 daselbst.

2. Eine andere Reihenfolge ist durch den Schlußsatz des Abs. I ermöglicht; sie kann bei Verbindung mehrerer Wahlen erwünscht sein, damit auf den amtlichen Stimmzetteln für sämtliche gleichzeitig erfolgende Wahlen die einander entsprechenden Wahlvorschläge an der gleichen Stelle zu finden und mit der gleichen Nummer bezeichnet sind. Eine andere Regelung würde zur Verwirrung der Wähler führen.

3. Z. B. im Anschluß an die für die gleichzeitig stattfindende Reichstagswahl bestimmte Reihenfolge.

IV. Abstimmungshandlung.

1. Abstimmungsdauer.

§ 37.

Die Abstimmung kann bei Landtagswahlen und Volksentscheidungen auf Grund einstimmigen

Beschlusses des Wahlvorstandes[3] schon vor der in § 28 I[1] und II[2] bestimmten Zeit geschlossen werden, wenn sämtliche in der Wählerliste oder Wahlkartei eingetragenen Personen ihre Stimmen abgegeben haben.[3]

1. S. auch Art. 33 II LWG. Anm. 3.

2. Nach § 28 II ist die Abkürzung der Abstimmungszeit für Stimmbezirke mit weniger als 1000 Einwohnern möglich.

3. S. Art. 66 Z. 6 GO. Auf etwa später noch zu erwartende Wahlscheininhaber braucht bei diesem Beschlusse keine Rücksicht genommen werden. Diese Art von Wählern muß auch mit der nach § 37 gegebenen Möglichkeit rechnen.

2. Öffentlichkeit der Abstimmung.

§ 38.

I Während der ganzen Abstimmungsdauer und während der Ermittlung und Feststellung des Abstimmungsergebnisses ist den Stimmberechtigten die Anwesenheit im Abstimmungsraume gestattet, soweit sie ohne Störung der Abstimmung möglich ist.[1] Aufgabe des Wahlvorstehers ist die Aufrechterhaltung der Ruhe und Ordnung im Abstimmungsraum und den unmittelbar damit zusammenhängenden Räumlichkeiten. Der Wahlvorstand ist berechtigt, Personen, welche die Ruhe und die ordnungsmäßige Abwicklung der Abstimmung stören, aus dem Abstimmungsraume zu verweisen.[2] Sie dürfen zuvor ihre Stimme abgeben. Wenn in einem Abstimmungsraume mehrere Wahlvorstände tätig sind (§ 22 III), entscheidet das Lebensalter des Wahlvorstehers über die Zuständigkeit.

II Im Abstimmungsraume dürfen keine Ansprachen gehalten und — vom Wahlvorstand abgesehen — keine Beratungen gepflogen oder Beschlüsse gefaßt werden.[3]

III Beim Schlusse der Abstimmung ist der Abstimmungsraum vorübergehend solange zu sperren, bis die im Abstimmungsraum anwesenden Personen ihre Stimmen abgegeben haben. Andere Personen dürfen dann nicht mehr abstimmen. Nach Schluß dieser Stimmabgabe ist die Absperrung des Abstimmungsraumes sofort wieder aufzuheben.[4]

1. S. auch Art. 34 I LWG. Anm. 2. Nichtstimmberechtigte haben zwar keinen Anspruch auf Zutritt, dürfen aber zugelassen werden, z. B. Angestellte der Wirtschaft.

2. Der Wahlvorsteher hat die Sitzungspolizei. Zur Hinausweisung von Stimmberechtigten bedarf es eines Beschlusses des Wahlvorstandes. Soweit polizeiliche Maßnahmen erforderlich sind, hat er diese durch die Ortspolizeibehörde zu veranlassen. Er selbst ist nicht zu polizeilichen Maßnahmen befugt. Nichtbefolgung der Hinausweisung wird als Hausfriedensbruch bestraft.

3. S. Art. 34 III LWG.

4. S. § 119 RStO. Die Sperrung ist nur nötig, wenn sie zur Durchführung des Abs. III Satz 2 erforderlich ist. Es muß Gewähr gegeben sein, daß vom Glockenschlag der Wahlschlußstunde an Niemand mehr zur Stimmabgabe den Wahlraum betritt. Hiefür ist der Wahlvorstand verantwortlich. Die Absperrung darf aber nur zu einer ganz vorübergehenden Aufhebung der Öffentlichkeit führen. Die Öffentlichkeit ist auch für die Zeit der Ermittlung des Ergebnisses unbedingt erforderlich.

3. Eröffnung der Abstimmung.

§ 39.

Vor dem Beginne der Abstimmung hat der Wahlvorsteher die Wählerliste oder Wahlkartei nach dem Verzeichnisse der etwa nachträglich noch ausgestellten Wahlscheine in der in § 18 II vorgeschriebenen Weise zu berichtigen.

Nach § 12 III erhält er kurz vor der Abstimmung die Wählerliste. Wenn nach Abschluß derselben durch die Gemeindebehörde noch Wählscheine ausgestellt worden sind, erhält er weiter, bis zum Beginne der Abstimmungshandlung noch einen Auszug aus dem nach § 17 III zu führenden Verzeichnis der Wahlscheine. Bei den Stimmberechtigten, die hienach noch nachträglich einen Wahlschein erhalten haben, hat er dann in der Wählerliste in der Spalte für den Abstimmvermerk einzutragen: „W". d. h. Wahlschein und den Vermerk über den Abschluß der Wählerliste hinsichtlich der nach Abzug der Wahlscheininhaber in der Liste noch verbleibenden Stimmberechtigten richtig zu stellen.

§ 40.

Die Abstimmungshandlung wird damit eröffnet, daß der Wahlvorsteher den Wahlvorstand durch die in Aussicht genommenen[1] Stimmberechtigten (§§ 22, 23) bildet und durch Handschlag verpflichtet. Fehlende Personen werden durch anwesende Stimmberechtigte ersetzt.[2]

S. § 115 RStO.

1. S. § 22 I.

2. Wenn die in Aussicht genommenen Mitglieder des Wahlvorstands nicht erscheinen, werden sie durch Stimmberechtigte ersetzt, die zur Stimmabgabe erscheinen und sich zur Übernahme des Amtes bereit erklären. Nach

§§ 38 u. 39 RWG. sind die Stimmberechtigten zur Übernahme solcher Ämter verpflichtet. Das LWG. enthält keine derartige Bestimmung: Ihre Beachtung kann übrigens auch nach dem RWG. nicht erzwungen werden.

§ 41.

I Der Tisch, an dem der Wahlvorstand Platz nimmt, muß von allen Seiten zugänglich sein.

II An diesem Tische muß sich die Wahlurne befinden (§ 25). Vor Beginn der Abstimmungshandlung hat sich der Wahlvorstand[1] davon zu überzeugen, daß die Urne leer ist. Von da an bis zur Entnahme der Stimmzettel nach Schluß der Abstimmung darf die Urne nicht mehr geöffnet werden.[2]

1. Nicht bloß der Wahlvorsteher.

2. Es ist unzulässig, einen etwa versehentlich in die Urne geworfenen Stimmzettel wieder herausholen zu wollen.

§ 42.

I Die amtlichen Stimmzettel[1] sind in ausreichender Anzahl im Abstimmungsraume bereitzuhalten.

II In jedem Abstimmungsraum ist ein Abdruck des Landeswahlgesetzes und der Landeswahlordnung aufzulegen, ebenso ein Abdruck der Bekanntmachung der Bezirksverwaltungsbehörde nach § 29 und des Kreiswahlleiters über die zugelassenen gültigen Wahlvorschläge.

III Bei Volksentscheidungen sind die Fragen, über die abgestimmt wird, an mindestens zwei auffallenden Stellen vor und in dem Abstimmungsraum in möglichst großer Schrift gut leserlich anzuschlagen.

1. S. Art. 39 II LWG. Die amtlichen Stimmzettel für die Landtagswahl werden von der Regierung beschafft und den Gemeinden für die Wahlvorsteher zur Verfügung gestellt, im allgemeinen mit einem Zuschlag von 5—10% über die Zahl der Stimmberechtigten bei der letzten Abstimmung. Ebenso nach Art. 68 LWG. für Volksentscheidungen.

4. Stimmabgabe.

§ 43.

I Der Wahlvorsteher leitet die Stimmabgabe und läßt bei besonderem Andrange den Zutritt zu dem Abstimmungsraume regeln.

II Soweit sonst Anordnungen oder Entscheidungen hinsichtlich der Stimmabgabe[1] zu treffen sind, trifft sie der Wahlvorstand.

1. D. h. Entscheidungen über die Zulassung zur Stimmabgabe und über die Beanstandungen hiewegen (§ 45 VI); s. auch § 45 IV über die Zurückweisung von Stimmzetteln, die sich von außen schon als ungültig erweisen.

§ 44.

Die Abstimmung wird persönlich durch nicht unterschriebene Stimmzettel ausgeübt, welche die Stimmberechtigten dem Wahlvorsteher eigenhändig, oder wenn sie durch ein körperliches Gebrechen[1] hieran gehindert sind, unter Beihilfe[2] einer von dem Stimmberechtigten selbst zu bestimmenden Vertrauensperson[3] überreichen. Stellvertretung ist unzulässig.

1. Nur wo das körperliche Gebrechen die Übergabe des Zettels unmöglich macht, ist die Beihilfe zulässig.

2. Die Beihilfe kann sich auch auf die Vorbehandlung des Stimmzettels in der Wahlzelle erstrecken. S.

§ 26 III. Sie kann hier z. B. auch bei Blinden erforderlich sein.

3. Unzulässig ist, daß der Wahlvorsteher oder sonst ein Mitglied des Wahlvorstandes von Amts wegen solche Beihilfen übernimmt.

§ 45.

I Wenn der Stimmberechtigte den Abstimmungsraum betritt, erhält er von einer durch die Gemeindebehörde zu bestellenden Person einen amtlichen Stimmzettel. Hiermit begibt er sich in die Schutzvorrichtung (§ 26) und kennzeichnet[1] hier seine Abstimmung auf dem Stimmzettel. Er darf hier nur solange verweilen, als für ihn unbedingt erforderlich ist.

II Der Stimmberechtigte hat seinen Stimmzettel zweimal zusammenzufalten,[2], so daß dessen Inhalt verdeckt ist.

III Darnach tritt er an den Tisch des Wahlvorstandes, nennt seinen Namen und auf Aufforderung seine Wohnung. Auf Erfordern hat er sich über seine Person auszuweisen. Der Schriftführer oder sein Vertreter hat den Namen in der Wählerliste oder Wahlkartei aufzusuchen. Bei Verbindung mehrerer Wahlen oder Abstimmungen ist auch festzustellen, ob der Wähler für alle oder nur für einzelne Abstimmungen stimmberechtigt ist. Erst dann nimmt der Wahlvorsteher oder sein Vertreter den Stimmzettel für die Abstimmungen, für welche der Erschienene berechtigt ist, entgegen, prüft die äußerliche Vorschriftsmäßigkeit des Stimmzettels, ohne ihn zu öffnen und legt ihn dann, nachdem in der Wählerliste oder Wahlkartei der Abstimmvermerk gemacht ist (§ 47), in die Wahlurne.[3] Bei Verbindung mehrerer Abstimmungen kann der einzelne Stimmberechtigte die Abstimmung für diese, soweit sie nicht auf Wahlschein erfolgen, auch getrennt voneinander zu verschiedenen Zeiten vornehmen.[4]

IV Nicht amtlich hergestellte,[5] nicht vorschriftsmäßige[6] oder mit einem äußeren Merkmale[7] versehene Stimmzettel sind zurückzuweisen.

V Als äußeres Merkmal ist ein Zeichen anzusehen, das die äußerliche regelmäßige Beschaffenheit des Stimmzettels irgendwie verändert oder geeignet ist, für jemand, der sich dieses Zeichen in Verbindung mit der Person des Abstimmenden merkt, dessen Abstimmung bei der späteren Ergebnisermittlung ersichtlich zu machen.

VI Glaubt der Wahlvorsteher das Stimmrecht einer in der Wählerliste eingetragenen Person beanstanden zu müssen, oder werden aus der Mitte des Wahlvorstandes hiewegen Bedenken erhoben, so hat der Wahlvorstand hierüber Beschluß zu fassen. Der Beschluß ist in der Niederschrift vorzumerken.[8]

1. Über Beihilfe hiezu s. § 44 Anm. 2.

2. Bei der Landtagswahl und bei bayr. Volksentscheidungen werden keine Wahlumschläge verwendet.

3. Der richtige Gang des Verfahrens ist folgender:

a) Nennung des Namens des Wählers;

b) Aufsuchen des Namens in der Wählerliste durch den Schriftführer;

c) Feststellung des Wahlrechtes (für alle oder einzelne Abstimmungen) und im Zweifel der Identität des Wählers;

d) Entgegennahme des Stimmzettels durch den Wahlvorsteher;
e) Äußerliche Prüfung des Stimmzettels, bei Beanstandungen Zurückweisung des Wählers;
f) Anbringung des Abstimmvermerks in der entsprechenden Spalte der Wählerliste durch den Schriftführer;
g) Einwerfen des Stimmzettels in die Urne durch den Wahlvorsteher.

4. Wenn der Wähler aus besonderen Gründen bei mehreren gleichzeitig stattfindenden Abstimmungen die Stimmzettel für die einzelnen Abstimmungen nicht auf einmal, sondern zu verschiedenen Zeiten abgeben will, ist hiegegen nichts einzuwenden: Ausnahme bei Abstimmung auf Wahlschein. (S. § 46 II.)

5. S. Art. 53 I Ziff. 1 LWG. und § 55 I Ziff. 1. Die Zurückweisung ist Sache des Wahlvorstandes.

6. Z. B. anders als vorgeschrieben zusammengefaltete (§ 45 II). S. Art. 53 I Ziff. 3 LWG. u. § 55 I Ziff. 2 Die Zurückweisung erfordert einen Beschluß des Wahlvorstands.

7. S. Art. 53 I Ziff. 2 LWG. u. § 55 I Ziff. 2, s. Abs. V.

8. Der Eintrag in der Wählerliste gewährleistet also das Stimmrecht nur dann, wenn es wirklich besteht. Wenn dies nicht der Fall ist, wird es durch den Eintrag in der Wählerliste nicht hergestellt. Derartige Beschlüsse des Wahlvorstands können aber nur vom Landtag im Wahlprüfungsverfahren, nicht vom Kreis- oder Landeswahlausschuß beseitigt werden. (Art. 56 I LWG.).

§ 46.

I Inhaber von Wahlscheinen[1] nennen ihren Namen und übergeben den Wahlschein dem Wahlvorsteher, der ihn nach Prüfung an den Schriftführer weiterreicht.[2] Die Wahlscheininhaber haben sich auf Erfordern über ihre Person auszuweisen. Entstehen Zweifel über die Echtheit oder den rechtmäßigen Besitz des Wahlscheines oder das Stimmrecht des Inhabers eines Wahlscheines, so hat der Wahlvorstand diese Zweifel nach Möglichkeit aufzuklären und über die Zulassung oder Zurückweisung der Person Beschluß zu fassen.[3] Der Vorgang ist in der Niederschrift kurz zu schildern. Wenn die Zulassung des Stimmberechtigten nicht durch Beschluß des Wahlvorstandes beanstandet wird, ist sein Stimmzettel von dem Wahlvorsteher oder seinem Vertreter entgegenzunehmen und in die Wahlurne zu legen.

II Bei Verbindung mehrerer Wahlen oder Abstimmungen ist der Wahlschein besonders daraufhin zu prüfen, auf welche Abstimmungen er sich erstreckt. Wenn der Wähler nicht für sämtliche Wahlen, für die der Wahlschein ausgestellt ist, Stimmzettel abgibt, ist dies vom Schriftführer auf dem Wahlschein zu vermerken. Bei der Feststellung nach § 52 III sind solche Wahlscheine besonders zu berücksichtigen.

1. S. §§ 14—18 u. Anlage 2.

2. Der Wahlschein ist auf seine Echtheit zu prüfen. Der Schriftführer verwahrt die Wahlscheine während der Stimmabgabe.

3. Wenn kein Zweifel der angegebenen Art besteht, wird der Stimmberechtigte, der den Wahlschein vorlegt, ohne Weiteres zur Abstimmung zugelassen.

Im Zweifelsfall hat der Wahlvorstand, wie über alle solchen Zweifel zu entscheiden. (S. § 43 II).

4. Infolge der verschiedenen Voraussetzungen, für die verschiedenen Abstimmungen ist es möglich, daß ein

Wahlschein nur für einzelne derselben gilt, z. B. wenn der Wähler bei Verbindung von Landtagswahlen mit Bezirks- und Kreiswahlen außerhalb seines Bezirkes oder Kreises abstimmt.

§ 47.

Der Schriftführer oder sein Vertreter vermerkt die Stimmabgabe des Stimmberechtigten neben dessen Namen in der Wählerliste in der für die betreffende Abstimmung vorgesehenen Spalte und sammelt die Wahlscheine.[1]

1. S. § 46.

§ 48.

Wähler, die nicht in der Wählerliste eingetragen sind, auch keinen Wahlschein aufzuweisen haben, dürfen auch nicht auf Grund eines Beschlusses des Wahlvorstandes zur Stimmabgabe zugelassen werden.

S. Art. 4 LWG. u. Anm. 1—3 hiezu. Die Nichtbeachtung dieser Bestimmung führt zur Ungültigerklärung der betreffenden Stimmen und unter Umständen zur Beanstandung des Ergebnisses durch den Landtag.

5. Inhalt der Stimmzettel.

§ 49.

I Bei der Landtagswahl macht der Wähler durch ein auf den amtlichen Stimmzettel gesetztes Kreuz oder auf andere Weise kenntlich, welchem der für den Stimmkreis in einem amtlich zugelassenen Wahlvorschlag aufgestellten Bewerber er seine Stimme geben will.[1] Die Abstimmung für andere Bewerber ist ungültig.[2] Wird der Name eines Bewerbers gestrichen, so daß der Stimmzettel an der vorgemerkten Stelle nur noch das Kennwort des gewählten Wahlvorschlages enthält, so wird die Stimme für den Wahlvorschlag als Listenstimme gezählt.[3] Die Streichung allein genügt zur Kenntlichmachung nur dann, wenn kein Zweifel darüber bestehen kann, daß der Wähler eine Listenstimme für einen bestimmten Wahlvorschlag abgeben wollte.

II Bei Volksentscheidungen gibt der Abstimmende durch ein Kreuz oder auf andere Weise (durch Ausstreichung des Nichtzutreffenden) zu erkennen, ob er die gestellte Frage mit „Ja" oder mit „Nein" beantworten will.[4]

1. S. Art. 51 II LWG. u. Anm. 4 hiezu. Es genügt jede Kennzeichnung, die ersichtlich macht, wen der Wähler wählen will. Ungültig ist nach Art. 53 I Z. 3 LWG. eine Stimme, wenn aus deren Kennzeichnung der Wille des Wählers nicht unzweifelhaft zu erkennen ist.

2. Die Abstimmung ist nur für die für den Stimmkreis, dem der Stimmbezirk angehört, aufgestellten Bewerber möglich. Stimmen für andere Bewerber gelten nicht als Listenstimmen, sondern sind ungültig.

3. Über die Listenstimmen s. Art. 51 LWG. Anm. 5.

4. Auch bei Volksentscheidungen ist der amtliche Stimmzettel vorgesehen. (Art. 68 LWG., § 27 IV.).

6. Schluß der Abstimmung.

§ 50.

Sobald die Abstimmungszeit abgelaufen ist, gibt der Wahlvorsteher den Schluß der Stimmabgabe bekannt. Von da an dürfen nur noch die Stimmberechtigten zur Abstimmung zugelassen werden, die sich in diesem Zeitpunkte schon im Abstimmungsraume befunden haben. Andere Stimmberechtigte dürfen von da an nicht mehr zur Stimmabgabe zugelassen werden. Der Abstimmungsraum ist solange abzusperren, bis die Anwesenden ihre Stimmen abgegeben haben. Hierauf ist sofort die Öffentlichkeit wieder herzustellen.

G. § 38 III.

7. Besonderheiten für die Abstimmung in Kranken- und Pflegeanstalten.[1]

§ 51.

Sind für Kranken- und Pflegeanstalten selbständige Stimmbezirke gebildet[2] worden (§ 21), so wird die Abstimmung hier nach folgenden Bestimmungen vorbereitet und durchgeführt:

1. Die Gemeindebehörde des Sitzes der Anstalten ersucht die Anstaltsleitungen um ein Verzeichnis der aus der Gemeinde in der Anstalt untergebrachten Stimmberechtigten, welche für die Stimmabgabe in der Anstalt in Betracht kommen, stellt Wahlscheine[3] für sie aus und übersendet sie der Anstaltsleitung zur Zustellung an die Stimmberechtigten. Auswärtige in den Anstalten untergebrachte Stimmberechtigte haben sich die erforderlichen Wahlscheine selbst zu beschaffen.
2. Der für solche Stimmbezirke aufgestellte Wahlvorsteher[4] trägt für den Zusammentritt eines Wahlvorstandes[5] in der Anstalt rechtzeitig Sorge. Die Mitglieder des Wahlvorstandes

brauchen in dem Stimmbezirke nicht stimmberechtigt zu sein. Es ist zulässig, daß in den verschiedenen zu einem solchen Stimmbezirk gehörigen Anstalten verschiedene Personen als Mitglieder des Wahlvorstandes bestellt werden. Die Gemeinde stellt die für die Stimmabgabe erforderlichen Gegenstände zur Verfügung.

3. Die Anstaltsleitung bestimmt einen Abstimmungsraum, wohin die stimmberechtigten Anstaltsinsassen auf ihren Wunsch, wenn erforderlich in ihren Betten, unbedenklich[6] gebracht werden können. Der Raum muß so gelegen sein, daß eine Abstimmungsschutzvorrichtung geschaffen werden kann. Es ist zulässig, für die Stimmabgabe in verschiedenen Gebäuden einer Anstalt oder in verschiedenen Stockwerken eines Gebäudes verschiedene Räume und verschiedene Zeiten zu bestimmen. Der Wahlvorsteher bestimmt im Benehmen mit der Anstaltsleitung die Abstimmungszeiten. Sie sind so zu bemessen, daß sämtliche für den einzelnen Abstimmungsraum in Betracht kommenden Stimmberechtigten ihre Stimmen abgeben können. Der Wahlvorstand kann auf Wunsch der Kranken zur Entgegennahme der Stimmzettel auch an die Krankenbetten gehen, wenn ärztliche Bedenken nicht entgegenstehen.[7]

4. Die Bildung solcher Stimmbezirke, die Namen der Wahlvorsteher und ihrer Vertreter, ferner Zeit und Ort der Stimmabgabe sind den Stimmberechtigten in den beteiligten Anstalten

spätestens am Tage vor der Abstimmung bekanntzugeben.

5. Das Ergebnis wird in dem Abstimmungsraum ermittelt, in dem die letzten Stimmen aus dem Stimmbezirk abgegeben worden sind.
6. Es ist dafür zu sorgen, daß die Öffentlichkeit bei der Stimmabgabe und bei der Ermittlung des Ergebnisses durch die Anwesenheit anderer Stimmberechtigter tunlichst gewährleistet wird.
7. Die Anstaltsleitungen sind für die Absonderung von Kranken verantwortlich, die mit ansteckenden Krankheiten behaftet sind.
8. Im übrigen gelten die allgemeinen Vorschriften auch für solche Abstimmungen.

1. Die Sonderbestimmungen in § 51 beruhen auf Art. 38 LWG.

2. Die Prüfung der Frage, ob und wie solche Stimmbezirke zu bilden sind, erfolgt von Amts wegen.

3. In solchen Stimmbezirken erfolgt die Wahl nur mit Wahlscheinen, die für die Einheimischen von Amtswegen besorgt werden, während auswärtige Pfleglinge sie bei ihren Gemeindebehörden sich selbst zu besorgen haben.

4. Auch für solche Stimmbezirke werden die Wahlvorsteher nach Art. 31 LWG. bestellt.

5. Bestehend aus dem Wahlvorsteher oder seinem Vertreter, einem Schriftführer und mindestens drei Beisitzern. Sie können jeweils den Wählern der betreffenden Anstalt oder sonstigen Wählern entnommen werden und können in den verschiedenen Anstalten eines solchen Stimmbezirkes wechseln.

6. Die Verantwortung für die Erfüllung des Wunsches der Kranken, an der Abstimmung teilzunehmen, liegt bei dem leitenden Arzt.

7. Auch hiebei ist die Schaffung einer Abstimmungsschutzvorrichtung nötig.

V. Ermittlung und Feststellung der Abstimmungsergebnisse.

1. Ermittlung der Abstimmungsergebnisse bei Landtagswahlen und Volksentscheidungen durch die Wahlvorstände in den Stimmbezirken.

§ 52.

I Die Ermittlung der Abstimmungsergebnisse durch die Zählung der Stimmen erfolgt öffentlich.[1] Sämtliche Handlungen sind durch den Wahlvorstand im ganzen ohne Unterteilung in verschiedenen Abteilungen vorzunehmen.

II Nach Schluß der Abstimmung sind zunächst alle nicht benutzten Stimmzettel von den Tischen, an denen das Ergebnis ermittelt werden soll, zu entfernen. Hierauf werden die Stimmzettel der Wahlurne entnommen und im ganzen uneröffnet gezählt. Wenn mehrere Abstimmungen miteinander verbunden sind, sind die für die verschiedenen Abstimmungen geltenden Stimmzettel dabei nach ihren äußeren Merkmalen[2] uneröffnet auszuscheiden. Die Feststellung der Zahl der Stimmzettel ist dann für die verschiedenen Abstimmungen gesondert vorzunehmen.

III Zuerst wird die Zahl der Abstimmvermerke in der Wählerliste für jede einzelne Abstimmung festgestellt, ebenso die Gesamtzahl der Personen, die für die Landtagswahl oder Volksentscheidung und die damit verbundenen Abstimmungen auf Wahlscheine abgestimmt haben. Die Zahlen der Stimmzettel einerseits und der Abstimmvermerke und der auf Wahlscheine erfolgten Abstimmungen anderseits werden miteinander verglichen. Eine auch bei wiederholter Zählung sich ergebende Abweichung der beiden Zahlen ist in der Niederschrift vorzumerken und möglichst aufzuklären.

IV Die Ermittlung der Ergebnisse soll, wenn irgend möglich, im Anschluß an die Stimmabgabe und ohne Unterbrechung durchgeführt werden. Ist eine Unterbrechung notwendig, so sind die Verhandlungen samt den Stimmzetteln in Gegenwart des Wahlvorstandes sorgfältig zu verpacken und versiegelt bis zur Wiederaufnahme der Arbeiten unter sicherem Verschlusse zu verwahren.[3]

1. S. Art. 34 LWG.

2. D. h. nach den gemäß § 70 I Satz 2 zur Unterscheidung der Abstimmung vom Staatsmin. des Innern bestimmten Farben.

3. Auch das Siegel ist sicher zu verwahren.

§ 53.

I Ein Beisitzer öffnet einzeln die Stimmzettel und übergibt sie dem Wahlvorsteher oder seinem Vertreter. Dieser verliest hierauf die Stimmzettel, indem er den Wahlvorschlag und den Bewerber, für den die Stimme abgeben worden ist, bekanntgibt, und übergibt sie sodann einem weiteren Beisitzer zur Verwahrung.[1]

II Der Schriftführer verzeichnet den Inhalt jedes einzelnen verlesenen gültigen Stimmzettels sofort bei der Verlesung in der Zählliste, ebenso ein Beisitzer in der Gegenliste.[2] Bei Landtagswahlen ist dabei ersichtlich zu machen, für welchen der im Stimmkreis aufgestellten Bewerber[3] oder für welchen Wahlvorschlag[4] jede Stimme abgegeben worden ist, bei Volksentscheidungen, ob sie auf Ja oder Nein lautet. Die beiden Listen sind vom Listenführer mit dem Wahlvorschlag zu unterzeichnen.

1. Unzulässig ist die Vornahme irgendwelcher Änderungen, Vermerke, Vormerkungen usw., auch das Durchstreichen. Nur das Anbringen von Ziffern auf den beschlußmäßig behandelten Stimmzetteln nach § 54 II ist zulässig.

2. Bei Verschiedenheit der beiden Ergebnisse ist das Ergebnis auf Grund der Stimmzettel nachzuprüfen. Keine der beiden Listen hat den Vorrang vor der andern.

3. D. h. bei den Bewerberstimmen.

4. D. h. bei den Listenstimmen.

§ 54.

I Über die Gültigkeit[1] der Stimmzettel und über alle bei der Ermittlung des Ergebnisses sich ergebenden Anstände[2] beschließt der Wahlvorstand.[3] Die gefaßten Beschlüsse sind in der Niederschrift vorzumerken, soweit sie nicht einstimmig gefaßt werden, unter Angabe des Stimmenverhältnisses.

II Die Gründe, aus denen ein Stimmzettel für ungültig oder in zweifelhaften Fällen für gültig erklärt wurde, sind in der Niederschrift kurz anzugeben. Stimmzettel, über deren Ungültigkeit oder Gültigkeit der Wahlvorstand Beschluß gefaßt hat, sind mit fortlaufenden Ziffern zu versehen und den Abstimmungsverhandlungen als Beilagen beizufügen.[4]

1. S. Art. 37 LWG. (vorbehaltlich der endgültigen Entscheidung durch den Landtag) u. § 55.

2. Alle Bedenken, die sich nicht auf die Gültigkeit der Stimmzettel beziehen. (Art. 37 LWG.).

3. Über die Form der Beschlüsse § 23 III—VI.

4. Alle Stimmzettel, über die abgestimmt wurde. Eine Ungültigerklärung kann nur auf Grund Abstimmung erfolgen. Bei der Gültigerklärung ist die Abstimmung und Beschlußfassung nur bei besonderem Anlaß erforderlich.

Diese Stimmzettel sind auch dem Kreiswahlausschuß mit vorzulegen. Die übrigen gültigen Stimmzettel bleiben nach §§ 56, 57 an Ort und Stelle.

§ 55.

I Ungültig[1] sind bei Landtagswahlen Stimmzettel:

1. die als nicht amtlich hergestellt erkennbar sind,
2. die mit einem besonderen Merkmale versehen sind,
3. aus deren Bezeichnung der Wille des Wählers nicht unzweifelhaft zu erkennen ist,
4. die an Stelle der in dem Stimmzettel enthaltenen, für den Stimmkreis aufgestellten Wahlvorschläge oder Bewerber einen anderen Wahlvorschlag oder Namen enthalten,
5. die einen Zusatz, eine Verwahrung oder einen Vorbehalt enthalten,
6. denen irgendein von außen deutlich fühlbarer Gegenstand beigefügt ist.

II Ungültig sind bei Volksentscheidungen[2] Stimmzettel,

1. die nicht die vorgeschriebene Beschaffenheit haben,

2. die mit einem besonderen Merkmale versehen sind,
3. die weder „Ja" noch „Nein" oder beides zugleich auf die gleiche Frage enthalten,
4. die bei mehreren den gleichen Gegenstand betreffenden Gesetzentwürfen mehrmals „Ja" enthalten,
5. die einen Zusatz, eine Verwahrung oder einen Vorbehalt enthalten,
6. denen irgendein von außen deutlich fühlbarer Gegenstand beigefügt ist.

III Mehrere für die gleiche Abstimmung von einem Wähler zugleich abgegebene, nicht verschieden gekennzeichnete Stimmzettel gelten bei Landtagswahlen und Volksentscheidungen als eine Stimme. Wenn sie verschieden gekennzeichnet sind, sind sie ungültig. Stimmzettel, die überhaupt nicht gekennzeichnet oder vollständig durchstrichen sind, bleiben dabei außer Betracht.[3]

IV Ein Stimmzettel, der für eine andere mit der Landtagswahl oder Volksentscheidung verbundene Abstimmung bestimmt ist und offensichtlich nicht für sich, sondern in einem zusammengefalteten, für die Landtagswahl oder Volksentscheidung bestimmten Stimmzettel abgegeben worden ist, beeinträchtigt dessen Gültigkeit nicht.[4]

V Ein Stimmzettel für die Landtagswahl oder Volksentscheidung, der in dem zusammengefalteten, für eine andere verbundene Abstimmung bestimmten Stimmzettel oder in dem Wahlumschlage für eine andere damit verbundene Abstimmung mit dem Stimmzettel für diese Abstimmung abgegeben worden ist, ist für die Landtagswahl oder Volksentscheidung nicht gültig.[5]

1. S. Art. 53 LWG. u. Anm. 1 daselbst. Zu Ziff. 1—6 vgl. die Erläuterungen bei Art. 53 LWG. Anm. 2—7.

2. S. Art. 69 LWG. zu Ziff. 1—6 und die Erläuterungen daselbst.

3. S. Art. 53 u. 69 LWG. u. Anm. daselbst.

4. Gedacht ist an die wohl nicht häufigen Fälle, wo in dem Stimmzettel der Stimmzettel für eine andere verbundene Abstimmung in einer Weise eingefaltet sich findet, daß offensichtlich ist, daß dieser Stimmzettel nicht für sich abgegeben wurde und erst nachträglich in den anderen Stimmzettel in der Wahlurne hineingeraten ist, sondern von vornherein nach der Art der Zusammenstellung in dem äußeren Stimmzettel sich befunden hat. Bei Achtsamkeit des Wahlvorstehers bei der Entgegennahme der Stimmzettel werden solche Fälle kaum vorkommen, wenn nicht der innere Stimmzettel wesentlich kleiner als der äußere ist. In beiden Fällen beeinträchtigt der innere Stimmzettel die Gültigkeit des äußeren nicht. Für die Gültigkeit des inneren Stimmzettels ist die Feststellung des Hergangs von Bedeutung. Kann festgestellt werden, daß der Zettel erst nachträglich in den andern hineingeraten ist, so ist auch der innere Zettel für die betreffende Abstimmung gültig. Anders im umgekehrten Fall. S. Abs. V.

5. S. Anm. 4 am Schlusse.

§ 56.

Hierauf hat der Wahlvorstand bei Landtagswahlen die Zahl der für jeden der im Stimmkreis aufgestellten Bewerber, ferner der für jeden Wahlvorschlag als Listenstimmen, sowie für jeden Wahlvorschlag insgesamt und endlich der im Stimmbezirk im ganzen abgegebenen gültigen Stimmen, bei Volksentscheidungen die Zahl der für jede gestellte Frage mit Ja und Nein und insgesamt abgegebenen gültigen Stimmen festzustellen. Der Wahlvorsteher hat die Niederschrift über die Abstimmung abzuschließen und von allen beteiligten Mitgliedern des Wahlvorstandes, die Zähl- und Gegenliste von den Listenführern unterzeichnen zu lassen und selbst zu unterzeichnen. Die als ungültig oder beschlußmäßig als gültig erklärten Stimmzettel sind der Abstimmungsniederschrift beizulegen. Die übrigen gültigen Stimmzettel sind in Papier zu versiegeln.

§ 57.

[1] Das Abstimmungsergebnis hat der Wahlvorsteher unmittelbar nach Abschluß der Ermittlung der Gemeindebehörde mitzuteilen. Diese sammelt es für ihre Stimmbezirke und teilt es, wenn sie einem Bezirksamt untersteht, diesem auf schnellstem Wege (durch Fernsprecher, Telegramm oder durch Eilboten) mit, und zwar bei Landtagswahlen ausgeschieden nach den einzelnen Wahlvorschlägen, bei Volksentscheidungen nach Ja- und Nein-Stimmen. Die Wahlvorschläge sind durch das Kennwort zu bezeichnen. Soweit Eilboten erforderlich sind, haben sie die Gemeinden zur Verfügung zu stellen. Telegramme sind möglichst kurz zu halten. Die kreisunmittelbaren Gemeinden teilen das Ergebnis dem Staatsministerium des Innern und ferner bei Landtagswahlen dem

Kreiswahlleiter, bei Volksentscheidungen dem Landeswahlleiter auf schnellstem Wege mit.

II Gleichzeitig mit der Übermittlung der Abstimmungsergebnisse haben die Wahlvorsteher auch die Abstimmungsverhandlungen (Wählerliste, Wahlscheine, Niederschrift, Zähl- und Gegenliste, Stimmzettel) an die Gemeindebehörde abzuliefern. Diese haben die Verhandlungen auf ihre Vollständigkeit zu prüfen und sodann, wenn sie einem Bezirksamt unterstellt sind, mit Ausnahme der Wählerliste, und der Wahlscheine, sowie der nicht beschlußmäßig behandelten gültigen Stimmzettel (§ 56 Schlußsatz) umgehend durch die Post oder besondere zuverlässige Boten dem Bezirksamt, im übrigen[1] unmittelbar bei Landtagswahlen dem Kreiswahlleiter, bei Volksentscheidungen dem Landeswahlleiter zu übersenden. Die Wählerliste, die Wahlscheine und die nicht beschlußmäßig behandelten gültigen Stimmzettel sind in der Gemeinderegistratur unter Verschluß zu verwahren, bis Neuwahlen anberaumt worden sind oder bis der Landtag die Wahl für gültig erklärt oder über die Volksentscheidung Beschluß gefaßt hat. An der benützten Wählerliste darf bis dahin keine Änderung vorgenommen werden.

III Die Bezirksämter haben die Abstimmungsergebnisse zu sammeln, zusammenzustellen und auf schnellstem Wege dem Staatsministerium des Innern und ferner für die Landtagswahl dem Kreiswahlleiter, für die Volksentscheidungen dem Landeswahlleiter mitzuteilen. Sie haben ferner die ihnen zugegangenen Abstimmungsverhandlungen zu prüfen, etwaige Unstimmigkeiten und Unvollständigkeiten schleunigst aufzuklären und zu beseitigen und sodann die ganzen Verhandlungen mit einer Zusammenstellung der Ergebnisse aus ihrem Bezirke bei Landtagswahlen dem Kreiswahlleiter, bei Volksentscheidungen dem Landeswahlleiter zu übersenden. Für möglichste Beschleunigung ist Sorge zu tragen. Die Kreiswahlleiter können die Einsendung durch Sammelkuriere veranlassen.

1. D. h. wenn sie nicht einem Bezirksamt unterstellt sind.

2. Feststellung der Wahlergebnisse bei Landtagswahlen durch die Kreiswahlleiter.

§ 58.

I Der Kreiswahlleiter hat zunächst die Verhandlungen der einzelnen Stimmbezirke auf ihre äußerliche Ordnungsmäßigkeit zu prüfen, die Ergebnisse zusammenzustellen und schließlich mit seinem Kreiswahlausschusse festzustellen.[1]

II Bei der Prüfung sind Rechenfehler richtig zu stellen, sonstige Bedenken dagegen nur in der Niederschrift zu vermerken. Zur sachlichen Änderung der Entscheidungen der Wahlvorstände ist der Kreiswahlausschuß nicht befugt.[2]

III Der Kreiswahlausschuß stellt in öffentlicher Sitzung fest,

1. wie viele gültige Stimmen jeder einzelne Bewerber und jeder einzelne Wahlvorschlag, als Listenstimmen und im Ganzen, erhalten hat und

wie viele gültige Stimmen hiernach insgesamt im Wahlkreis abgegeben worden sind,

2. auf wie viele Stimmen hiernach ein Sitz im Wahlkreis entfällt (Verteilungszahl),
3. wie viele Sitze also jeder beteiligte Wahlvorschlag erhält,
4. welche Bewerber die den einzelnen Wahlvorschlägen zustehenden Sitze zu erhalten haben,
5. in welcher Reihenfolge die nichtgewählten Bewerber als Ersatzleute für die Gewählten zu gelten haben,
6. welche Stimmreste bei den einzelnen Wahlvorschlägen und wie viele Restsitze im Wahlkreise verbleiben.

IV Die vorstehenden Ergebnisse hat der Kreiswahlleiter alsbald zu verkünden.

V Die nach Art. 57 III und IV LWG. erforderlichen Entscheidungen durch das Los trifft, auch hinsichtlich der Reihenfolge der Ersatzleute, der Kreiswahlausschuß.

1. Der Kreiswahlleiter hat nur die Vorbereitung, die Feststellung dagegen der Kreiswahlausschuß. S. Art. 54 LWG.

2. S. Art. 56 I LWG.

§ 59.

I Der Kreiswahlleiter hat die Gewählten von ihrer Wahl gegen Nachweis zu verständigen mit der Aufforderung, sich über die Annahme der Wahl binnen acht Tagen bei dem Landeswahlleiter zu erklären, und mit dem Hinweis darauf, daß die Wahl als abgelehnt gilt, wenn die Annahme nicht binnen acht Tagen nach dem Empfange der Verständigung hiervon dem Landeswahlleiter gegenüber erklärt wird oder wenn der Annahme ein Vorbehalt oder eine Verwahrung beigefügt wird. Hierauf hat er sofort, ohne die Zustellungsnachweise abzuwarten, die sämtlichen Verhandlungen dem Landeswahlleiter zu übersenden.

II Nachträglich einlaufende Nachweise und Erklärungen sind dem Landeswahlleiter sofort zu übermitteln.

S. Art. 59 LWG.

3. Feststellung der Wahlergebnisse bei Landtagswahlen durch den Landeswahlleiter.

§ 60.

I Der Landeswahlleiter hat die Ergebnisse aus den Wahlkreisen zusammen zu stellen. Zunächst nimmt dann der Landeswahlausschuß die Restsitzeverteilung[1] vor, indem er in öffentlicher Sitzung feststellt,

1. welche Gesamtwahlvorschläge und selbständigen Kreiswahlvorschläge hierfür in Betracht kommen und welche Reststimmenzahlen jeder Beteiligte insgesamt aufzuweisen hat,
2. wie groß die Summe der Stimmreste und der Restsitze ist,
3. auf wie viele Reststimmen hiernach ein Restsitz entfällt (Restverteilungszahl),
4. wie viele Restsitze die beteiligten Gesamtwahl-

vorschläge oder selbständigen Kreiswahlvorschläge erhalten,

5. welche Kreiswahlvorschläge innerhalb der Gesamtwahlvorschläge die Restsitze erhalten,
6. welchen Bewerbern die einzelnen Restsitze zufallen.

II Die vorstehenden Ergebnisse hat der Landeswahlleiter alsbald zu verkünden.

III Der Landeswahlleiter hat die Gewählten von der Wahl gemäß § 59 I zu verständigen.

1. S. Art. 55 LWG.

2. Beteiligt sind die Gesamtwahlvorschläge und selbständigen Kreiswahlvorschläge.

§ 61.

I Hierauf nimmt der Landeswahlausschuß die Verteilung der Sitze der Landesabgeordneten[1] vor, indem er in öffentlicher Sitzung feststellt,

1. welche Gesamtwahlvorschläge und selbständigen Kreiswahlvorschläge hierfür in Betracht kommen und welche Stimmenzahl jeder Beteiligte dabei insgesamt aufzuweisen hat,
2. wie groß die Summe der im ganzen Land abgebenenen gültigen Stimmen ist,
3. auf wie viele Stimmen hiernach ein Landesabgeordnetensitz entfällt,
4. wie viele Landesabgeordnetensitze die beteiligten Wahlvorschläge erhalten.

II Das vorstehende Ergebnis hat der Landeswahlleiter alsbald zu verkünden.

III Sodann hat er die Zahl der auf die Gesamtwahlvorschläge oder selbständigen Kreiswahlvorschläge treffenden Sitze dem Landesvertrauensmann oder Vertrauensmann mit der Anheimgabe zu eröffnen, ihm die Namen der Landesabgeordneten im Benehmen mit den Vertrauensmännern der Wahlvorschläge binnen acht Tagen zu bezeichnen mit dem Beifügen, daß die Sitze unbesetzt bleiben, wenn die Namen nicht binnen acht Tagen benannt werden.[3]

IV Der Landeswahlleiter hat die als Landesabgeordneten Bezeichneten gemäß § 59 I zu verständigen.

1 S. Art. 42, 58 LWG.

2. Beteiligt sind die Gesamtwahlvorschläge und selbständigen Kreiswahlvorschläge.

3. S. Art. 58 V, VI LWG. Wenn Bedenken wegen der Person des Benannten bestehen, z. B. wenn er nicht wählbar ist oder nicht in einem Wahlvorschlag enthalten ist, besteht keine ausdrückliche Zuständigkeit des Landeswahlausschusses nach dem LWG. Die Beanstandung wird daher dem Landtag bei der Wahlprüfung zu überlassen sein, wenn der Vertrauensmann den vom Landeswahlleiter erhobenen Bedenken nicht Rechnung trägt.

§ 62.

I Soweit veranlaßt, hat der Landeswahlausschuß schließlich noch die nach Art. 57 III und IV, 58 IV und 60 I LWG. erforderlichen Entscheidungen durch das Los zu treffen.

II Der Landeswahlausschuß entscheidet ferner, wenn von der festgestellten Reihenfolge der Ersatzleute abgewichen werden muß.[2]

1. Bei der Verteilung der Restsitze und der Landmandate.

2. S. Art. 61 I Satz 2 LWG. z. B. wenn bei Erledigung eines Sitzes der in Betracht kommende Ersatzmann aus Bayern verzogen ist, also zu übergehen ist. Im übrigen beruft der Landeswahlleiter allein die Ersatzleute nach Maßgabe der festgestellten Liste der Ersatzleute.

§ 63.

Sobald die Namen aller Abgeordneten feststehen, hat der Landeswahlleiter die sämtlichen Namen öffentlich bekanntzugeben, ebenso die Namen der nichtgewählten Bewerber in der Reihenfolge ihrer Stimmenzahlen als Ersatzleute für ausscheidende Abgeordnete.

§ 64.

Weiter verständigt der Landeswahlleiter die drei ältesten Abgeordneten von dieser ihrer Eigenschaft unter Hinweis auf die ihnen nach § 30 Satz 2 WU. obliegende Pflicht.

4. Feststellung der Abstimmungsergebnisse bei Volksentscheidungen durch den Landeswahlleiter.

§ 65.

1 Der Landeswahlleiter hat zunächst die Verhandlungen der einzelnen Stimmbezirke auf ihre äußerliche Ordnungsmäßigkeit zu prüfen, die Ergebnisse nach Ja- und Nein-Stimmen zusammenzustellen, mit dem Landeswahlausschusse festzustellen,[1] zu verkünden, öffentlich bekanntzugeben und die Verhandlungen schließlich dem Landtage zu übersenden.

II Offenkundige Rechenfehler sind zu berichtigen, sonstige Bedenken dagegen nur in der Niederschrift zu bemerken. Zur sachlichen Änderung der Entscheidungen der Wahlvorstände ist der Landeswahlausschuß nicht befugt.[2]

1. S. Art. 71 LWG. Die Kreiswahlausschüsse sind nicht mit diesen Ergebnissen befaßt.

2. S. Art. 37 LWG.

VI. Verbindung von Landtagswahlen oder Volksentscheidungen mit Reichsabstimmungen.

§ 66.

Wird eine Landtagswahl oder Volksentscheidung mit einer vom Reich angeordneten Abstimmung verbunden, so sind die Wählerlisten oder Wahlkarteien für beide Abstimmungen gemeinsam anzulegen. Für die Anlegung, Auslegung und den Abschluß der Listen, sowie für die Behandlung der Einsprüche gelten die Reichsvorschriften.

S. Art. 74 LWG. Wenn weitere Landesabstimmungen mit der Landtagswahl oder Volksentscheidung verbunden werden, z. B. Gemeinde-, Bezirks- und Kreiswahlen gelten nach den hiefür maßgebenden Bestimmungen die Vorschriften des LWG. auch für diese Abstimmungen.

§ 67.

Wahlscheine können, wenn das Wahlrecht für die Reichs- und Landesabstimmung gegeben ist, gemeinsam nach dem Muster der Reichsvorschriften ausgestellt werden.

Sie müssen dann auf alle Fälle einen Vermerk über den Umfang ihrer Geltung enthalten.

§ 68.

Die Wahlausschüsse sind für die Reichs- und Landesabstimmung gesondert zu bilden.

§ 69.

Die Anordnungen, die bei der Reichsabstimmung für die Stimmbezirke, Abstimmungsorte, Abstimmungsräume, Abstimmungszeit, Wahlvorsteher, Wahlvorstände getroffen werden, sind auch für die Landesabstimmung maßgebend. Als Bekanntmachung im Sinne des § 29 genügt eine entsprechende Ergänzung der für die Reichsabstimmung erforderlichen Bekanntmachung. Ein Stück dieser Bekanntmachung ist zu den Verhandlungen über die Landesabstimmung zu nehmen.

S. Art. 74 LWG. „Zusammensetzung der Wahlvorstände und die Abstimmung". Auch eine etwaige Abkürzung der Wahldauer für die Reichswahl wirkt für die Landesabstimmung.

§ 70.

I Die Übergabe der Stimmzettel[1] erfolgt in der durch die Reichsvorschriften angeordneten Form, jedoch ohne Verwendung von Wahlumschlägen. Die zur Unterscheidung der Abstimmung erforderlichen Anordnungen trifft im einzelnen Falle das Staatsministerium des Innern.

II Durch Anschläge vor und in dem Abstimmungsraume sind die Stimmberechtigten auf die Unterschiede hinsichtlich der Stimmzettel hinzuweisen.

1. Nur die Übergabe. Für die Form der Stimmzettel und deren Inhalt bleiben die Landesvorschriften maßgebend. (S. Art. 74 LWG.).

§ 71.

I Nach Schluß der Abstimmung werden zunächst die für die verschiedenen Abstimmungen abgegebenen Stimmen ausgeschieden und gesondert gezählt (§ 52 ff.).

II Sodann wird zunächst das Ergebnis der Reichsabstimmung auf Grund der reichsgesetzlichen Vorschriften vollständig ermittelt. Hierauf erst wird das Ergebnis auf Grund des Landeswahlgesetzes ermittelt.

III Die gültigen Stimmzettel sind gesondert für beide Abstimmungen zu versiegeln. Die Mitteilung der Ergebnisse und die Abstimmungsverhandlungen sind, soweit die Gemeinden den Bezirksämtern unterstehen, durch diese, sonst unmittelbar den entsprechenden Wahlleitern zu übersenden.

VII. Volksbegehren.

1. Vorschlag eines Volksbegehrens.[1]

§ 72.

I Die Unterschriften[2] zu dem Vorschlag eines Volksbegehrens müssen in Unterschriftbogen abgegeben werden, die auf der ersten Seite jedes Bogens das zu stellende Volksbegehren ersehen lassen. Auf dem Vorschlag ist eine Person zu bezeichnen, die ermächtigt ist, die zur Gültigkeit des Vorschlages erforderlichen Ergänzungen und Berichtigungen mit Wirksamkeit auch für die übrigen Unterzeichner zu veranlassen. Nach ihm wird das Volksbegehren benannt, wenn sonst keine entsprechende Bezeichnungsmöglichkeit besteht.

II Die Unterschriften zu dem Vorschlage können in verschiedenen Gemeinden gesammelt werden. Die Unterzeichner müssen sich in die Unterschriftbogen eigenhändig und gut leserlich eintragen. In Gemeinden mit mehr als 2000 Einwohnern ist dabei auch die Wohnung anzugeben. Die Unterschriften sind innerhalb jedes Bogens mit fortlaufenden Ziffern zu versehen. Handzeichen sind nur dann gültig, wenn sie von der Gemeindebehörde als Unterschrift von Stimmberechtigten bestätigt werden. Unleserliche Unterschriften sind ungültig.

III Die Unterschriften sind nur dann gültig, wenn die Gemeindebehörde auf dem Unterschriftbogen selbst bestätigt, daß die Unterschriften von Stimmberechtigten abgegeben worden sind.[3] Die Bestätigung erfolgt auf Grund der in der Gemeinde zuletzt benutzten Wählerliste oder Wahlkartei oder auf Grund besonderer Feststellung[4] über das Stimmrecht der Unterzeichner.

IV Wenn die Gemeinde Unregelmäßigkeiten bemerkt, die bei der Sammlung der Unterschriften vorgekommen sind, hat sie ihre vorgesetzte Behörde hievon zu verständigen.

V Die Unterschriftbogen sind nach Gemeinden und Verwaltungsbezirken zu ordnen, mit fortlaufenden Nummern zu versehen und mit einer Zusammenstellung über die Zahl der auf den beigelegten Unterschriftbogen enthaltenen Unterschriften dem Staatsministerium des Innern durch die Antragsteller einzureichen.[5]

1. S. Art. 22, 23 LWG.

2. 1000.

3. S. Art. 22 I Satz 2 LWG. Die Bestätigung der Gemeindebehörde kann nur für solche Personen verlangt und gegeben werden, die in der Gemeinde stimmberechtigt sind. Die Sammlung der Unterschriften geht in diesem Teil des Verfahrens noch ohne amtliche Mitwirkung vor sich. Soweit dies geschieht, können aber Schwierigkeiten entstehen, wenn die Gemeindebehörde in größeren Gemeinden nicht in der Lage ist, die verlangte Bestätigung des Stimmrechtes der Unterzeichner nachträglich zu erteilen.

Die Bestätigung über das Stimmrecht der Unterzeichner ist auch im Falle des Art. 22 I Satz 3 LWG. erforderlich.

4. Bei Personen, die in der letzten Wählerliste nicht eingetragen sind.

5. Durch die Personen, die den Vorschlag zu einem Volksbegehren stellen wollen.

2. Eintragungsverfahren.

§ 73.

I Die Unterzeichnungslisten, in denen die Stimmberechtigten ihre Erklärung zur Unterstützung des Volksbegehrens abgeben sollen, sind von den Personen, von denen der Vorschlag zu dem Volksbegehren ausgeht, zur Verfügung zu stellen und an die Gemeinden abzugeben.[1]

II Die Unterzeichnungslisten haben den vollen Inhalt des Volksbegehrens und ferner den nötigen Raum zur Abgabe der Unterschriften nach Vor- und Zunamen, Wohnort oder Wohnung des Unterzeichners zu enthalten. Wenn Einlagebogen[2] verwendet werden müssen, sind sie von der Gemeindebehörde mit dem Hauptbogen durch Schnur und Siegel zu verbinden und mit der Aufschrift:

„2., 3. . . . Unterzeichnungsbogen zum Volksbegehren . . .“ zu versehen.

III Bei der Einreichung eines Vorschlages zu einem Volksbegehren beim Staatsministerium des Innern ist mitzuteilen, in welchen Gemeinden des Landes die Unterzeichnungslisten aufgelegt werden sollen; ebenso ist Mitteilung zu machen, sobald in dieser Hinsicht eine Änderung eintritt.[3]

1. S. Art. 25 Satz 1 LWG.

2. Auch die Einlagebogen müssen die Antragsteller zur Verfügung stellen.

3. Diese Mitteilungen müssen dem Landeswahlleiter übermittelt werden, damit er weiß, aus welchen Gemeinden er Listen zu erwarten hat. (S. § 83).

§ 74.

I Sobald eine Gemeinde die Unterzeichnungslisten zur Auflegung erhalten hat, hat sie zu bestimmen, in welchen Räumen und zu welchen Tagesstunden die Listen aufgelegt werden sollen.[1] Dabei ist den beruflichen und wirtschaftlichen Verhältnissen und den ortsüblichen Arbeitszeiten im einzelnen Orte Rechnung zu tragen. Räume und Zeiten für die Eintragung müssen so bestimmt werden, daß es jedermann möglich ist, sich in den Listen einzutragen. Es ist insbesondere auch darauf Rücksicht zu nehmen, daß Personen, die während der gewöhnlichen Amtsstunden der Gemeinde hieran gehindert sind, zu anderen Stunden, während der Mittags- oder Abendstunden und an den Sonntagen, Gelegenheit haben, ihre Unterschrift abzugeben. In größeren Orten ist die Auflegung mehrerer Listen in mehreren Räumen erforderlich. Zur Auflegung der Listen sind in erster Linie gemeindliche Amtsräume zu bestimmen. Privaträume können nur dann in Betracht kommen, wenn geeignete Diensträume nicht vorhanden sind. In entfernt gelegenen Vororten von Städten oder abgelegenen Ortschaften mit einigermaßen beträchtlicher Einwohnerzahl sind die Listen nach entsprechender Bekanntgabe wenigstens vorübergehend auch an Ort und Stelle aufzulegen. Wenn die übergebenen Listen nicht ausreichen, hat die Gemeindebehörde die Person, die ihr die Listen übergeben hat, hievon zu verständigen.

II An Orten mit größeren Kranken- und Pflegeanstalten (§ 51) muß auch den Kranken, denen das Erscheinen bei den gemeindlichen Einzeichnungsstellen nicht möglich ist, Gelegenheit zur Unterzeichnung im Krankenhause geboten werden. Die Gemeinden haben zu diesem Zwecke festzustellen, welche Personen hievon Gebrauch machen wollen, deren Stimmberechtigung nachzuprüfen und die Listen zu geeigneter Zeit im Krankenhause zur Unterzeichnung aufzulegen, soweit nötig, den Kranken auch auf Verlangen in den Krankenzimmern vorzulegen.

III Die Anordnung über Ort und Zeit der Auflegung der Listen und über Beginn und Ende der Auflagefrist ist in ortsüblicher Weise bekanntzugeben. Die Bekanntmachung an der gemeindlichen Amtstafel ist während der ganzen Eintragungszeit zu belassen.

1. S. Art. 25 I Satz 2 LWG.

§ 75.

Die Stimmberechtigten, welche den Vorschlag des Volksbegehrens eingereicht haben, sind berechtigt, durch schriftliche Anzeige bei der Gemeindebehörde Vertrauenspersonen in die zur Unterschriftabgabe bestimmten Räume abzuordnen. Diesen Vertrauenspersonen ist Einsicht in die Wählerlisten, Wahlkarteien und Unterzeichnungslisten, soweit dies ohne Störung der Unterschriftabgabe möglich ist, zu gewähren.

§ 76.

I Wenn der Unterzeichnende der Amtsperson, die von der Gemeindebehörde mit der Entgegennahme der Unterschriften betraut ist,[1] nicht bekannt ist, ist zunächst ein Nachweis über die Persönlichkeit[2] zu verlangen. Als solcher genügt auch die Legitimation durch eine amtlich bekannte oder selbst legitimierte Person.[3]

II Weiter ist das Stimmrecht[4] vor der Unterzeichnung zu prüfen. Hiezu dient die zuletzt benützte Wählerliste oder Wahlkartei. Dabei ist auch zu prüfen, ob der Stimmberechtigte nicht etwa seit der Anlegung der Wählerliste sein Stimmrecht in der Gemeinde durch Wegzug verloren hat oder ob nicht sein Stimmrecht ruht.

III Personen, die in der Wählerliste nicht eingetragen sind, sind zur Unterzeichnung nur dann zuzulassen, wenn sie einen Eintragungsschein[5] für das im Laufe befindliche Volksbegehren vorlegen. Mit einem solchen können Stimmberechtigte, die in der Gemeinde wohnen, aber nicht in der Wählerliste eingetragen sind, und solche, die sich hier nur vorübergehend aufhalten, zur Unterzeichnung zugelassen werden.

1. Die Gemeindebehörde muß mit der Entgegennahme der Unterschriften, soweit diese nicht dem Bürgermeister selbst möglich ist, sonstige Amtspersonen betrauen.

2. S. §§ 45 III Satz 2 und 46 I Satz 2.

3. Der Nachweis der Persönlichkeit ist hier besonders erleichtert.

4. S. Art. 26 LWG.

5. Nach Art. 25 II LWG. gelten die Bestimmungen über die Wahlscheine entsprechend. Die LWO. nennt sie, entsprechend der Bestimmungen des RG. über den Volksentscheid vom 27. Juni 1921 „Eintragungsscheine". Näheres hierüber in § 77.

§ 77.

I Einen Eintragungsschein[1] erhält auf Antrag,

1. wer nach §§ 14 und 15 die Ausstellung eines Wahlscheines beantragen kann, im Falle des § 14 Ziff. 1 jedoch nur dann, wenn er während der ganzen Eintragungsfrist außerhalb des Stimmbezirkes sich aufzuhalten genötigt ist, in dessen Wählerliste er eingetragen ist, im Falle des § 15 Ziff. 1 auch dann, wenn er die Einspruchsfrist bei Herstellung der letzten Wählerliste schuldhaft versäumt hat,
2. wer nachweist, daß er erst nach der letzten Abstimmung stimmberechtigt geworden ist.

II Für die Ausstellung der Eintragungsscheine gelten im übrigen die Bestimmungen über die Ausstellung der Wahlscheine.[2]

III Stimmberechtigte, die seit der letzten Wahl oder Abstimmung den Aufenthalt gewechselt haben, können die Ausstellung eines Eintragungsscheines nur an dem Orte beantragen, an dem sie sich bei der früheren Wahl oder Abstimmung aufgehalten haben.[3]

IV Die Ausstellung der Eintragungsscheine ist gemäß § 17 III vorzumerken.

1. S. Art. 25 II LWG. Die Grundlage bildet die letztbenützte Wählerliste oder Wahlkartei. Wer hier eingetragen ist, kann an Ort und Stelle sich in die Listen eintragen oder in den Fällen des § 14 (Art. 14 LWG.) sich einen Eintragungsschein zur Eintragung außerhalb seines Aufenthaltsorts ausstellen lassen. Wer nicht eingetragen ist, bekommt einen Eintragungsschein.

a) wenn er nach der letzten Abstimmung das Stimmrecht erworben hat,

b) wenn er die Einspruchsfrist aus beliebigen Gründen versäumt hat,

c) in den Fällen des § 15 Z. 2 u. 3.

2. S. §§ 16—18. Maßgebend ist gleichfalls der Ort des nicht nur vorübergehenden oder gelegentlichen Aufenthalts.

3. Eine Abweichung von § 17 I für den Fall des Aufenthaltswechsels seit der letzten Abstimmung, um zu verhindern, daß sich jemand mehrfach an der Eintragung beteiligt. Wer in der Wählerliste seines Aufenthaltsortes deshalb nicht eingetragen ist, weil er damals einen andern Wohnort hatte, kann am Orte seines gegenwärtigen Aufenthaltes keinen Eintragungsschein erhalten, sondern muß sich hiewegen an die Gemeindebehörde seines früheren Aufenthaltsortes wenden und zwar auf Grund des § 14 Ziff. 1.

§ 78.

I Mit dem Eintragungsscheine kann der Stimmberechtigte in jeder Gemeinde, in der

Unterzeichnungslisten aufliegen, zur Unterschriftabgabe zugelassen werden.

II Die Eintragungsscheine sind den Stimmberechtigten bei der Unterzeichnung abzunehmen und der Gemeinderegistratur zu hinterlegen.

III In Gemeinden mit mehreren Unterzeichnungsstellen sind die Inhaber von Eintragungsscheinen zur Unterzeichnung an eine bestimmte Stelle zu verweisen.

§ 79.

Die Gemeinden haben die Abgabe der Unterschriften durch die Stimmberechtigten in der Weise vorzumerken,[1] daß die mehrmalige Teilnahme eines Stimmberechtigten an einem Volksbegehren ausgeschlossen ist. Hiezu ist die Unterschriftabgabe in der zuletzt benützten Wählerliste vorzumerken. Im übrigen[2] sind hiezu die Eintragungsscheine in alphabetischer Reihenfolge solange zu verwahren, bis der Landtag über die Zulässigkeit und Rechtswirksamkeit des Volksbegehrens entschieden hat.

1. Entweder durch Vormerkung in der Wählerliste oder Sammlung der Eintragungsscheine.

2. D. h. soweit die Eintragung nicht auf Grund des Eintrags in der Wählerliste erfolgt.

§ 80.

I Die Stimmberechtigten sind anzuhalten, ihre Unterschrift gut leserlich und in allen Spalten der Liste vollständig abzugeben. Handzeichen oder sonst nicht leserliche Unterschriften sind von den die

Unterschrift entgegennehmenden Amtspersonen zu erläutern und zu beglaubigen. Ohne diese Erläuterung und Beglaubigung sind unleserliche Unterschriften ungültig.[1]

II Die Unterschriften dürfen nur während der vom Staatsministerium des Innern festgesetzten Frist entgegengenommen werden.[2]

1. S. Art. 27 LWG.
2. S. Art. 24, 27 I Z. 5 LWG.

§ 81.

I Nach Schluß der vom Staatsministerium des Innern festgesetzten Unterzeichnungsfrist[1] hat der Bürgermeister die Unterzeichnungslisten alsbald abzuschließen mit der Bestätigung, wann und wo die Bekanntmachung nach § 74 III erfolgt ist, ferner daß alle Unterschriften in der festgesetzten Frist vor der Gemeindebehörde abgegeben worden sind und von Personen herrühren, die in der Gemeinde stimmberechtigt sind oder vorschriftsmäßige Eintragungsscheine abgegeben haben. Die Zahl der abgegebenen gültigen Unterschriften ist ersichtlich zu machen.

II Hierauf hat er die sämtlichen Unterzeichnungslisten der Bezirksverwaltungsbehörde vorzulegen. Diese prüft die Verhandlungen auf ihre Vollständigkeit, veranlaßt nötigenfalls ihre Ergänzung, stellt das Ergebnis für ihren Bezirk zusammen und sendet die Listen mit dieser Zusammenstellung an den Landeswahlleiter.[2] Die kreisunmittelbaren Gemeinden legen diesem die Listen unmittelbar vor.

1. S. Art. 24 LWG.
2. S. Art. 28 LWG.

§ 82.

Gemeinden, denen Listen zur Unterzeichnung zugegangen sind, bei denen aber keine Unterschriften abgegeben worden sind, teilen dies durch das Bezirksamt, kreisunmittelbare Gemeinden unmittelbar dem Landeswahlleiter mit.

S. § 73 III.

3. Verfahren beim Landeswahlleiter.

§ 83.

Dem Landeswahlleiter geht vom Staatsministerium des Innern die Mitteilung zu, in welchen Gemeinden die Listen zur Unterzeichnung aufgelegt worden sind.[1] Er hat dafür zu sorgen, daß alle Listen in angemessener Frist nach Ablauf der Unterzeichnungsfrist ihm vorliegen.[2]

1. S. § 73 III.
2. S. auch § 82.

§ 84.

Der Landeswahlausschuß prüft die Listen, stellt die gültigen und ungültigen Unterschriften fest und ermittelt hiernach, wie viele gültige Unterschriften für das Volksbegehren abgegeben worden sind.

S. Art. 28 I Satz 2 LWG. Anders als bei Wahlen und Volksentscheidungen hat der Landeswahlausschuß hier auch über die Gültigkeit der Unterschriften zu entscheiden. Er übersendet dann durch den Landeswahlleiter die Verhandlungen dem Landtag.

VIII. Öffentliche Bekanntmachungen.

§ 85.

I Die im Landeswahlgesetz und der Landeswahlordnung vorgesehenen öffentlichen Bekanntmachungen des Staatsministeriums des Innern, des Landeswahlleiters und der Kreiswahlleiter erfolgen im „Bayerischen Staatsanzeiger".

II Soweit für ortsübliche Bekanntmachungen der Gemeinden bisher Ausschreibung in den Tageszeitungen üblich war, genügt die Veröffentlichung durch Plakatanschlag. Im übrigen hat sich die Art der Bekanntmachung nach der in der Gemeinde ortsüblichen Weise zu richten. Der Anschlag in Gast- oder Wirtshäusern allein genügt nicht.

IX. Nachwahlen, Wiederholungswahlen.

§ 86.

I Nachwahlen und Wiederholungswahlen (Art. 64, 65 LWG.) finden nach denselben Vorschriften statt, wie die Hauptwahlen. Die alten Wählerlisten sind nach dem Stande der Wahlberechtigten vom Tage der Hauptwahl[1] zugrunde zu legen.

II Die erforderlichen Anordnungen nach §§ 20 bis 22 und 24 trifft die nach Art. 31 LWG. zuständige Behörde. Bei Wiederholungswahlen dürfen die Stimmbezirke nicht geändert werden.[2]

III Bei Nachwahlen und Wiederholungswahlen werden Stimmberechtigte, die für die Hauptwahl einen Wahlschein erhalten haben, zur Stimmabgabe nur dann zugelassen, wenn sie nachweisen,[3] daß sie den Wahlschein in einem Stimmbezirk abgegeben haben, für den die Wahl wiederholt wird. Personen, bei denen die Voraussetzungen für die Ausstellung eines Wahlscheines bei der Nachwahl oder Wiederholungswahl gegeben sind, erhalten einen Wahlschein, wenn sie die Möglichkeit haben, von demselben außerhalb ihres Stimmbezirkes Gebrauch zu machen.

1. Da die Ergebnisse dieser Wahlen mit den unverändert bleibenden Ergebnissen der übrigen Wahlkreise oder Stimmbezirke zusammengefaßt werden müssen, kann das Wahlrecht auch bei den Nachwahlen und Wiederholungswahlen nur auf den Tag der Hauptwahl als Stichtag abgestellt bleiben.

2. Hier gilt der gleiche Grund wie bei Anm. 1.

3. Diesen Nachweis müssen sich die Wähler durch eine Bescheinigung der Gemeindebehörde auf Grund der bei dieser verwahrten Wahlscheine vor der Hauptwahl selbst beschaffen. Mit diesem Nachweise sind sie dann zu der Nach- oder Wiederholungswahl auf Grund der Wählerliste zuzulassen.

München, 30. März 1928.

Staatsministerium des Innern.

(Titelseite) **Anlage 1**
(LWO.)

Wahlkreis:
Stimmkreis:
Stimmbezirk: Stadt / Gemeinde Nr.

Wählerliste.

Die Wählerliste hat nach ortsüblicher Bekanntmachung vom .... 19 bis zum .... 19 .... zu jedermanns Einsicht ausgelegen und die Abgrenzung des Stimmbezirkes, Ort, Tag und Stunde der Abstimmung sind vorher in ortsüblicher Weise bekanntgemacht worden.

In die Wählerliste sind für die Landtagswahl
für die*) ....
für die*) ....
Stimmberechtigte gültig eingetragen, ohne den Vermerk „W".

.... , den 19
(Ort)

Die Gemeindebehörde.

(Dienstsiegel) ....
(Unterschrift)

Nach dem Verzeichnis der nachträglich ausgestellten Wahlscheine ist

für die Landtagswahl bei ....
für die .... bei ....
für die .... bei ....

Stimmberechtigten nachträglich in der für den Vermerk der erfolgten Stimmabgabe vorgesehenen Spalte der Vermerk „W" eingetragen.

---

*) Bei Verbindung mit anderen Wahlen oder Abstimmungen ist die entsprechende Angabe hiefür im Vordruck einzufügen.

Hiernach verbleiben
für die Landtagswahl ....
für die*) ....
für die*) ....
gültig eingetragene Stimmberechtigte ohne den Vermerk „W".

Der Vermerk über die erfolgte Stimmabgabe ist
für die Landtagswahl in Spalte ....
für die*) .... in Spalte
für die*) .... in Spalte
eingetragen.

..........., den 19
(Ort)

Der Wahlvorsteher.

(Innenseite)

Lfde. Nr.	Zuname	Vorname	Tag Monat Jahr der Geburt	Wohnort oder Wohnung	Vermerk der erfolgten Stimmabgabe							Bemerkungen
der Stimmberechtigten												
1	2	3	4	5	6	7	8	9	10	11	12	

*) Bei Verbindung mit anderen Wahlen oder Abstimmungen ist die entsprechende Angabe hiefür im Vordruck einzufügen.

Anlage 2.
(LWG.)

Wahlschein

zur Landtagswahl am .... 19 ....

Volksentscheidung*) am 19 ..

am 19 ..

Zuname: ....

Vorname:

geboren am: ....

Stand oder Gewerbe:

wohnhaft in: ....

Straße und Hausnummer:
kann unter Abgabe des Wahlscheins in einem beliebigen Stimmbezirk ohne Eintragung in die Wählerliste oder Wahlkartei seine Stimme abgeben.

.... (Ort), den 19

Der

(Dienstsiegel)

....
(Unterschrift)

Verlorene Wahlscheine werden nicht ersetzt.

*) Bei Verbindung mit anderen Wahlen oder Abstimmungen ist die entsprechende Angabe hiefür in den Vordruck einzufügen. Das Nichtzutreffende ist zu durchstreichen.

Anlage 3.

(LWO.)

Eintragungsschein

für das Volksbegehren ....
(Angabe des Kennwortes)

Zuname: ....

Vorname: ....

geboren am: ....

Stand, Beruf oder Gewerbe: ....

wohnhaft in: ....

Straße und Hausnummer: ....

kann unter Abgabe dieses Eintragungsscheins in einer beliebigen Gemeinde sich in die Eintragungsliste eintragen.

.........................., den .... 19......
(Ort)

Der ....

(Siegel)

....
(Unterschrift)

Verlorene Eintragungsscheine werden nicht ersetzt.

Anlage 4.
(LWO.)

Volksbegehren

betreffend ....

Die unterzeichneten Stimmberechtigten haben ein Volksbegehren in nachstehender Form vorgeschlagen und ersuchen alle Stimmberechtigten, die hiermit einverstanden sind, das Volksbegehren mit zu unterzeichnen.

Inhalt des Volksbegehrens:

....

....

....

Unterschriften:

Vor- und Zuname:	Wohnort oder Wohnung	Stimmberechtigt in der Gemeinde

Schlußbemerkung der Gemeindebehörde:

1. Die Gemeinde ....

hat am .... in ortsüblicher

Weise durch .... bekanntgegeben,

daß die Unterschriften in den Unterzeichnungslisten vom

.... bis ....

im .... abgegeben werden können.

2. Alle vorstehenden Unterschriften sind in der angegebenen Zeit erfolgt und rühren von Personen her, die in der Gemeinde stimmberechtigt sind oder mit Eintragungsscheinen versehen waren. Die Gemeinde hat sich vor Entgegennahme jeder Unterschrift von dem Stimmrechte des Unterzeichnenden überzeugt und jede Unterschriftabgabe in der in § 79 der Landeswahlordnung vorgeschriebenen Weise vorgemerkt. Vorstehend sind .... gültige Unterschriften enthalten.

.... , den ....
(Ort)

Dienstsiegel

Der Bürgermeister:

....

V. Alphabetisches Sachregister.

(Die Zahlen bedeuten die Seiten.)

FSC
www.fsc.org
MIX
Papier | Fördert
gute Waldnutzung
FSC® C083411

Kolibri 360 GmbH
Ferdinand-Jühlke-Straße 7
99095 Erfurt, Deutschland
produktsicherheit@kolibri360.de